本书由 教育部人文社科研究青年基金项目（项目编号：08JC810003） 资助出版
北京外国语大学"211工程"三期项目（项目编号：0102B02）

跨国民主及其限度

——欧盟制宪进程研究

王展鹏 著

人民出版社

目　录

第一部分　理论的融合与欧洲民主的中间道路

第二部分　欧盟制宪进程的实证研究

第三部分　欧盟制宪的理论意义与实践启示

导　言

　　　　　　我们的制度之所以被称为民主政治，因为政权是
　　　　在全体公民手中，而不是在少数人手中。

　　　　　　　　　　　　　　　　　　　　——修昔底德①

　　　　　　我个人对未来的设想就是：从加强合作走向欧洲
　　　　宪法条约，实现罗伯特．舒曼的伟大思想，建立一个欧
　　　　洲联邦才是康庄大道。

　　　　　　　　　　　　　　　　　　　　——菲舍尔②

　　欧洲一体化进程的不断深入对以民族国家为基础的民主政治理念提出
了挑战，欧盟治理的民主合法性成为欧洲政治家和学术界无法回避的问题。
欧盟条约既是成员国间的国际法文件，也是欧盟地区治理的宪法性章程，因
而，欧盟条约制定与改革的程序以及对欧盟治理原则和政策的法典化的结

---

　　① ［古希腊］修昔底德：《伯罗奔尼撒战争史》上册，谢德风译，商务印书馆1983年版，第
147页。
　　② ［德］菲舍尔：《从国家联盟到联邦：对欧洲一体化最终形式的思考》，载曹卫东主编：
《欧洲为何需要一部宪法》，中国人民大学出版社2004年版，第14页。

果都会对欧盟跨国民主的形式和内容产生重要影响。

　　始于 2001 年莱肯峰会的欧盟制宪进程,历经波折,因"欧盟宪法"的称谓和广泛的民众参与等制度创新而备受关注,其在批准过程中遭受的挫折也曾使欧洲一体化进程面临严重危机。欧盟制宪进程从《宪法条约》草案到《里斯本条约》,在实质性政策领域大多沿袭了以往条约改革的渐进特征,在经济、共同安全与外交、社会政策等主要领域的具体规定并无多少革命性变革,表决机制的变化也主要体现于有效多数门槛的适度降低和适用范围稍有扩大,因而,制宪进程研究的意义更多存在于这一进程所反映的欧盟在权力结构、跨国民主、欧洲认同等方面的深层次问题及其对欧洲一体化的影响,而非具体政策安排。

　　从实践层面看,在欧盟不断扩大和深化的双重背景下,解决民主合法性问题日益成为事关联盟能否进一步深入发展的瓶颈,就欧盟制宪进程中民主的表现形式、影响及其限度开展研究有助于深入理解当前欧盟治理的性质和未来走向,进一步准确把握欧盟在未来国际政治经济体系中的地位和作用。

　　从理论层面看,欧盟制宪是一个地区层次的政治、法律和社会进程,为认识现有欧盟民主理论的意义和局限提供了重要的经验事实,具有从国际政治、比较政治、国际法等领域进行跨学科研究和理论创新的空间。此外,这一研究对于全球治理和其他区域一体化发展中的跨国民主的理论和实践也将有一定启示意义:有利于我们认识当前国际体系中跨国民主发展的制约因素,避免超越时代发展阶段恣意夸大后现代国家观意义的倾向;长远来看,探讨跨国民主的发展途径有利于发展人类共同利益,促进国际体系的积极进化,将构建共同繁荣持久和平的和谐世界的理念付诸实践。

一、概念界定

　　为便于分析,首先将对本书使用的"跨国民主"、"欧盟制宪"等核心概念加以界定。

（一）全球化背景下的跨国民主理论

自 20 世纪 80 年代末以来，民主理论研究成为西方政治学界的热点，亨廷顿的《第三波——20 世纪后期民主化浪潮》和福山的《历史的终结》等论著引发了激烈辩论，而赫尔德、达尔等学者对西方主流自由主义民主模式从学理上进行了更为冷静、深入的反思，指出以选举为核心的代议制民主模式的局限性，认识到多元主义、参与式民主、协商民主等民主形式与自由主义民主模式具有互补性。①

从历史的维度看，民主实践与民族国家的历史建构间有着紧密的联系。然而，随着相互依赖和全球化的深入发展，全球性和地区性国际制度的影响已深入到国家经济、社会生活的各个领域。以 1995 年全球治理委员会发表的题为《我们的全球之家》的行动纲领为标志，全球治理成为政治学和国际关系研究中的新热点。西方以民族国家为主要实践场所的民主理论难以完满地解答全球化和地区一体化过程中出现的决策合法性问题。赫尔德等学者敏锐地认识到，在全球化时代，民主理论和实践需要跨越民族国家的疆界，对国际社会的现实做出恰当的回应。② 概言之，跨国民主就是民主理论与实践国际化的产物。

在此背景下，不同理论学派提出了不同的跨国民主模式。按照麦克格鲁的说法，跨国民主理论模式包括自由国际主义、激进多元主义、世界主义、协商民主等形式。③这些理论模式继承了康德以降的普世主义传统，反映了民主实践的不同维度，从不同侧面提出了重建国际秩序的诉求，但它们也都承认建立世界政府在当前的世界体系中是不现实的。

全球治理中的民主问题也引起了国内学术界的关注。俞可平等学者主

---

① 参见[英]戴维·赫尔德：《民主的模式》，燕继荣译，中央编译出版社 1998 年版；[美]罗伯特·达尔：《民主及其批判》，李培元译，国立编译所/韦伯文化国际出版有限公司 2006 年版。

② [英]戴维·赫尔德：《民主与全球秩序：从现代国家到世界主义治理》，胡伟等译，上海人民出版社 2003 年版。

③ Anthony McGrew, "Transnational Democracy", in April Carter and Geoffrey Stokes, eds., *Democratic Theory Today*, Cambridge: Polity Press, 2002.

编的《全球化论丛》及西方有关理论著作的翻译较系统地介绍了西方跨国民主理论的流变和发展前景。除跨国民主的可行性及制约因素外，他们还特别提出，要警惕西方大国主导的全球秩序下跨国民主成为其意识形态工具的危险。①

　　尽管跨国民主理论是在全球化和地区一体化现实需求的推动下发展起来的，但其主要是讨论"世界应该是什么状态"的规范性理论，在可行性方面面临许多问题，同时也缺乏充分的可资证实或证伪的经验研究的支持。此外，在跨国民主的性质和可行性研究中，民主理论和国际关系学者在很大程度上还存在相互忽视的倾向。传统现实主义理论往往认为全球化进程中民主合法性的来源只存在于国家内部，忽视跨国民主的意义，而民主理论则往往机械地将根植于国内社会的民主传统应用于国际社会，在民族国家逻辑对跨国民主的影响问题上缺乏深入的讨论。能否将国际关系理论与跨国民主理论有机结合起来，成为跨国民主理论能否在"应然"和"实然"世界间建立切实联系的关键。

　　(二)欧洲一体化背景下的跨国民主

　　欧洲一体化是一个地区范围的跨国政治、经济、社会进程，经过五十多年的发展形成了一套由欧盟超国家、国家和公民社会构成的多层次治理模式。在本书中，跨国民主是一个广义的范畴，泛指欧洲一体化背景下欧盟及其成员国内部关于欧盟治理的民主理论和实践。它既包括欧盟层面的超国家民主安排，也包括成员国内部关于欧盟事务及本国与欧盟关系的决策、协商、辩论等活动。从西方有关文献看，欧盟民主研究主要局限于民众对欧盟决策的参与，无论在欧盟层面还是成员国或公民社会层面，民主的基本单位都是个人。然而，即便从今天欧盟民主实践的现实看，成员国政府组成的欧盟理事会仍是欧盟决策的最重要行为主体。如何认识国家在欧盟跨国民主中的主体地位也是本书需深入思考的问题。虽然欧盟一直标榜其地区治理中注重规则、规范作用的特征，强调大小成员国在欧盟事务中的平等协商，

①　俞可平：《全球化：全球治理》，社会科学出版社 2003 年版，第 30—31 页。

但随着欧盟条约进一步宪法化和大规模东扩，欧盟大国和小国、老欧洲发达国家和中东欧新成员国之间的矛盾日益凸现，欧洲地区国际关系同样面临国际关系民主化的命题。因而，笔者认为，欧洲地区国际关系民主化问题也应归入欧盟跨国民主的研究范畴。

（三）欧盟制宪进程

欧盟制宪进程是指 2001 年莱肯峰会提出的新一轮欧盟条约改革进程，包括欧盟目前已放弃的《欧盟宪法条约》的制定和批准过程以及随后的《里斯本条约》进程。尽管从形式上讲，2007 年里斯本峰会正式确定以《里斯本条约》取代《欧盟宪法条约》草案，重新回归传统条约改革模式，标志着欧盟历史上第一次高调制宪行动未能产生一部冠以宪法之名的欧盟条约。但《里斯本条约》在实质内容上基本沿袭了《宪法条约》的规定，其命运也决定了欧盟制宪进程的最终成果，因而，本书的讨论中对制宪进程的时间界定采取了宽泛的方式，将各国有关《里斯本条约》的辩论和批准过程包含其中。

二、国内外研究现状综述

长期以来，学术界的主流观点认为，欧共体/欧盟是一个介于国际组织和联邦国家之间的特殊政体。成员国之间（特别是近年来大规模东扩之前）政治传统和经济发展水平上的同质性及一体化不断深入的溢出效应使民主问题日益成为欧盟面临的重要挑战之一。欧盟作为当今正式、非正式制度最密集，法治化程度最高的区域安排，其跨国民主问题已不仅仅局限于规范层面的讨论，而日益成为欧洲一体化进程亟待解决的现实课题。在这一探索过程中，欧盟民主理论和实践相互推动，在理论和政策上具有较高的关联性，成为欧洲一体化的一个显著特征。

（一）欧盟民主合法性的政策论争及其理论发展

1. 欧盟民主合法性的理论和政策论争

欧盟民主合法性问题的争论始于 20 世纪 80 年代中期。欧洲统一大市场的建立和理事会有效多数表决机制的广泛采用使欧盟治理中超国家因素大大加强，从而出现了欧盟是否存在"民主赤字"的论争。否认欧盟存在民主赤字的学者主要持三类观点。首先,梅琼(Majone)等人认为,欧盟的核心职能存在于市场管理领域,社会再分配职能有限,即便在民族国家内部市场管理也主要由技术专家完成,并不需要通过民主程序授权。① 其次,传统的国际关系学者接受达尔的观点,认为欧盟作为一个国际组织谈论民主问题是不现实的。② 而政府间主义的欧洲一体化理论则将欧盟的条约改革视为自利的国家行为体间讨价还价的过程,其民主合法性来源于成员国的民选政府,只要成员国政府具有民主合法性,通过国际条约建立的欧盟就不存在合法性问题。③

　　随着一体化的深入,越来越多的学者和政治家接受欧盟存在民主赤字问题的观点。④ 他们认为,不仅欧盟机构的决策缺乏充分的民众参与,而且在成员国层面政府有关欧盟的决策也缺乏有效监督,在当前欧盟政策法规的影响已远远超出传统外交和市场管理领域的情况下尤为如此。在此过程中,学术界和政治家们对欧盟跨国民主的形式和内容的认识不断深化。20世纪 90 年代初,他们主要以民族国家民主模式为标尺,强调通过增强欧洲议会权力,同时借助成员国政府的民主合法性解决欧盟民主赤字问题。然而,由于成员国在主权让渡方面的限制,扩大欧洲议会权力的限度是显而易见的。到 90 年代中期,在关于欧盟治理的辩论中,欧盟委员会开始强调公

---

① Giandomenico Majone, "From the Positive to the Regulatory State: Causes and Conse-quences of Change in the Mode of Government", *Journal of Public Policy*, Vol. 17, No. 2, 1997, pp. 139 – 169.

② Robert A. Dahl, "Can International Organizations be Democratic? A Skeptic's View", in Ian Shapiro and Casiano Hacker-Cordón, eds., *Democracy's Edges*, Cambridge: Cambridge University Press, 1999, pp. 19 – 36.

③ A. Moravcsik, "Is there a 'Democratic Deficit' in World Politics? A Framework for Analy-sis", *Government and Opposition*, Vol. 39, Issue 2, 2004, pp. 336 – 363.

④ 有关论述,参见 David Beetham and Christopher Lord, *Legitimacy and the European Union*, Harlow: Longman, 1998; Joseph H. H. Weiler, Ulrich R. Haltern and Franz C. Mayer, "European Democracy and its Critique", in Jack Hayward, ed., *The Crisis of Representation in Europe*, London: Frank Cass, 1995, pp. 4 – 39.

民社会在欧盟决策中的作用,形成了参与式民主的雏形。① 公民社会的参与、社会伙伴关系的建立可以增加民众参与欧盟事务,加强协商对话,增加欧盟的民主合法性。但在这一阶段,欧洲民众参与欧盟委员会主导的协商机制的程度不高。

欧盟制宪进程中,民主问题是贯穿始终的一个重要议题。无论是制宪会议的召开、条约文本中增加民主合法性和公众参与的一些规定、多国以全民公决方式批准条约,还是法、荷否决《宪法条约》引起的反思和危机都从理论和实践的层面触发了关于欧盟合法性问题的辩论,其深度和广度是此前几次条约改革无法比拟的。尽管欧盟最终以《里斯本条约》取代《宪法条约》,但关于欧盟民主的辩论并未停息。

2. 欧盟制宪背景下跨国民主理论的发展

长期以来,国际关系理论被视为欧洲一体化理论研究的学科归属。早期区域一体化理论大多来自美国国际关系理论传统。它们往往关注一体化的起源及其发生、发展的原因,强调成员国偏好的形成在这一过程中的作用。20 世纪 80 年代中期以后,欧洲学者开始运用比较政治学的理论工具分析欧盟这一特殊政体。按照威纳(Wiener)和迪兹(Diez)的说法②,欧洲一体化理论经历了"解释一体化"(60 年代以后)、"分析欧盟治理"(80 年代以后)和"建构欧盟"(90 年代以后)的阶段。自 20 世纪 90 年代以来,国际关系和政治学理论在欧盟民主问题上出现了相互补充、相互融合的趋势。应该说,欧洲一体化理论发展的阶段性并不是一个简单的新阶段取代旧阶段的过程,新旧理论在争论过程中实现了相互促进和融合。近年来,政治学学者认识到,随着欧洲民主实践的发展,亟需解答欧洲一体化面临的一些规范性问题,如欧盟跨国民主的基础、性质和形式是什么等问题。欧盟制宪进

---

① Stijn Smismans,"The Constitutional Labelling of 'The Democratic Life of the EU'", in Lynn Dobson and Andreas Føllesdal, eds., *Political Theory and the European Constitution*, London: Routledge, 2004, pp. 126 – 132.

② Antje Wiener and Thomas Diez, *European Integration Theory*, Oxford: Oxford University Press, 2004, pp. 6 – 10.

程及其引发的争论促成了欧盟民主理论和实践互动发展的局面。

与欧盟倡导的参与式民主相适应,政治学家开始关注源于共和主义传统的民主模式(如协商民主、直接民主)在增强欧盟民主合法性方面的作用。在协商民主的支持者看来,在此模式下,公民可以自由、平等地参与政治过程,提出自己的观点并充分考虑其他成员的偏好,修正自己的理由,实现偏好的转换,批判性地审视各种政策、建议,从而赋予立法和决策合法性。① 哈贝马斯是较早将规范理论与欧洲一体化结合起来的政治哲学家,他认为面对新自由主义的全球扩张,欧洲区域一体化的实践及其后民族结构代表了民主、进步的世界政治的发展方向。② 而其公共领域和沟通理论也从理论上为参与式民主的发展提供了途径。在欧洲宪法辩论中,哈贝马斯将其"宪法爱国主义"理论模式直接与欧盟的现实联系起来,先后三次以《欧洲为何需要一部宪法》为题,讨论欧盟宪法对欧洲认同、欧洲民主的形成与发展的巨大催化作用。③这些关于民主的规范理论和批判理论往往与欧洲的社会民主主义传统相结合,强调发展欧洲社会模式,将促进平等与社会公平作为欧洲民主的基本属性。此外,制宪进程中民众的参与,特别是国家层面的全民公决也引起了关于直接民主对欧盟民主影响的争论。

尽管如此,包括哈贝马斯在内的大多数规范理论、批评理论的学者都承认,在当前的欧洲现实下,协商民主、直接民主等更激进的民主模式只能是欧洲多层次代议制民主结构的补充。在政治公共领域还主要存在于民族国家层面,各成员国及社会各阶层的利益差异广泛存在的情况下,如何使公众自身的长远利益和当前利益有机结合起来,在个人偏好、国家偏好和欧洲的整体利益之间实现平衡是欧洲民主理论无法回避的问题。因而,传统欧洲一体化理论和建构主义等国际关系理论与规范理论在欧盟跨国民主问题上

① 陈家刚:《协商民主》,三联书店 2004 年版,第 1—13 页。

② [德]尤尔根·哈贝马斯:《后民族结构》,曹卫东译,上海人民出版社 2002 年版,第70—131 页。

③ J. Habermas, "Why Europe Needs a Constitution", *New Left Review*, Vol. 11, Sep-Oct 2001.

对话的深入加深了关于欧盟民主性质及其限度的认识。

首先,规范理论更多地是从政治哲学角度讨论欧洲民主"应然"层面的问题,对社会精英和民众在民主实践中的动机和行为方式的具体解释仍需要政治学中理性选择的理论工具。欧盟兼备国内政体和国际机制的二重性使我们在考察欧洲民主的主体时,既应包括民众和公民社会的影响,也不能忽视作为整体的国家偏好的作用。因而,欧盟政治中的理性选择既包括国内政治意义上个人的利害得失考虑,也包括以国家偏好为基础的国际关系意义上的利益算计。从本质上说,无论国内政治还是国际关系中的理性选择理论都认为行为体的选择带有很大的自利性。① 因而,个人和国家利益偏好(特别是经济利益)上的差异成为欧盟跨国民主发展的主要制约因素之一。

同时,近年来兴起的建构主义国际关系理论将国家视为社会行为体,认为行为体的偏好是内生的,在欧洲一体化进程中国家如同个人一样,通过学习、说服、内化可以形成偏好和认同,进而界定其利益。这一过程不仅是工具性的,价值、规范也在其中发挥了重要作用,在认识欧盟民主问题上表现出在理性主义与规范理论之间建立联系的潜力。其次,建构主义将欧洲一体化进程,包括以欧盟条约形式表现出来的正式规则、规范视为社会建构的产物,为我们以动态、发展的眼光认识欧盟跨国民主问题提供了理论工具。最后,长期以来,欧盟民主面临欧洲怀疑论者的责难:其主要理论依据是欧洲缺乏民主赖以生存和发展的"欧洲民众"和"欧洲认同"。建构主义的欧洲认同研究有助于我们理解地区认同的性质及其发展限度。可以说,理性选择和社会建构从两个侧面揭示了欧盟制宪进程中跨国民主的形成和运行机制及其制约因素。

在欧盟宪法辩论的背景下,关于欧盟民主的讨论再度成为欧洲学术界

---

① A. Downs, *An Economic Theory of Democracy*, New York: Harper, 1957, pp. 27 – 28. 另参见 J. G. March and J. P. Olsen, *Rediscovering Institutions: The Organizational Basis of Politics*, New York: Free Press, 1989.

的热点：2006 与 2007 年有多部讨论欧盟民主合法性的著作问世。与 20 世纪 90 年代相比，大多数作者将包括协商民主在内的多种参与式民主纳入了讨论范畴，并开始探讨其与传统代议制民主的关系。① 中国学者自 20 世纪 90 年代后期以来一直关注欧盟民主合法性的辩论，也经历了一个认识由浅入深的过程：他们大多接受欧盟存在民主合法性问题的观点；最初的研究也偏重通过增加欧洲议会立法权的途径解决欧盟的民主赤字问题。随着欧洲一体化的发展及认识的加深，他们意识到欧洲多层次治理结构下民主问题的复杂性，开始探讨欧洲民主机制的多样性以及欧盟成员国国家利益的差异、主权问题以及欧洲认同缺乏对欧盟跨国民主的制约作用等深层次问题。②

（二）欧盟制宪进程及其与欧洲民主关系的经验研究

2000 年 5 月德国外长菲舍尔在洪堡大学以个人名义发表关于欧盟终极发展方向的演讲，与学术界关于"欧洲是否需要一部宪法"的讨论相呼应，在欧洲促成了关于制宪问题的大讨论。欧盟各国领导人和欧盟机构面对欧盟深化和东扩的双重压力，考虑到以政府间会议为主要机制的条约改革方法面临困境的现实，于 2001 年决定启动长期尘封的制宪进程，除解决欧盟面临的机构改革问题外，还期望通过增加成员国议会权力和民众参与，提高欧盟治理透明度、开放性，从而增强其民主合法性。事实上，此前学术

---

① 有关著述，如 Liana Giorgi, Ingmar von Homeyer and Wayne Parsons, eds., *Democracy in the European Union: Towards the Emergence of a Public Sphere*, London: Routledge, 2006; Beate Kohler-Koch and Berthold Rittberger, eds., *Debating the Democratic Legitimacy of the European Union*, Lanham: Rowman & Littlefield Publishers, Inc., 2007; John Erik Fossum and Philip Schlesinger, eds., *The European Union and the Public Sphere*, London: Routledge, 2007.

② 国内相关研究主要发表于一些国际关系和地区研究的专业期刊上。如王明进：《合法性与欧洲议会的创立与发展》，载《国际关系学院学报》2004 年第 6 期；李巍：《如何认识欧盟的"民主赤字"问题?》，载《欧洲》2002 年第 6 期；王展鹏：《欧洲政治一体化理论与欧盟决策的合法性之争》，载《欧洲》2001 年第 1 期；姚勤华：《欧盟范式的国家间关系：主权、民主与认同》，载《世界经济研究》2003 年第 9 期；张迎红：《试论欧盟多重结构中的民主机制》，载《德国研究》2006 年第 2 期；雷剑峰：《多层次治理：欧洲联盟正在成型的新型民主模式》，载《世界经济与政治》2008 年第 2 期。

界的主流观点认为,欧共体/欧盟条约已经历了长期的宪法化过程,具备了
一定的民主宪政特征,但与国家宪法相比还有一定距离。在当前欧盟政治
现实下,制宪进程在很大程度上只能是欧盟条约长期宪法化进程的法典化,
难有大的突破。① 然而,由于制宪本身的巨大象征意义,随着关于欧洲未来
的大会(或称"制宪会议")举行、《欧盟宪法条约》草案出台直至法、荷否决
《宪法条约》,国际法、国际关系和政治学等领域学者都对欧盟的这一制度
创新表现出极大关注。其中相当一部分研究集中于国际法和国际关系领域
对《欧盟宪法条约》的性质、内容和意义所作的基础性研究。②

　　同时,在欧盟宪法对于欧洲民主的意义问题上,也出现了不同看法。威
勒等国际法学者在承认欧洲制宪在欧盟民主合法性建构中的必要性的同
时,也注意到这一安排面临的诸多两难选择,例如,《宪法条约》的属性是国
际公法还是传统意义上的国家宪法,欧盟社会政策和权利宪章问题上的两
难困境等。③ 然而,激进的联邦主义者则寄希望于欧盟制宪进程能够产生
基于欧洲共同价值和原则的欧洲认同和公共领域,进而增强欧盟民主合法
性;他们希望制宪进程在欧洲社会模式上取得突破,将宪法爱国主义的哲学
方案付诸实践。然而,制宪进程的现实表明,欧盟在社会政策方面取得实质
性进展举步维艰。④ 而欧洲怀疑论者则质疑欧盟制宪在增强欧洲认同与民
主合法性问题上的意义。例如,德国公法学家迪特·格林(Dieter Grimm)

---

① 　[美]约瑟夫·威勒:《欧洲宪政》,程卫东等译,中国社会科学出版社 2004 年版。

② 　有关制宪会议的材料,参见该会议的官方网站:http://european-convention. eu. int/;
学术界的一些研究,如 Guy Milton and Jacques Keller-Noëllet, *The European Constitution : Its Ori-
gins , Negotiation and Meaning* , London : John Harper Publishing ,2005.

③ 　J. H. H. Weiler, "A Constitution for Europe? Some Hard Choices", *Journal of Common
Market Studies* , Vol. 40 , No. 4 ,2002 , pp. 563 – 580.

④ 　Mark Murphy, "Between Facts, Norms and a Post-National Constellation : Habermas, Law
and European Social Policy", *Journal of European Public Policy* , Vol. 12 , No. 1 ,2005 , pp. 143 – 156.
有关社会政策与欧盟宪法的讨论参见 Catherine Barnard, "Social Policy Revisited in the Light of
the Constitutional Debate", in Catherine Barnard , ed. , *The Fundamentals of EU Law Revisited : Asses-
sing the Impact of the Constitutional Debate* , Oxford : Oxford University Press ,2007 ; Stefano Giubboni,
Social Rights and Market Freedom in the European Constitution : A Labour Law Perspective , Cam-
bridge : Cambridge University Press ,2006.

早在 1995 年关于"欧洲是否需要一部宪法"的辩论中,就提出"只要没有高度同质化的人民,用以树立一种民主的意志,就无需制定什么欧洲宪法"。①针对一部欧洲宪法具有促进欧洲社会一体化作用的观点,他认为,一方面,欧洲民众缺乏欧洲认同;另一方面,"宪法爱国主义"作用的发挥往往与一些"宪法时刻",即重大历史变革关头(如革命、抵御外敌入侵)联系在一起,而当前的欧洲并不具备这样的条件。②

制宪会议及《宪法条约》草案体现出的初步协商民主特征引起了西方学术界的广泛兴趣。乔·绍认为"制宪会议"的建立是欧洲一体化历史上的一个转折点。③ 尽管麦格奈特(Magnette)等学者也注意到,制宪会议主要代表欧洲政治精英的意愿,有脱离民众的缺陷,但他们仍对其在促进欧盟民主合法性发展方面的意义做出了高度评价。④

法、荷否决《宪法条约》后经过长达一年半的反思期,2007 年初,欧盟制宪进程重新启动。尽管部分成员国希望进一步扩大《宪法条约》的原有内容,特别是加大社会欧洲建设力度,以获取民众支持,但在 2007 年 6 月的布鲁塞尔峰会上,考虑到法、英等国以全民公决方式通过《宪法条约》面临的困难,为使欧盟尽快走出条约改革久拖不决的危机,各成员国最终达成妥协,在保留《宪法条约》主要实质内容的情况下,取消了"欧盟宪法条约"的称谓,放弃宪法框架和其他一些具有浓厚联邦主义色彩的象征性安排。2007 年底《里斯本条约》签署后,重新进入各国的批准程序。欧盟首次制宪进程在保留大部分制宪成果的情况下回归欧盟传统条约改革模式。《里斯

---

① Dieter Grimm,"Does Europe Need a Constitution?",*European Law Journal*,Vol. 1,No. 3,1995,pp. 282 - 302.

② Dieter Grimm,"Integration by Constitution",*International Journal of Constitutional Law*,Vol. 3,No. 2&3,2005,pp. 193 - 208.

③ Jo Shaw,"Process,Responsibility and Inclusion in EU Constitutionalism",*European Law Journal*,Vol. 9,No. 1,2003,pp. 45 - 68.

④ Paul Magnette,"Deliberation or Bargaining? Coping with Constitutional Conflicts in the Convention on the Future of Europe",in Erik Oddvar Eriksen,John Erik Fossum and Agustin Jose Menendez,eds.,*Developing a Constitution for Europe*,London:Routledge,2004,p. 207.

本条约》在 2008 年 6 月爱尔兰全民公决经历波折后,于 2009 年底完成了批准程序。

应该说,欧盟制宪的重要目标和主要内容之一就是强化欧洲共同价值,扩大民众参与,进而增强欧盟的民主合法性,但该宪法安排却遭到部分成员国民众的反对。这一反差对于认识欧盟现有民主模式的局限及其未来发展有重要意义。此阶段有关文献表现出以下几个新趋势。首先,各成员国民众(特别是民众在《宪法条约》上分歧较大的成员国)对欧盟制宪进程态度上的差异成为研究的焦点之一:例如,法、荷各政党、各阶层内部在欧盟宪法问题上存在的分歧及背后原因的分析①,英国政治文化传统及其长期存在的欧洲怀疑主义的影响等②。其次,一些学者开始从国际关系的视角反思国家偏好在欧盟跨国民主机制中的作用。按照政府间主义的一体化理论,欧盟条约改革的结果是由成员国政府偏好决定。尽管他们承认民众在国家整体偏好形成中的影响,但往往对其发挥影响的具体机制语焉不详。有欧洲学者对制宪会议过程中各成员国偏好的形成进行了经验研究。③ 但从其后各国批准《宪法条约》的进程看,民众的参与,特别是在全民公决这一直接民主参与形式下,成员国的偏好呈现更加复杂的局面:在政治精英和普通

---

① 例如 Anneli Albi and Jacques Ziller, eds. , *The European Constitution and National Constitutions:Ratification and Beyond*, The Netherlands:Kluwer Law International, 2007; Paul Hainsworth, "France Says No:The 29 May 2005 Referendum on the European Constitution", *Parliamentary Affairs*, Vol. 59, No. 1, 2006, pp. 98 – 117; Paul Taggart, "Keynote Article:Questions of Europe-The Domestic Politics of the 2005 French and Dutch Referendums and Their Challenge for the Study of European Integration", *Journal of Common Market Studies*, Vol. 44 Annual Review, 2006, pp. 7 – 25; Richard Whitman, "No and After:Options for Europe", *International Affairs*, Vol. 81, Issue 4, 2005, pp. 673 – 687.

② 如 Lord Windlesham, "Britain and the European Constitution", *Parliamentary Affairs*, Vol. 60, No. 1, 2007, pp. 102 – 110; Paul Bainers and Mark Gill, "The EU Constitution and the British Public:What the Polls Tell us About the Campaign that Never was", *International Journal of Public Opinion Research*, Vol. 18, No. 4, 2006, pp. 463 – 474.

③ 有关该研究项目的总体框架,参见 Dionyssis G. Dimitrakopoulos and Hussein Kassim, "Deciding the Future of the European Union Preference Formation and Treaty Reform", *Comparative European Politics*, Vol 2, Issue 3, 2004, pp. 241 – 260. 该项目的其他研究成果发表在该刊 2004 年第 3 期和 2005 年第 2 期上。

民众、亲欧派和疑欧派之间,甚至在同一政党内部表现出明显分歧。在此过程中,民众参与对国家偏好的影响是一个值得深入探讨的问题。再次,制宪进程推动了关于欧洲公共领域在欧洲一体化进程中作用的讨论。一些学者以成员国主要媒体关于欧盟宪法的报道为研究对象进行话语分析,探讨欧盟制宪进程与欧洲公共领域的形成及其与欧洲民主之间的联系。①但同时,也应看到,欧盟宪法的讨论目前仍主要局限在成员国内部,真正意义上的欧洲范围的公共领域尚未形成,这也成为欧盟跨国民主发展的制约因素。

　　国内学术界对欧盟制宪进程的研究也以法、荷公决为界,大致分为两个阶段。在前一阶段,一些学者译介了欧盟宪法辩论的情况及《宪法条约》文本,如曹卫东对哈贝马斯后民族结构论著的翻译与介绍。② 总体来看,这一时期中国学者大多对制宪进程持乐观态度。一些国际关系学者对欧盟制宪的国际关系含义做出了非常乐观的估计。他们提出,此次制宪进程将开创"民族国家体系和超国家体系"并存的新时代,其重要意义堪比威斯特伐利亚和约。③ 刘军宁等思想史学者则从欧盟宪法所体现的宪政思想的角度探讨了其对中国的启示意义。④ 而宪法危机过后,中国学者对危机的根源及其对欧洲一体化的影响做出了初步分析。从表面看,近年来欧盟扩大速度过快及其成员国国内经济问题是这次危机的直接原因,但在这些问题背后的根源则包括欧洲民众对欧盟的认同危机及与此相关联的"民主赤字"和一体化发展动力不足等问题。⑤ 随着对欧盟政体本身复杂性认识的深入,

---

　　① 　不来梅大学让·莫内欧洲研究中心进行了题为"Constituting Europe, Citizenship and the Public Sphere"的研究项目,对法国、英国、波兰、捷克、西班牙等国媒体的宪法辩论进行了研究。该项目网址为:http://www. monnet-centre. uni-bremen. de/projects/consteps/index. html, last accessed on 20 Feburary 2008.

　　② 　曹卫东:《欧洲为何需要一部宪法》。

　　③ 　陈玉刚:《欧盟制宪与欧洲一体化:国际关系的解读》,载《欧洲》2002 年第 5 期。

　　④ 　刘军宁:《导论:立宪与政体竞争》,载冯兴元等主编:《立宪的意涵:欧洲宪法研究》,北京大学出版社 2005 年版,第 1—38 页。

　　⑤ 　参见冯仲平等:《欧盟"宪法危机":根源及影响》,载《现代国际关系》2005 年第 7 期,第 42—51 页;伍贻康、裘元伦等:《欧盟宪法危机与欧洲一体化》,载《欧洲研究》2005 年第 5 期。

中国学者认识到,欧盟宪法兼有国际条约和国家宪法的特征,是欧洲一体化发展至今全球化时代治理方式变革和传统民族国家民主治理理念之间存在的紧张状态的反映,体现了民族主义与一体化压力之间的矛盾;欧洲制宪进程受到欧洲认同、国家利益等因素制约①;也有学者开始讨论欧盟制宪与欧洲公共领域、欧洲公民身份之间的互动关系等深层次问题。②

　　总体来看,尽管国内外学术界在欧盟制宪进程研究方面已具备一些高质量成果,但由于学科和范式间的界限过于分明而往往局限于制宪进程的某个阶段或侧面。此外,在跨国民主的性质和可行性研究中,民主理论和国际关系学者在很大程度上还存在相互忽视的倾向,需要在理论对话、综合的基础上从学理和对策的维度深入挖掘这一制度创新的意义及限度。

三、研究方法与思路

　　本书注重理论与经验研究相结合,地区与国内层面研究相联系,坚持历史与逻辑的统一,并在此基础上提出相应的对策性判断。

　　(一)理论研究框架

　　认识欧洲民主问题需要不同学科理论和不同理论范式之间的综合和在此基础上的创新。本书将从这一基本认识出发,在有关研究的基础上,博采众长,提出认识欧盟跨国民主的理论框架,努力将传统民主理论、关于欧洲民主的规范理论与国际关系和地区一体化理论结合起来。首先,欧盟的民主模式是传统自由主义的代议制民主与多种形式的参与式民主的结合,是与欧盟多层次治理的复杂性相适应的。其次,本书将强调国际关系和地区一体化理论在认识欧盟跨国民主中的作用。在欧盟多层次政体中,国家偏好的互动仍是跨国民主发展的主要中间环节,而欧洲公共领域的发展及民众参与、协商则起到辅助、补充作用。欧盟制宪进程在很大程度上是一个在

———————————

　　①　王展鹏:《宪法爱国主义与欧洲认同:欧盟宪法的启示》,载《欧洲研究》2005 年第 5 期。

　　②　参见伍慧萍:《政治公共领域与欧盟民主治理》,载《德国研究》2007 年第 2 期;赵光锐:《论欧盟制宪过程对欧洲公民身份建设的积极影响》,载《欧洲研究》2007 年第 3 期。

欧洲、成员国及公民社会层面进行的关于欧盟规则、规范、价值等制度安排与欧洲认同之间相互作用的过程,而建构主义对这一过程具有较强的解释力。因而,理性选择和社会建构的理论工具从不同侧面揭示了欧盟跨国民主的动力机制。尽管近年来欧洲学术界已开始运用国际关系理论解释欧盟跨国民主的发展,但理性选择和建构主义的工具往往是彼此分离、互相排斥的。欧盟制宪进程为检验和发展有关理论提供了重要的经验事实。再次,在此基础上,此研究将把欧盟跨国民主发展的制约变量作为研究重点之一,提出其在现有民族国家体系中的发展限度问题。如前文所述,一些规范理论在此问题上往往做出过于乐观的估计,而政府间主义则坚持国家偏好的差异和欧洲认同的不足是欧盟跨国民主不可逾越的障碍。欧盟制宪进程使我们有理由将欧盟跨国民主看做一个动态、发展的过程,需要对其面临的制约因素有充分的认识,同时也应看到这一新型民主未来渐进发展的可能性和潜力。注重国际关系理论和规范理论的结合,以辩证的眼光看待欧盟跨国民主的限度问题,寻求理论上的中间道路,是本书力求取得的突破之处。这种在欧洲民主问题上的理论综合并非是出于建构一种面面俱到理论的目的,而是欧洲一体化现实的复杂性使然。在这一进程中,社会行为体(个人、公民社会、政党、国家、欧盟机构)既有工具性的策略考虑,也有价值、原则等规范性考虑,只有将二者结合起来才能更准确地解释欧洲一体化发展道路,特别是其制宪进程中面临的民主问题,并揭示未来发展的规律。

(二)实证研究部分

本书将运用文献分析、案例研究等方法分析欧盟制宪进程中跨国民主发展的形式、内容及其背后的动因,验证有关理论假设,深化关于欧盟跨国民主的认识。此部分的研究将在充分占有有关学术文献的同时,利用制宪进程仍在进行之中的有利条件,发掘欧盟官方网站、欧洲思想库、各成员国政府、NGO 和主要媒体发表的有关文件、民意调查、采访等一手资料,力求发现、分析新材料,对制宪进程中的民主问题进行较为深入的经验研究。

为此,本书将在对欧盟制宪进程中重大事件和条约文本进行分析梳理的基础上,从成员国层面进行个案分析,同时注重制宪过程中重要政策领域对欧盟条约改革进程和成员国国内辩论的影响。近年来,国内外欧洲一体化研究往往注重整体主义方法,强调一体化自身动力及其对各成员国的影响,对成员国层面研究相对不足,忽视了欧洲同一性中的多样性。这也是许多研究者未能预见欧盟宪法危机的原因之一。因而,在案例研究部分,可将欧盟成员国归为三类国家(欧盟大国、中小成员国和中东欧新成员国),选取有代表性的国家,特别是宪法辩论比较深入的国家,进行个案分析。在每一个案研究中,将各国普通民众、公民社会、政府作为研究对象,既分别进行研究,又注重其相互联系,既注重政治精英对欧洲宪法的接受程度对普通民众的引导作用,也不忽视普通民众态度对政府/精英的制约作用。

在关于欧盟制宪进程历史发展和成员国层面的案例研究中,将特别关注欧盟机构改革和欧盟社会模式问题所产生的影响。首先,机构改革是此次欧盟条约改革的主要内容之一,在理事会有效多数表决问题上的争论和成员国议会作用的加强凸现了欧盟决策机制中超国家主义与政府间主义之间的紧张状态。围绕表决权的争论也反映了成员国在权力分配和地缘政治上的利益差异。其次,社会政策是制宪进程中争论最大的政策领域。这一部分将借助制宪进程中的有关辩论,探讨欧洲社会政策滞后于欧洲一体化的原因及其与欧洲民主间的互动关系。尽管从理论上看社会政策的发展可以促进民众对一体化的支持,但也应看到,由于欧洲社会模式的多样性及各成员国间的利益差异,社会政策一体化的步伐远远滞后于其他领域,成为欧洲民主发展的瓶颈。

(三)理论意义与实践启示

本书第三部分将重点研究制宪进程对欧洲一体化、全球/地区治理的理论及对策含义。首先,我们将探讨制宪进程对成员国欧洲政策及其相互关系、欧盟宪政、欧盟治理、欧盟主要政策和国际行为能力的影响,力求在经验事实和研究结论之间建立具体、可信的联系。从短期看,欧洲一体化已达致一定的宪法平衡,因而,需要深入讨论欧洲宪政发展面临的制约因素;但从中长期看,一体化发展至今形成的自身动力对欧盟民主宪政发展仍有巨大的推动作用。因而,如何克服深层次制约因素的不利影响,构建欧洲集体认同,促进欧洲宪政的发展,应成为进一步思考的重点。

其次,尽管欧洲经验与包括东亚合作在内的其他地区一体化的现实存有一定距离,但其他区域合作进程如能不断发展,在市场管理职能方面将与欧洲有很多共通之处;从长远看,地区贸易与货币政策协调产生的溢出压力将会使区域治理和国家治理间的界限越来越模糊,进而产生民众参与有关决策的需求。目前,国内外比较地区一体化研究对于欧盟之于其他地区的借鉴意义主要集中在一体化的起源、领导国在地区秩序中的作用、贸易与货币机制等方面①,在民主宪政领域的比较研究还不多见。但制宪进程反映的一些深层次问题,对于其他地区一体化和全球治理的发展仍有启示意义。此研究可加深我们对地区一体化发展限度的理解,同时,也可从不同类型国家(大国小国、发达资本主义国家与转型国家等)的权力关系、地区认同建构、民众参与对涉及民生的地区决策的影响等角度,提出具有前瞻性的中长期政策建议。

如前文所述,从理论层面看,欧盟制宪进程为全球化和全球治理研究中国际关系与跨国民主理论的结合提供了重要的经验事实。在经验研究的基础上探讨全球治理中跨国民主的可行性和限度问题也是本书研究的重点之一。本书将从欧盟跨国民主的制约条件和限度入手,讨论欧洲一体化的发展道路和后实证主义国际关系理论的局限性。在思考全球治理和地区一体化问题时充分考虑现实世界的制约,避免恣意夸大那些超越时代的国家观。但同时这并不一定意味着地区一体化只能永远停留在政府间合作阶段,也不一定意味着欧洲一体化将终结于现有状态或倒退。在全球化时代,通过地区和跨国安排,在一定领域内,鼓励民众参与,发展地区认同,建构共同利

---

① 有关研究,参见 Shaun Breslin and Richard Higgott, "Studying Regions: Assessing the New, Learning from the Old", *New Political Economy*, Vol. 5, Issue 3, 2000, pp. 333 – 353; Bertrand Fort and Douglas Webber, eds., *Regional Integration in East Asia and Europe: Convergence or Divergence*, London: Routledge, 2006; Mary Farrell, Bjorn Hettne and Luk Van Langenhore, eds., *Global Politics of Regionalism: Theory and Practice* London: Pluto Press, 2005;陈玉刚、陈晓翌:《欧洲的经验与东亚的合作》,载《世界经济与政治》2006 年第 5 期。

益,同样具有一定的积极意义和可行性。

　　毋庸讳言,这一研究也将面临一些困难和不足。首先,虽然欧盟制宪进程提供的经验事实为实现理论的综合与创新提供了契机。但由于不同学科、范式的理论在概念系统、研究方法方面的差异,需要在现有理论的基础上有所创新提出适合欧盟制宪进程的理论假设,同时,由于传统规范理论一般不采用实证研究的方法,如何将经验研究与这一分析框架有机地结合起来是此研究需要克服的难点之一。其次,在实证研究部分,由于一些研究内容涉及有关行为体心理和观念层面的问题,数据搜集并确保其可信度有一定难度。在有关成员国的案例分析中,涉及成员国数量众多,在获取一手资料时存在一定的语言障碍。

第 一 部 分

理论的融合与欧洲民主的中间道路

范式改变的确使科学家对他们研究所及的世界的看法变了。……接受一个新范式的科学家会以与以前不一样的方式来看这个世界。

——托马斯·库恩①

转识为智……化理论为方法、化理论为德性

——冯契②

---

① [美]托马斯·库恩:《科学革命的结构》,金吾伦、胡新和译,北京大学出版社 2003 年版,第 101、104 页。

② 冯契先生提出的"两化"、"转识为智"等思想为我们从认识论和方法论的角度认识超越不同学科范式的藩篱提供了启示。参见冯契:《冯契文集》第十卷,华东师范大学出版社 1998 年版,第 403 页;另参见彭漪涟:《化理论为方法化理论为德性》,上海世纪出版集团 2008 年版,第 76—77 页。

第一章　理性选择与社会建构的融合

近年来,国内外学者将20世纪90年代中期以来理性主义与建构主义间的辩论视为国际关系理论的"第四次论战"。他们注意到二者差异的同时,也指出其理论互补、融合的趋势。① 与此同时,这一范式之争也出现于欧洲一体化理论研究领域。其理论辩论和相关经验研究为理解制宪进程背景下欧盟跨国民主的发展提供了重要理论工具和学理思考的空间。

第一节　欧洲一体化理论理性选择和
社会建构的思想渊源

源于国际关系传统的新功能主义与政府间主义的论战一直是欧洲一体化理论发展的重要背景。欧洲一体化之初,现实主义出于其悲观的国际政治逻辑,认为国家行为体基于自身利益的理性选择使国际体系的变革无从

---

① 秦亚青:《译者前言:国际关系理论的争鸣、融合与创新》,载[美]彼得·卡赞斯坦、罗伯特·基欧汉等编:《世界政治理论的探索与争鸣》,秦亚青等译,上海人民出版社2006年版,第4—18页。

谈起,超越民族国家的地区一体化更是不可想象。在此背景下,哈斯等学者提出的新功能主义理论继承了理性选择的功利主义传统,同时吸收了韦伯的政治社会学思想中理性化进程的理念,即人们为达既定目的而寻找最佳方式的过程不是以个人方式完成,而是依据规则、制度或更大的社会结构形成的。从这一立场出发,哈斯寄希望于超国家机构和现代国家制度在欧洲发达工业化国家之间,实现这一理性化进程。这样的现代国家及其联合体在界定自身利益时不仅考虑国家安全,而且高度重视公民福利。①

20 世纪 60 年代欧洲一体化的停滞,特别是法国戴高乐主义的盛行促使新功能主义反思自身理论的局限性。哈斯本人在 70 年代曾两次提出新功能主义已经"过时"的悲观结论。② 然而,哈斯并未就此停止其理论探索:他修正了溢出效应理论,承认地区一体化的溢出效应既非自动实现也非不可逆转;③同时,开始思索欧洲一体化的社会行为体之所以诉诸超国家安排的一些深层次问题。事实上,早期的一体化理论在克服现实主义逻辑束缚的同时,已注意到社会化的学习过程在地区认同及共有知识建构中的作用。④哈斯在其所下的著名定义中就提出,地区政治一体化是"在几个不同国家背景下的政治行为体,被劝说改变其忠诚、预期和政治活动,不断趋向一个新的权力中心的过程……"。⑤ 这一"忠诚"的转换就可理解为地区集体认同的初步形成过程。20 世纪 90 年代末,建构主义逐渐成为国际关系的主流范式,哈斯又提出,新功能主义是一种温和的建构主义理论,因为社会行为体在一体化过程中选择最佳途径实现自身利益时,其利益是由价值、

---

① John Gerard Ruggie, et al. , "Transformations in World Politics: The Intellectual Contributions of Ernst B. Haas", *Annual Review of Political Science*, Vol. 8 ,2005 , pp. 274 - 275.

② E. B. Haas, "The Study of Regional Integration: Reflections on the Joy and Anguish of Pretheorizing", in L. Lindberg and S. Scheingold, eds. , *Regional Integration: Theory and Research*, Cambridge, MA: Harvard Uni. Press, 1971, pp. 3 - 44; E. B. Haas, *The Obsolescence of Regional Integration*, Monogr. Berkeley, CA: Institute of International Studies, 1975.

③ E. B. Haas, *The Uniting of Europe*, Stanford: Stanford University Press, 1968, pp. xxii - xxvii.

④ John Gerard Ruggie, et al. , "Transformations in World Politics: The Intellectual Contributions of Ernst B. Haas", p. 275.

⑤ E. B. Haas, *The Uniting of Europe*, p. 16.

观念、身份等因素塑造的,因而其本体论不是物质主义的。从这种意义上说,新功能主义与仍未完全放弃功利主义/个体主义传统的温和建构主义有许多共通之处。① 此后,他又将其一体化思想推而广之,应用到更广泛的世界政治研究中:一方面,国家间的自愿合作不是出于理想主义或利他主义的考虑,而是利益集团和政治家利益算计的结果;另一方面,这种利益在很大程度上是人们的认知和态度决定的。在其晚年,哈斯明确表示在国际制度研究中应采取实用建构主义立场:国际制度是国家行为体战略算计的工具,又是具有自身意愿和自主性的行为体,是反思性新思想和新政策的实践场所。②

作为对新功能主义的回应,政府间主义在 20 世纪 60 年代欧洲一体化的相对停滞期应运而生。霍夫曼宣称:"实践证明民族国家远未过时,而是具有顽强的生命力。"③然而,80 年代中期以后,欧洲一体化加速发展充分说明地区一体化发展到一定程度有可能部分超越威斯特伐利亚模式的逻辑。此后,莫劳夫奇克吸收了理性选择制度主义的理论成果,建立了自由政府间主义理论,成为欧洲一体化理论中理性主义的主要代表。他一方面坚持现实主义的基本假设:以经济利益为基础的理性选择大体可以准确反映欧洲一体化的起源、发展和未来进程,在欧洲层面这一博弈的结果主要取决于成员国的相对权力地位;另一方面引入了自由主义关于各种社会行为体在国家偏好形成中作用的观点。从这一基本假设出发,莫劳夫奇克将欧洲一体化的条约改革划分为三个相互联系的阶段:国家偏好形成、国家间博弈和选择国际制度。④

① E. B. Haas, "Does Constructivism Subsume Neo-functionalism?", in Thomas Christiansen, et al. ,eds. ,*The Social Construction of Europe*, London:SAGE Publications,2001, pp. 23 - 29.

② Peter M. Haas and Ernst B. Haas , "Pragmatic Constructivism and the Study of International Institutions" , *Millennium : Journal of International Studies* , Vol. 31 , No. 3 ,2002 , pp. 573 - 601.

③ S. Hoffmann , "Obstinate or Obsolete? The Fate of the Nation-State and the Case of Western Europe" , *Daedalus* Vol. 95 ,1996 , pp. 862 - 915.

④ [美]安德鲁·莫劳夫奇克:《欧洲的抉择——社会目标和政府权力》,赵晨、陈志瑞译,社会科学文献出版社 2008 年版,第 25—26 页。

　　自由政府间主义初步注意到国内和跨国因素在国家偏好形成阶段的作用:"社会观念、利益和制度,也就是成员国政府战略算计背后的根本社会意图,往往通过塑造国家偏好,影响国家行为"。①在跨国一体化的背景下,即便某些地区安排会使成员国整体获益,但其分配和再分配效应仍有可能导致国内某些群体的利益受损。各种政策的效果也会因不同社会群体而异,这些群体会对政府施加影响。因而,政府在地区层面的博弈中要传达国内选民的意愿并受其制约。但莫劳夫奇克同时认为,在各国政府间的博弈阶段,国家偏好仍"表现得"是均一而又明确的。② 总体来看,该理论虽提出了社会行为体在国家偏好形成中的作用问题,但在社会观念和利益如何转化为国家偏好问题上则语焉不详。

第二节　欧洲一体化理论理性主义和
建构主义的论战与融合

　　欧洲一体化实践的发展需要其理论对超越民族国家的社会化进程、超国家政体的发展、欧洲认同的建立及欧盟民主宪政等问题做出解释,仅仅依靠以国家为中心的传统国际关系理论或将欧盟与民族国家政体进行简单的类比都难以完成这一任务。20 世纪 90 年代中期以来,建构主义表现出沟通国际关系和比较政治、理性主义与反思主义的潜力。

一、理论论战与融合的历史过程
　　应该说,理性主义与建构主义在元理论层次上的差异是明显存在的。首先,理性主义主要借鉴经济学逻辑,采取个体主义本体论,强调成员国对

---

①　A. Moravcsik, "Taking Preferences Seriously: a Liberal Theory of International Politics", *International Organization*, Vol. 51, No. 4, 1997, p. 513.

②　[美]安德鲁·莫劳夫奇克:《欧洲的抉择——社会目标和政府权力》,第30—31 页。

一体化进程的决定作用；而建构主义则是整体主义的社会学理论，注重一体化及欧盟机构对成员国的影响。其次，在方法论上，理性主义采取实证主义方法，传统建构主义注重"具有前瞻性的推理"和"人类知识的反思"。① 从实质理论看，二者的差异还体现在其对行为体行为逻辑的认识②、观念的作用及国家偏好对一体化而言是内生还是外生等问题上。然而，随着理论辩论的深入，两理论间出现了相互融合的积极趋势。这一进程一方面得益于国际关系理论范式间对话的加强；另一方面，一体化现实的实验性和复杂性为这一对话与融合提供了丰富的土壤。

1999 年《欧洲公共政策》杂志发表了《欧洲的社会建构》特刊，提出了欧洲一体化理论和实证研究中的建构主义议程，标志着理性主义和温和建构主义之间的论战正式启动。值得注意的是，这一论战从一开始就并未纠缠于抽象的元理论问题。理性主义的批评首先是建构主义并未提出"独特的可资检验的理论假设"，不能通过经验分析加以证实或证伪；其中即使存在一些可以证伪的假设，也未提出可行的方法将这些假设的验证结果与理性主义区分开来。③对此，建构主义学者做出的回应是，他们同样接受实证主义的方法论，并开始着手实证研究。他们在《比较政治研究》、《国际组织》杂志先后出版特刊，发表了关于欧盟机构在欧洲一体化进程中作用的两组实证研究文章。在此基础上，提出了两理论模式对话与融合的必要性、实现条件、理论意义问题。

从科学哲学的角度看，理论融合面临的障碍首先是不同范式之间是否可以通约的问题。④ 毋庸讳言，对于同一现象社会科学的不同理论会做出不同解释，而由于各种理论体系在概念、术语等系统上的差异，相互比较与

① E. Adler, "Constructivism and International Relations", in W. Carlsnaes, T. Risse and B. A. Simmons, eds., *Handbook of International Relations*, London: Sage Publications, 2002, p. 109.

② 一般认为，理性主义是基于后果的逻辑，建构主义是基于适当性的逻辑。

③ A. Moravcsik, "Constructivism and European Integration: A Critique", in T. Christiansen, et al., eds., *Social Construction of Europe*, London: SAGE Publications, 2001, pp. 176 – 187.

④ 库恩提出了理论范式的不可通约性命题。参见［美］托马斯·库恩：《科学革命的结构》。

融合存在困难。例如,作为政治学一个核心概念的"权力"在国际关系中就有多种解读。人们往往采用韦伯提出的定义,即:"权力意味着在一种社会关系里哪怕是遇到反对也能贯彻自己意志的任何机会,不管这种机会是建立在什么基础之上。"①这样,权力被视为一行为体对另一行为体的影响力、控制力。现实主义学派往往将权力和经济、军事等权力资源混为一谈;而在沟通理论看来"权力实质上是沟通性的,并不是实现别人意愿的工具,而是在达成同意的沟通中形成共同意愿的过程";②后现代理论中的权力概念则包含了更多的社会关系中的压迫性、不平等性和反抗性意味。同时也应看到,如同不同语言的翻译活动一样,在一些情况下,尽管某个术语在形式上具有不可译性,但其思想、内容在不同语言/理论范式之间是可以传递、交流的。从这种意义上说,不同理论范式之间的通约是可能的。

　　理性主义和温和的建构主义都承认实质性理论的发展和有关经验现实的研究应该是欧洲一体化理论的关注点,二者都承认理性在一体化进程中的作用。③ 由于欧洲现实的复杂性,不同理论范式在解释一体化进程和预测其未来走向时,往往只能解释其中一部分现实。为此,欧洲的建构主义学者就两种理论间的对话从学理上提出了四种模式:其一,不同理论间的竞争性验证(Competitive testing),即理论不仅要接受经验事实的验证,还要接受其他理论的批评与检验,特别是在解释同一或同类事件的过程中相互竞争;其二,因理论对事物不同侧面的解释力各有短长,因而,应厘清理论的应用范围,从而为打破理论之间的壁垒,以多种理论解释同一现象创造条件;其三,应意识到理论的时间阶段性,即不同理论在一体化的不同阶段的适用性问题;最后,包含与归入,即一种理论可以部分地还原为或归入

---

　　① ［德］马克斯·韦伯:《经济与社会》(上卷),林荣远译,商务印书馆1997年版,第8页。

　　② 周丕启、张晓明:《国际关系中的国家权力》,载《国际论坛》2004年第1期。

　　③ Jeffrey T. Checkel and Andrew Moravcsik, "A Constructivist Research Program in EU Studies", *European Union Politics*, Vol. 2, Issue 2, 2001, pp. 219−249.

另一理论。① 从这四种模式看,建构主义学者对两理论间的互补性问题表现出浓厚兴趣。对他们而言,理论辩论的目的不是分出高下优劣,而是使之在相互比较中存在,相互竞争中发展。

作为传统主流理论的理性主义并不承认建构主义在认识国家偏好、劝说、一体化进程的演变等问题上比自己高明。莫劳夫奇克认为,理性主义,如相互依赖理论、深嵌式自由主义(embedded liberalism),同样注意到"集体观念和政策结果间的关联性",同样可以解释劝说过程在个人和国家偏好形成中的作用。② 例如,针对柴克尔提出的一个建构主义作用机制的假设,即在劝说者传达的信息与说服对象的根深蒂固先入之见相差不大时说服行为更容易成功,莫劳夫奇克认为,诸如此类的假设在理性主义中大多也可找到对应的观点,如理性主义的路径依赖理论就可以解释社会行为体的过往经验对其目前心理过程的影响:当被劝说者的这些经验与劝说者的信息一致时,往往更易于改变自己的立场。③ 公允地说,理性主义包含的理性选择这一广义的社会科学工具也常常会为建构主义所采用,因而两种范式在一些理论假设上的交叉和相互包含也就难以避免,不能因此否认建构主义的意义。

无论理性主义者承认与否,来自建构主义的挑战在一定程度上促成了理性主义一体化理论的进化。国家偏好的形成问题是两理论交锋的一个焦点。传统理论往往认为理性主义将国家偏好视为外部给定因素,并在这一假设的基础上解释国家行为;而建构主义在解释偏好形成过程时,则将其与社会建构的利益和身份联系起来。然而,自由政府间主义在不断发展其包含的自由主义因素的过程中,开始强调国内政治和社会行为体的作用,并探

① Joseph Jupille, James A. Caporaso and Jeffrey T. Checkel, "Integrating Institutions: Rationalism, Constructivism, and the Study of the European Union", *Comparative Political Studies*, Vol. 36, No. 7, 2003, pp. 19 – 24.

② Jeffrey T. Checkel and Andrew Moravcsik, "A Constructivist Research Program in EU Studies", p. 227.

③ Jeffrey T. Checkel and Andrew Moravcsik, "A Constructivist Research Program in EU Studies", pp. 323 – 324.

讨集体观念、商业利益和国内政治制度的影响。因而,一些理性主义者并不接受这一简单分工,并同样着手从国家与社会关系的视角解释行为体偏好形成问题。①

对欧洲一体化而言,一个同样现实的问题是作为国际制度的欧盟超国家机构在国家偏好形成中的地位与作用。随着一体化的深入发展,欧盟机构对成员国及其民众而言既是一种外部制度环境又是国内制度的组成部分,它们是否以及以何种方式通过社会化过程对各行为体的身份、利益乃至偏好产生影响是建构主义和理性主义的另一传统分歧。莫劳夫奇克在阐述其理论与新功能主义及建构主义的区别时坚称,欧盟机构对一体化进程中国家所做选择的影响是有限的,一体化主要动力来自成员国内部。② 2005年《国际组织》特刊对欧盟委员会、理事会、常任代表委员会等机构在成员国及个人行为体社会化过程中的作用问题进行经验研究,并对研究结果,分别从建构主义和理性主义的视角做出解释。③社会化是建构主义的传统议题,但这些经验研究表明,理性主义方法对社会化过程同样具有一定的解释力。作为社会化重要途径的争论、劝说、说服与行为体的战略选择并非截然对立。一些情况下,劝说与物质激励无涉,而在更多情况下,基于后果的逻辑与基于适当性的逻辑同时起作用,二者难于截然分开。其次,一些作者也注意到,社会化过程中的社会影响也是通过惩罚和激励来促进规范形成的过程。④此外,该研究还提出了重新发现"国内政治"对于欧洲认同/社会化的重要性问题。在胡格等学者看来,国内政党结构、政治文化传统等因素对

---

① Mark A. Pollack, "Rational Choice and EU Politics", *ARENA Working Paper Series*, 12/2006, http://www. arena. uio. no/publications/working-papers2006/papers/wp06_12. pdf. , pp. 27 – 28, last accessed on 20 May 2008.

② Andrew Moravcsik, "The European Constitutional Compromise and the Neofunctionalist Legacy", *Journal of European Public Policy*, Vol. 12, No 2, 2005, p. 355.

③ Michael Zürn and Jeffrey T. Checkel, "Getting Socialized to Build Bridges: Constructivism and Rationalism, Europe and the Nation-State", *International Organization*, Vol. 59, Issue 4, 2005, pp. 1045 – 1046.

④ Michael Zürn and Jeffrey T. Checkel, "Getting Socialized to Build Bridges: Constructivism and Rationalism, Europe and the Nation-State", p. 1052.

欧洲社会化/认同的影响不是静态的,而是一个国内和欧洲层面因素的动态结合。在这一过程中,交易成本、信息不对称等理性选择机制也发挥着重要作用。[①]

近年来,一些制度主义学者开始强调欧盟制度因素在理性选择中的作用,也在一定程度上模糊了理性主义和建构主义的界限。[②] 他们注意到欧盟社会政策是影响欧洲民众对一体化支持度的重要领域。这一影响不仅通过规范、价值、意识形态等因素起作用,而且直接作用于民众的利益诉求。欧盟政策具有反馈(Feedback)效应,即欧盟内部行为体的反馈会对一体化的发展带来相对持久的正面或负面效应。例如,20 世纪 80 年代中后期,欧盟积极推动"社会欧洲"建设,起到了动员民众支持一体化的作用。按照历史制度主义的解释,这种效应有一定的路径依赖,促使欧洲左派在批准《马斯特里赫特条约》过程中放弃一定的自身利益诉求,积极推动一体化发展。同时,这种积累效应反过来也会对一体化的深化带来不利影响,此后,欧盟在社会政策方面长期难以取得突破也在一定程度上成为一体化进一步发展的制约因素。欧盟宪法危机也可视为理性主义负面反馈效应研究的一个重要例证。

二、欧盟制宪进程与一体化理论论争

欧盟制宪进程一波三折,历时八年,欧盟、成员国及其国内社会就欧盟条约改革的广泛互动和深刻辩论为理解这一理论论争提供了重要启示。

首先,尽管《里斯本条约》标志着制宪进程最终回归了欧盟传统的条约改革方式,但其间的制度创新及由此引发的宪法辩论凸现了建构主义与理性主义间融合的现实需求。制宪会议或"关于欧洲未来的特别会议"这一安排在授权、组成和表决方式等方面都有别于政府间谈判模式,在一定程度

---

① Michael Zürn and Jeffrey T. Checkel, "Getting Socialized to Build Bridges: Constructivism and Rationalism, Europe and the Nation-State", pp. 1068 - 1072.

② Mark A. Pollack, "Rational Choice and EU Politics", pp. 29 - 33.

上具备了强调协商、相对公开透明的特征,在传统政府间会议成员国间博弈的基础上包含了更多的平等协商、说服等话语过程。同时,制宪会议的规则、规范也对成员国的战略算计产生了影响。① 此外,随着宪法辩论的深入,特别是在法、荷、爱等国通过全民公决批准条约的过程中,在各国主要政党、社会运动、媒体、知识界形成了广泛的话语辩论空间。《里斯本条约》确定的未来条约改革程序中仍保留了在政府间会议前启动类似特别会议机制的规定,而民众参与形成的公共空间也将对欧盟治理形式的发展发挥建构作用,制宪进程虽未产生一部欧洲宪法但其影响仍是长远而持久的。

其次,制宪进程是自由政府间主义等理性主义一体化理论的传统领地,其核心关注仍是成员国偏好的形成及其在政府间会议等机制中的行为。莫劳夫奇克认为,经济因素是欧盟条约改革过程中国家偏好形成和政府间博弈的决定力量,他虽然承认观念、地区制度环境在欧洲条约改革中的作用,但同时认为这些因素的作用有限,在解释一体化的历史、预测其未来发展时采用面面俱到的多因框架是不可取的。② 然而,自《尼斯条约》以来,欧盟机构改革、欧洲一体化对国家身份的影响在一些成员国,特别是中小成员国关于国家利益与偏好认知中的地位显著上升。无论是法国左派对社会欧洲的关注还是爱尔兰新芬党等政治力量对民族身份认同和中立防务政策受到侵蚀的担忧,都是出于经济利益的理性选择和观念因素共同作用的结果,偏好形成的决定性动因是经济因素的一元结构还是包含意识形态、政治文化等观念因素的二元结构、二者之间的相互作用如何仍是值得探讨的问题。此外,莫劳夫奇克虽然承认国内各阶层在国家偏好上存在分歧,但在他看来,这些偏好一旦经政府整合,在成员国间博弈过程中就至少"表现得"是确定而统一的,并代表国家的整体利益。但制宪进程,特别是欧盟条约在法、荷、爱三国公决中相继遭到否决的事实表明,各国政治精英与民众对国家偏好

---

① Christine Reh,"The Convention on the Future of Europe and the Development of Integration Theory", *Journal of European Public Policy*, Vol. 15, Issue 5, 2008, pp. 785–788.

② [美]安德鲁·莫劳夫奇克:《欧洲的抉择——社会目标和政府权力》,第19—20页。

的理解存在明显距离,而政府在地区谈判过程中也不得不受到公众意愿的制约。①

与此紧密相关的一个问题是理性主义并未能够清楚地给出一个令人信服的国家偏好形成路径。林德伯格所说的宽容共识②,随着一体化的不断深化和扩大已言过其实。增强民众在欧洲一体化决策中的民主参与成为新的共识。一些社会阶层的利益为何可以转化为国家偏好,而另一些则不然?各社会阶层的利益是否会自动转化为国家偏好?谈判过程中国家偏好在多大程度上由各国相对权力决定?公决过程中博弈结果为成员国社会行为体所拒绝时,欧盟机构及其制度文化在多大程度上可以影响这一选择?在解答这些问题的过程中,理性主义需要借鉴建构主义关于认同、社会化、学习劝说等机制在国家偏好形成中作用的观点。

对于欧盟成员国而言,其利益和身份固然受到国内因素(如历史文化传统、经济利益考虑)的制约,但并不完全是先在、内生的,而是在很大程度上受到体系结构的影响。建构主义关于行为体的身份由结构文化建构而成、体系结构进化论等观点③对于认识制宪进程对成员国及其内部各阶层身份、利益及行为的中长期影响乃至欧盟宪政的未来有重要意义。正如温特所说:"身份是利益的基础。行为体并非只是手提装满各种利益的'公文包',无视社会环境的影响。相反,他们在界定所处的情境的过程中界定自身的利益"。④当然,这一观念的塑造并非一时一事的简单因果关系,而是长期积累从量变到质变的复杂过程。欧盟作为成员国置身其中的制度环境不

---

① Dionyssis G. Dimitrakopoulos and Hussein Kassim,"Deciding the Future of the European Union Preference Formation and Treaty Reform",pp. 247–248.

② 宽容共识指一体化之初民众往往对政治精英做出的一体化安排并不关心但却能给与充分支持,因而,一体化的发展方向主要由政治精英设计。参见 L. N. Lindberg and S. A. Scheingold,*Europe's Would-be Polity:Patterns of Change in the European Community*,Englewood Cliffs,NJ:Prentice-Hall,1970.

③ 秦亚青:《译者前言》,载亚历山大·温特:《国际政治的社会理论》。

④ A. Wendt,"Anarchy is what States Make of it:The Social Construction of Power Politics",*International Organization*,Vol. 46,No. 2,1992,p. 398.

断影响着各国关于自身身份的认知,同时成员国间的互动也建构着欧盟制度文化。无论是法国、爱尔兰还是波兰等中东欧成员国关于自身身份的认知都随着欧盟条约宪法化的进程跌宕起伏,共同塑造着欧盟的体系文化。其间,法国社会欧洲的观念、爱尔兰的小国身份意识和中东欧新成员国出于历史经历对自身安全的关注并非一成不变的,而是在各成员国间的相互作用中不断调适、建构,同时也塑造着欧盟层面的新的地区文化。应该说,尽管政府间主义提出的欧盟当前已达致宪法平衡的观点可以较好地界定欧盟宪政发展的现实,建构主义在欧盟宪政发展的认识上的动态性、开放性、前瞻性特点对于揭示欧盟条约改革发展的未来同样具有积极意义。

近年来,伴随着欧盟制宪进程出现了欧洲一体化的"民主"理论转向。这些理论大多来源于民族国家民主理论模式,讨论欧洲民主"应然"层面的问题。欧洲一体化理性选择和社会建构理论的对话与融合可以丰富欧洲民主理论的内涵及其与欧盟现实的联系,其能否与规范理论学者的交往行动理论结合起来成为认识欧洲民主的关键。规范理论关注的是欧盟如果成为一个具有民主合法性的政体必须具有怎样的政治认同的问题,但近年来哈贝马斯等学者开始努力寻求其规范理论与经验现实之间的契合。他们提出通过制宪增强欧洲认同的宪法爱国主义模式,并寄希望于通过统一的欧洲福利国家建设来完成这一任务。但从制宪进程看,该路径面临各国政治文化传统和民众利益诉求多样性等诸多制约。欧盟兼备国内政体和国际机制的二重性使我们在考察欧洲民主的主体时,既应包括民众和公民社会的影响,也不能忽视作为整体的国家偏好的作用。国家偏好的形成与互动仍是其跨国民主发展的主要中间环节,欧洲公共领域的发展及民众参与、协商则起到辅助、补充作用。此外,我们在关注欧盟制宪过程中跨国民主发展时,不仅需考察各成员国间权力关系的互动和法律条文规定等硬性制度,也无法忽视各国历史传统、文化交融等软性因素的潜移默化的影响。欧盟宪法所发挥的地区民主制度化的作用也并非一纸宪法文本所能承载。从这种意义上说,建构主义在欧洲一体化研究中有着发挥沟通理性主义与规范理论(反思主义)桥梁作用的现实基础。

　　从制宪进程中欧盟民主研究的进展看,研究者开始将作为欧盟民主主要模式的代议制民主和参与式(协商)民主与欧洲一体化理论中理性主义和建构主义联系起来,从而出现了一体化理论范式的融合与欧盟民主模式在理论与实践层面的融合相互推动、相互促进的局面。他们认为,自由主义的代议制民主是一种基于利益的工具型民主,具有理性主义的特征;而协商民主则是基于理性规范的本质型民主,具有社会建构的特征。① 制宪进程中,无论在欧盟官方文件还是民主实践中,尽管代议制民主仍占主导地位,但参与式民主不断加强表明两种民主模式的融合将成为欧盟跨国民主未来发展的重要趋势。当然,也应看到,由于两种民主模式在本体论上存在的明显差异,②这一理论范式和民主模式上的中间道路在研究欧盟制宪这一复杂的现实政治、法律、社会进程时,在经验研究上也存在一定困难。

---

　　① 　B. Kohler-Koch and B. Rittberger, "Charting Crowded Territory: Debating the Democratic Legitimacy of the European Union", in Beate Kohler-Koch and Berthold Rittberger, eds. , *Debating the Democratic Legitimacy of the European Union*, pp. 16 – 17; A. Wiener, "Analysing Democratic Legitimacy Collaboratively", *Journal of European Integration*, Vol. 29, No. 3, 2007, p. 383.

　　② 　一般认为,自由主义民主强调相对稳定的规范指导下个体行为的重要性;而具有建构主义特征的协商民主注重通过公共领域内的话语过程实现观念的转变。参见 T. Auberger and K. Iszkowski, "Democratic Theory and the European Union: Focusing on 'Interest' or 'Reason'?" *Journal of European Integration*, Vol. 29, No. 3, 2007, pp. 275 – 278.

第二章 欧盟跨国民主多样性

在实践层面,欧盟面临探索前无古人的民主模式的艰巨任务。随着欧盟职能的不断扩大,需要借鉴民族国家的治理模式,应对民主合法性挑战;同时,欧盟当前政体仍是介于国际组织与联邦国家之间的复合体,并未完全超越主权国家间合作的模式,其民主发展将是伴随欧洲一体化进程的不同民主模式间的协调过程。

第一节 合法性问题与欧盟民主

人类历史上,任何政治统治和社会管理形式都努力寻求自身的合法性。欧盟民主与欧盟政体合法性的联系是西方政治传统与欧洲一体化现实相互作用的结果。因而,在探讨欧盟民主模式问题之前,有必要对合法性的概念作一梳理。政治合法性是现代政治学和社会学中的一个核心概念,中外学者对其含义见仁见智。按照韦伯所下的定义,在政治系统的命令—服从关系中,合法性是由统治的正当性和被统治者的接受构成的。这种统治的正当性或权威有三个来源,即传统型、魅力型与法理型权威。①值得注意的是,韦伯并未将合法性概念与民主建立直接的联系,而是将其视为"统治合法化的最有效途径"。这一合法性概念强调民众的支持,但由于缺少规范领域的价值标准的基础,被一些学者视为带有"权术和权谋"的意味。② 英国当代政治学家比瑟姆和洛德则给出了一个合法性较为全面的定义。他们认为,政治权威合法性的基础建立在以下三个方面:(1)其权力按照确定的规则获得并行使;(2)依据社会普遍接受的关于权力正当来源和政府目的与标准的信念,这些规则具有合理性;(3)政治权威的地位得到下属的明确同意并得到其他合法权威的承认。③

对照韦伯和比瑟姆等人的定义,欧盟已具备合法政治权威的大部分基本要素。然而,欧洲政治精英、学术界和普通民众却普遍持有欧盟治理并未享有充分合法性的观点。这一反差的原因在于,当今西方关于政治合法性的主流解读都是与以选举为核心的自由主义民主程序相联系的。同时,被统治者"对治理机构的忠诚"④在许多人看来也是合法性概念的应有之义,这也是欧盟政体相对薄弱的一个方面。近年来,哈贝马斯等学者在批判韦伯的理论传统过分关注合法性的经验取向的同时,强调其规范维度,提出了借助公民自由平等的协商实现西方资本主义社会合法性重建的途径。

纵观欧洲历史,正是民族国家在威斯特伐利亚和约之后寻求自身合法性的过程中将民主与合法性紧密联系在一起的。在古希腊的城邦制度中,享有公民权的君王、教士、贵族垄断了统治的政治合法性,成为西方民主制度的源头。到中世纪,这种自下而上的合法性理论和实践被以宗教神权为基础的自上而下的安排所取代,在欧洲形成了超国家政治机构的雏形。17世纪后,资本主义经济体系和国家体系登上世界舞台,主权也随之成为国家

---

① ［德］马克斯·韦伯:《经济与社会》,第 239 页;另参见岳天明:《政治合法性问题研究》,中国社会科学出版社 2006 年版,第 43—52 页。

② 张康之:《合法性的思维历程:从韦伯到哈贝马斯》,载《教学与研究》2002 年第 3 期。

③ David Beetham and Christopher Lord, *Legitimacy and the EU*, pp. 3 - 5.

④ M. Newman, "Allegiance, Legitimation, Democracy and the European Union", *European University Institute Working Papers*, HEC No. 2001/5.

政治合法性的来源之一。在当时的欧洲国际秩序中,现代国家的崛起与击退外敌入侵的过程相伴相生,因而,国家迫切需要处理好与国内社会的关系,以便动员社会力量,获取资源,支持对外战争和本国的经济发展。这一逻辑也成为国家提高自身合法性的重要动机。① 这一时期,欧洲政治思想发生的深刻变化,特别是文艺复兴和启蒙运动的深入,使合法性的基础日趋世俗化。政治合法性思想呈现两个重要发展:其一是洛克、卢梭、康德等思想家提出的社会契约思想;其二是君主主权受到天赋人权和主权在民思想的挑战。英、法革命后,欧洲新兴资产阶级与维护皇权、神权的旧势力反复斗争,资产阶级与工人阶级达成了政治妥协,促使英法等主要资本主义国家确立了以普选为核心的代议制民主的正统地位,成为民族国家政治合法性的基础。20世纪两次世界大战的灾难以及来自社会主义国家的竞争迫使西欧资产阶级逐步做出调整,引入福利国家的理论与实践,巩固了其代议制民主体制。

对欧洲政治合法性发展历程的这一简要回顾表明,欧盟并非欧洲历史上独一无二的超国家政治权威,代议制民主在政治实践中作为合法性的主要来源是伴随着欧洲民族国家自身建构的过程确立起来的,有其历史合理性。然而,即便在韦伯等经典政治社会学家的理论中,合法性的来源也是多元的,例如,传统和领导者的政治魅力同样被视为合法性的来源之一。近年来兴起的协商民主等参与式民主形式在古希腊的共和主义传统中也可找到其渊源。

从欧洲一体化的现实看,欧盟政体合法性的建构过程也是与地区跨国民主模式的探索同步进行的。在欧洲一体化之初,欧盟机构的职能集中于自由贸易、市场管理等领域,因而其合法性的基础主要建立在选民对成员国政府欧盟决策的间接授权之上。同时,欧洲超国家机构带有强烈的技术精

---

① 王展鹏:《构建国际政治经济学学科身份与共同研究纲领的探索》,载[美]约瑟夫·格里科、约翰·伊肯伯里:《国家权力与世界市场:国际政治经济学》,王展鹏译,北京大学出版社2008年版,第7—9页。

英治理的色彩。莫内、舒曼、哈尔斯坦、斯巴克等欧洲一体化的设计师们在谋划欧洲统一蓝图的过程中对超国家制度寄予厚望,希望通过国家间的联合克服国际体系无政府状态,实现永久和平。这一思想为欧洲政治精英和民众普遍接受,形成了所谓"宽容共识",构成了早期一体化得以顺利发展的合法性基础。20世纪60、70年代,欧洲一体化发展相对缓慢,国家中心主义抬头,空椅危机、卢森堡妥协及经济衰退使欧共体陷入了所谓"欧洲僵化症"(Eurosclerosis),关于欧共体民主合法性的讨论相对较为平静。到80年代中期,德洛尔出任欧共体委员会主席,推动成员国通过了《单一欧洲法令》,欧洲一体化加速发展,最终建立了欧洲联盟。然而,欧盟政策领域的扩大和超国家机构决策能力的加强使欧盟民主合法性问题凸现出来。在这一阶段,欧盟通过《马斯特里赫特条约》的制度创新形成了多层次治理的框架。90年代中后期以来,在马约所取得的巨大进展的基础上,欧洲一体化能否如哈斯等学者所说在现有的一体化领域不断产生溢出压力从而在社会政策、税收等领域取得突破成为人们关注的焦点。欧洲一体化的支持者在憧憬欧洲联邦未来的同时,总是自觉不自觉地将民族国家的民主安排作为参照;而欧洲怀疑论者则指出,欧洲不存在政治意义上的统一的民众,因而,民主问题也无从谈起。"欧洲民众(demos)"的缺乏成为欧盟超越传统民族国家联合模式的阿克琉斯之踵。伴随着欧洲民主合法性的理论论争,在这一阶段,欧盟进行了多种民主形式的探索。欧盟制宪进程就是在一体化进程长期民主探索基础上的制度创新,其面临的挫折也凸现了欧洲民主建构的复杂性及其面临的诸多制约。

第二节　欧盟跨国民主的模式

　　欧盟的民主探索并未终结于自由主义模式,战后西欧深嵌式自由主义的发展使福利国家、社会市场经济理念在大多数国家成为政治共识,也使欧盟及其成员国的民主理念在传统自由主义民主的基础上表现出一定的社会民主主义色彩。从民主程序看,欧盟代议制民主发展面临瓶颈,参与式民主将成为欧盟未来解决民主赤字问题的重要补充。

一、自由主义的代议制民主

代议制民主是传统自由主义民主的现代表现形式。作为政治哲学的自由主义将保障个人自由作为政治秩序的最高目标;在具体政治实践中,它强调通过自由选举,整合公民偏好,形成具有合法性的集体决定。由于现代政治在地域和公民数量上的急剧扩大,古希腊直接民主模式在可行性方面面临挑战,①人民通过选举向代表委托权力的代议制民主应运而生。代议制民主的主要机制是通过正式的选举程序实现权力制衡和个人利益与偏好的最大化,其理论基础包含了传统功利主义和现代理性选择理论。② 如前文所述,由于代议制民主操作上的可行性强且与人民主权思想相契合,自 17 世纪英国革命以来,逐渐成为西方政治合法性的主要来源之一。但其批评者也指出,代议制民主的合法性是建立在选举结果之上的,以个人权利和自由为出发点的决策机制并不能保证其做出的选择是理性的。这样的决定易于受到操纵,也不利于公共利益的实现。如钱伯斯所说,建立在选举基础上的代议制民主"并不能实践民主合法性的理想,因为其结果只能说是代表了博弈的赢家,而非人民的共同意志"。③ 米勒也指出:"整合个人偏好的规则并无明显公正、理性的特征,也并不比其他规则具有明显的优越性;事实上,任何规则都有可能受到策略操控。因而,即便其在一系列偏好的基础上能够产生合理的结果……实际结果仍可能因策略性投票行为而扭曲。"④

---

① 在亚里士多德的著作中,实行民主的政治共同体参与者最多不过 5000 人,而现代政治中选民动辄以数百万计。

② Erik O. Eriksen and Jarle Weigard, *Understanding Habermas*: *Communicative Action and Deliberative Democracy*, New York, NJ: Continuum, 2003, pp. 113 – 114.

③ S. Chambers, "Talking Versus Voting: Democratic Trade-Offs and Tensions", Boulder, Co.: University of Colorado, Mimeo, 1997, p. 1.

④ D. Miller, "Deliberative Democracy and Social Choice", in D. Held, ed., *Prospect for Democracy*, Cambridge: Polity Press, 1993, p. 80.

当前,自由主义代议制民主仍是欧盟民主实践的主要形式。如同任何治理结构一样,各政治机构间的权力划分及其在政治生活中的相互作用是欧盟民主实践的核心。在欧盟理事会、欧洲委员会、欧洲议会和欧洲法院等联盟主要政治机构的关系上,欧盟理事会、欧洲议会分别代表了欧盟决策的政府间主义和超国家主义维度,其权力分配的演变反映了欧洲超国家主义的不断发展的逻辑,也是欧盟代议制民主的主要实践场所。而近年来欧盟民主发展的一个新趋势则是成员国议会在超国家决策结构中的作用逐步加强。

由于欧盟政体的特殊性,我们很难完全将其与西方国家三权分立的政治体制作简单类比。就欧盟的立法机制而言,在欧盟一级法律(即欧盟条约)的制定和修改过程中,主要通过政府间会议协商谈判,达成一致后在欧盟理事会中经成员国首脑签署,最后根据各国的宪法规定以议会表决或全民公决形式批准。按照威勒的观点,在欧盟条约的性质问题上,国际条约与国家宪法的分野可从两个方面加以判定:其一,该法律文件的修正是由成员国以一致表决方式完成,还是仅需以有效多数方式批准,一致表决所代表的主权平等原则是国际法原则而非立宪特征,而多数表决则体现了各成员国接受新的超国家政体的高度政治意愿;其二,关于该法律文件的投票表决是在整个欧洲范围内进行还是局限于成员国国内。① 尽管欧盟条约已经历长期的宪法化过程,具备国家宪法的诸多职能,但即便欧盟制宪过程中提出的《宪法条约》草案仍采用成员国一致同意并在国内政治空间内进行批准程序,因而,从法理上讲仍是一部国际公法文件。

在欧盟内部二级立法过程中,超国家机构的职能划分有一定交叉、重叠,即立法权主要由理事会和欧洲议会共享,欧盟委员会行使主要立法提案权和部分领域的立法权。欧洲议会是目前欧盟范围内直接民选的超国家机构。在一体化的早期磋商机制安排中,欧共体委员会享有立法提议权,理事会行使决定权,而欧洲议会只是一般咨询性机构,仅能对理事会的立法活动

---

① J. H. Weiler,"A Constitution for Europe? Some Hard Choices",pp. 565 – 566.

提供咨询意见。1979 年欧洲议会议员改为直选产生,增强了该机构的民主合法性。在《单一欧洲法令》中,增加了合作决策机制和同意机制,使欧洲议会具备了以全体一致方式否决理事会立法的权力;其后,在《马斯特里赫特条约》中又加入了共同决策机制,进一步扩大了欧洲议会的立法权,使欧洲议会有权以绝对多数否决理事会的立法。经《阿姆斯特丹条约》和《尼斯条约》对欧盟决策机制的修改,共同决策成为欧盟主要二级立法机制。目前,磋商机制只适用于共同安全与外交、农业政策、司法内务等少数领域;合作机制适用于经货联盟相关领域;同意机制只用于国际协定、东扩等特殊领域;除此之外的大多数二级立法都需通过共同决策机制完成。

由此可见,在欧盟条约宪法化过程中,欧洲议会的立法权虽不断扩大,但到《宪法条约》草案和随后的《里斯本条约》,欧洲议会只能说享有部分二级法规的立法权。其立法权的局限性首先表现为被动审议权,因欧盟立法机构中议案的提出和具体规定的制定掌握在欧盟委员会和理事会手中,欧洲议会只能行使被动的否决权。其次,欧洲议会无权过问欧盟理事会在缔结对外协定方面的权力,《欧共体条约》第 133 条规定,缔结贸易协定也无需欧洲议会批准。此外,议会对一些高度技术性的委员会立法也不具备否决权。①

尽管欧盟官方宣称,目前欧洲议会和理事会在欧盟立法方面已处于平等地位,但从欧盟机构运作的现实看,欧洲议会与理事会在立法权上的非对称性依然存在。理事会除在条约改革方面拥有主导权外,在《欧共体条约》覆盖的大多数立法领域可通过共同决策机制以有效多数进行二级立法。自《单一欧洲法令》起,理事会早期的一致表决机制逐渐为有效多数表决机制所取代。这意味着在理事会决策中传统的政府间主义之中也加入了超国家因素,大多数欧盟法规只要获得有效多数的支持,少数成员国即使反对,也只能接受这些规则。

---

① N. Nugent,*The Government and Politics of the European Union*,New York:Palgrave Macmillan,2006,pp. 246 - 248.

如同任何联邦制机构安排处理大小地区间的矛盾一样,在理事会的有效多数表决安排中,既需考虑小国主权平等的要求(即"一国一票"原则),也需考虑大国出于其人口数量方面原因提出的民主代表性问题(即"一人一票"原则)。自欧共体成立以来,有效多数的计算采用的加权表决机制一直力求在此两原则间达致平衡,例如在《尼斯条约》之前,德、英、法、意四大国各拥有 10 张表决票,其他中小成员国拥有 2 至 5 张不等的表决票,15 国总计 87 票,有效表决通过标准为 62 票(权重约 71%)。各国票数的确定是综合人口、经济实力和历史影响等多种因素的结果。《尼斯条约》针对欧盟即将来临的东扩,做出机构调整,其核心内容在于有效多数的重新确定。各国最终的博弈结果并未能降低有效多数的门槛,反而使之从 71% 上升至 74% 左右。同时,附加了两个通过条件:投赞成票的成员国数要超过 50%,投赞成票的成员国人口要占到欧盟总人口的 62% 以上。事实上构成了更为复杂的三重有效多数表决机制。此外,在各成员国表决权的重新分配中,将波、西两国的投票权提升至与四大国大体相当的程度;而最大国德国与最小国表决权间的差距继续拉大。《尼斯条约》有效多数表决机制是各方妥协的产物,但各方都无法对这一安排感到满意,也成为欧盟在《尼斯条约》尚未生效的情况下即启动制宪进程的原因之一。制宪安排中提出取消欧盟一直沿用的复杂加权票分配机制,将有效多数制简化为依据成员国数目和人口多寡的双重多数机制,成为欧盟制宪中的争论焦点之一。

欧盟委员会兼有欧盟立法提议权及日常行政事务的管理权,是一个非直接民选机构,由一些有经验的政治家和技术专家组成,在欧盟权力运行中常常被视为欧洲技术专家治国的精英民主模式的体现。按照欧盟条约的规定,"委员会成员为了共同体的整体利益完全独立地行使职权,"理论上无需接受本国政府的指令。[①] 但在一些中小成员国看来,委员会委员可起到为本国利益代言、斡旋的作用。目前,欧盟每个成员国有一名委员会委员,

---

① 欧盟条约第 157 条(新编号第 213 条),参见欧共体官方出版局:《欧洲联盟法典》第二卷,苏明忠译,国际文化出版公司 2005 年版,第 66 页。

在欧盟东扩成员国数量大幅增加后,为避免委员会机构过于臃肿,《尼斯条约》的机构改革方案提出了减少委员数量的计划。按照这一方案,未来每届委员会中将有1/3的国家没有自己的委员。由于中小国家的反对,该方案在尼斯政府间会议上未能通过。因而,悬而未决的委员会组成改革也成为制宪进程中机构改革的重点之一。

欧洲法院作为欧盟的宪法法院,除一般的司法职能外,对欧盟条约具有司法审查权和解释权。在欧洲一体化的历史上,特别是在一体化停滞不前的20世纪60、70年代,欧洲法院以不妥协的司法激进主义,通过司法解释确立了"共同体法至上"和"直接效力"原则,扩大了欧盟条约在社会政策、公民权利保护等领域的适用范围,在促进欧盟条约宪法化方面发挥了独特作用。早在1963年Van Gend一案的判决中,欧洲法院就指出:"欧共体法已经构成了国际法中一个全新的法律秩序,为此,成员国已经限制了自己的主权……其法律主体不仅包括成员国,而且包括其国民。"①与其他国际法安排不同,"共国体法至上"和"直接效力"原则使欧盟法规在成员国司法体系内无须重新授权即可自动生效,弥补了联盟不具备监狱、警察等强力手段的不足,使欧盟法在一定程度上具有了约束力强、规则明确的特征。这种直接效力不仅针对成员国政府,而且针对企业法人和个人。个人成为欧盟法的主体是有别于一般国际法的一个明显特征。这样,欧洲法院扮演了欧盟治理中法治原则的监护人的角色,促进了民主与法治原则之间的平衡。

从以上分析可看到,欧盟主要机构运作中体现出二元的代议制民主特征:其一为理事会建立在成员国民选政府获得人民授权基础上的间接民主;其二为欧洲议会所代表的跨国代议制民主。这是欧盟政府间主义和超国家主义长期竞争、妥协的结果。按照政府间主义的解释,欧盟只是一个复杂的国际组织,其民主合法性来源于成员国政府,只要欧盟成员国政府通过选举获得民众授权,各国政府代表就欧盟事务做出的决策就具有民主合法性。欧洲一体化早期在理事会中以一致表决方式通过共同体法规时,人们对这

---

① Case 26/62,[1963] E. C. R 1,p. 12.

一解释并无过多异议,但随着有效多数的采用,表决中处于少数地位的成员国民众将不得不接受并非自己选出的代表所决定的政策。欧洲议会立法权的加强在一定程度上弥补了这一不足,但欧洲多层次政体结构的复杂性还无法支持一个等同于民族国家议会模式的立法架构。此外,值得注意的是,欧盟机构决策方式具有因具体领域而异的特征。在市场管理、贸易、竞争等领域的决定是以共同决策机制做出,而在税收、共同安全与外交、社会政策、司法与警务合作的大部分问题上仍沿袭了理事会一致同意表决方式。

欧盟制宪大体沿用了这一基本机构框架及其背后所反映的民主理念,变化主要体现在一些具体环节(如有效多数门槛、委员会组成、理事会主席选举办法等问题)上。此外,近年来,欧盟也注意到,在成员国内部,有关欧盟的决策主要由各国政府做出。为加强欧盟决策与选民的直接联系、增强欧盟条约修改及内部立法的民主合法性,从 20 世纪 90 年代中期开始,欧盟开始注意加强成员国议会在欧盟理事会有关决策中的作用问题,并在《阿姆斯特丹约》中第一次加入了《关于成员国议会在欧洲联盟中的作用的议定书》。这一问题在欧盟制宪进程中提上了议事日程,制宪会议为此建立了专门工作组。成员国议会除需按照"辅助性"原则在相关领域做好国内立法外,《宪法条约》和《里斯本条约》还就议会如何有效监督本国政府有关欧盟的决策提出了建议。虽从理论上讲,成员国议会参加欧盟事务决策有其合理性,但在实际操作过程中仍面临一些困难。在欧盟政治结构中,成员国政府扮演着国内社会和欧盟超国家政治机构之间看门人的角色,而且在一定程度上沿袭着由行政机构处理外交事务的传统。各国政府掌握有关信息,协调各种利益和观念,而成员国议会往往对欧盟决策议程和其他国家的立场缺乏了解,在欧洲的双层博弈过程中处于不利地位。[1] 此外,各国民主传统和制度环境的差异也使成员国议会在参与欧盟事务决策上的行为和作

---

① K. Auel and A. Benz, "Expanding National Parliamentary Control:Does it Enhance European Democracy?", in Beate Kohler and Berthold Rittberger,eds. ,*Debating the Democratic Legitimacy of the European Union*,Lanham:Rowman & Littlefield Publishers,Inc. ,2007,pp. 58 - 60.

用呈现不同特征。

二、协商民主等共和主义传统的民主参与模式

协商民主是 20 世纪 80 年代以来西方兴起的民主理论,按照博曼的定义,"公民平等、自由参与的公共协商是合法政治决策和自治的核心内容"①,也就是"公民通过自由而平等的对话、讨论、审议等方式,参与公共决策和政治生活"。②协商民主在某种程度上是古希腊哲学中共和主义传统的复兴。在雅典等古希腊城邦中,公民享有直接参与权,可充分表达意见,影响决策。但随着现代国家地域不断扩大,人口日益增加,这种小国寡民式的直接民主形式逐渐为以正式选举为基础的自由主义民主所取代。协商民主的当代复兴正是在对自由主义民主传统的批评的基础上发展起来的。协商民主理论家认为,以个人利益为基础的理性选择所产生的政策结果不一定与公共整体利益相一致,同时也可能损害少数群体的正当利益。罗尔斯基于自由主义正义原则的公共理性被解释为协商民主的主要概念。这意味着,在政治共同体中,其成员将运用公共理性就政府政策或法律法规等公共事务进行协商。因而,在协商民主中沟通、交往等话语机制是实现协商的主要途径,一些官方/非官方论坛、主流媒体被视为协商的主要场所。这一民主安排强调公民对公共利益所负有的责任和在共识基础上做出决策的重要性,在可行性方面往往受到质疑。

对协商民主的挑战来自社会复杂性和话语失灵理论。广义来说,在政治决策中需要考虑大量的政治、经济、社会问题,其中许多是普通民众无法知晓、无从把握的。针对协商民主依赖的话语过程,有学者提出了协商过程的话语失灵问题:特别是在政治决策的协商过程中,普通民众了解社会组织运作方式及替代政策的成本过高,甚至会为一些政治家、院外活动分子散布

---

① 　J. Bohman,"The Coming of Age of Deliberative Democracy",*Journal of Political Philosophy*,Vol. 6,Issue 4,1998,p. 401.

② 　俞可平:《总序》,载[澳]约翰·S. 德雷泽克:《协商民主及其超越:自由与批判的视角》,丁开杰等译,中央编译出版社 2006 年版,第 1 页。

的怀有政治目的的信息所误导,而政府也会利用其掌握的资源为实现自己的政策目标服务。①

哈贝马斯也意识到,在人口众多、高度分散、利益多元化的现代社会,协商民主仅仅依靠基于公共理性的话语或沟通行为达成共识这一路径,显然存在过于理想化的缺陷。因而,在其后期的著作中,哈贝马斯也开始在规范理论和经验世界之间积极寻求契合点。对此,他开出的是一个二元民主或称"双轨民主"的药方,即一方面公民可以形成分散、自发的公共领域;另一方面,政治和法律制度,特别是议会、法庭等正式决策机构可以整合这些分散的公共领域的意见,做出决策,从而弥补体制外公共协商"认知的不确定性、动机上无保障性、行动在合作方面的局限性等等"。② 话语结构则可充当二者联系的纽带。

按照哈贝马斯早期著作中的定义,公共领域是交流信息和观点的网络。平等的公民可以设置自己的议题,公开交流辩论,也可以在国家机关和公众之间进行这样的交流,具有非正式、非强制、理性和反思性等特点。弗雷泽则认为哈贝马斯后期的公共领域思想已超出了政府之外的公共意见、舆论的范畴,引申出"强公共领域"和"弱公共领域"的区分。强公共领域是指立法机关和其他具有协商功能的正式机构,它们兼具商议和决策职能;而弱公共领域则是指正式政治机构之外的公共舆论形成空间。③在这一二元民主模式中,作为制衡力量的民间公共领域与政府不再对立,从规范的角度来看,实质上是代议制民主与理想状态下的协商民主之间的一种妥协——它不是以公共协商取代多数表决,而是将其作为自由主义民主的一种补充。这一理论上的中间道路,看来别具匠心,在实践上,却存有过分强调正式机

---

① G. Pincione, and F. R. Tesón, *Rational Choice and Democratic Deliberation: A Theory of Discourse Failure*, Cambridge: Cambridge University Press, 2006, pp. 13 – 21.

② [美]詹姆斯·博曼:《公共协商:多元主义、复杂性与民主》,黄相怀译,中央编译出版社 2006 年版,第 150 页。

③ N. Fraser, "Rethinking the Public Sphere: A Contribution to the Critique of Actually Existing Democracy", in C. Calhoun, ed., *Habermas and the Public Sphere*, Cambridge, MA: MIT Press, 1992, p. 134.

构作用的倾向,其可操作性仍取决于能否有效解决以下三个问题:(1)如何确保公共空间能够就重要政治问题进行充分讨论并形成共识;(2)公共舆论向决策者、议会等正式制度传递意见的渠道是否畅通;(3)是否存在必要的机制确保政府做出决策时充分考虑来自公民的意见。

　　欧洲研究中协商民主的概念出现于20世纪90年代末,伴随着欧盟制宪进程的深入,在欧盟民主研究中出现了"协商转向"。从哈斯的新功能主义到哈贝马斯的民主理论,欧洲一体化研究的一个显著特点是其理论与实践具有紧密联系的特征。90年代中期之前,欧盟的协商机制主要是在欧盟机构内部或者说强公共领域内发挥作用。一些学者注意到,在欧洲议会、欧洲法院、欧盟委员会乃至理事会内部各委员会中,欧洲议员或成员国代表就有关问题正式表决前所进行的辩论、关于案件判决的讨论和司法解释都可视作协商性的话语沟通过程。与欧洲一体化之初由技术官僚和政治精英垄断的欧盟决策机制相比,直选的欧洲议会议员与公民社会有了更紧密联系,欧盟决策中采用的有效多数机制和一致同意相结合的表决方式也需要各国通过协商求同存异、达成共识。① 例如,欧盟委员会设立了政策委员会(comitology),由欧盟和成员国的专家就具体政策进行商讨、达成共识,寻求最佳、最有效的政策方案,一般不采取正式表决方式。其决定要向民众公开,并根据不同议题报理事会和/或欧洲议会审议。然而,无法否认的是,这一过程只是一般意义上的协商机制,与民主理论家们所说的协商民主存在明显区别,这是由于欧盟机构内部协商的成员大多仍是欧洲政治精英,其中相当一部分是成员国政府的代表,不能保证普通公民的有效参与和欧洲范围的政治公共空间的形成。在有关讨论过程中,成员国代表是否可以放弃本国的国家利益,质疑自身立场,根据公共理性接受正确的意见形成共识,还存有疑问。

　　《马斯特里赫特条约》生效以来,随着有效多数表决机制的扩大和欧元

---

① J. Gen Neyer, "The Deliberative Turn in Integration Theory", *Journal of European Public Policy*, Vol. 13, No. 5, 2006, pp. 779–791.

的使用,欧盟立法已远远超出传统国际组织的管理职能,而深入到社会再分配领域,增强欧盟决策民主合法性的呼声日益高涨。同时,由于在主权让渡方面的限制,成员国无法接受一个具有充分立法权的欧洲议会,建立一个与西方政治传统中民族国家民主制衡模式对等的宪政安排存在困难。因而,欧盟机构开始尝试借助增加民众参与弥补其超国家治理中代议制民主的不足。加之欧盟决策对各成员国民众生活的影响日益增加,民众对欧盟事务的关注度加大,弱公共领域开始形成。

90 年代中期在关于欧盟治理的辩论中,欧盟委员会开始强调公民社会在欧盟决策中的作用,形成了参与式民主的雏形。① 1996 年,欧盟委员会提出了"社会对话"的概念,开始强调,除保持与工会、企业家联合会等社会伙伴的联系外,欧盟还需与社会非政府组织开展广泛对话。欧盟委员会 2001 年发表的白皮书规定,公民社会组织的参与应在确保欧盟善治方面发挥重要作用。② 这里所说的公民社会不仅包括 NGO,也包括私人活动分子。有学者认为,欧盟委员会积极倡导公民社会的参与,一方面可以提高自身工作效率,同时作为非民选机构它也希望通过这一途径增加自身的民主合法性。③ 值得注意的是,欧洲议会对欧盟委员会加强参与式民主的做法并不表示赞同。欧洲议会针对委员会白皮书发表的评论强调了欧洲议会和成员国议会等民选机构的重要性:根据民主合法性的原则,需要通过议会辩论形成支持决策的政治意愿。……在欧盟政治制度中增加参与式民主的因素要谨慎行事,必须防止因一些原则和结构性因素的引入可能给代议制民主和法治带来不利影响。④ 欧盟内部民主协商机制的另一发展是 2000 年里斯本峰会在

---

① Stijn Smismans,"The Constitutional Labelling of 'The Democratic Life of the EU'",pp. 126－132.

② Stijn Smismans,"The Constitutional Labelling of 'The Democratic Life of the EU'", p. 127.

③ Stijn Smismans,"The Constitutional Labelling of 'The Democratic Life of the EU'", p. 130.

④ Stijn Smismans,"The Constitutional Labelling of 'The Democratic Life of the EU'", p. 131.

经济、社会政策领域引入的"开放式协调法",该方法将包括工会、雇主等社会伙伴在内的相关行为体纳入决策过程,通过协商对话,整合出各方可接受的方案,然后再由欧盟委员会等机构协调政策的执行。①

近年来,欧洲公共领域借助欧盟各国主流媒体和互联网逐步发展起来。欧洲新闻电视台(Euronews)建立了跨国性电视新闻网。BBC、德国之声电台、《经济学家》、《金融时报》、《世界报》等媒体有关欧盟事务的讨论吸引了欧洲各国的读者和听众,而互联网这一新的媒体形式也促进了有关欧洲问题的跨国辩论,使关于欧洲一体化的讨论不再局限于本国范围。例如,2000年5月德国外长菲舍尔在洪堡大学发表关于欧洲一体化终极目标的演讲后,欧洲六国的12份报纸对其作了深度报道与评论。②

此外,一些政策网络也在欧盟范围内应运而生,如主张公民四大自由的社会运动、欧洲政策研究中心等思想库,它们构成了一定的公共空间,其讨论不仅在机构内部进行,而且面向公众开放。但总起来说,在欧洲媒体等公共领域内进行的欧盟政策辩论与理想状态的公共协商仍有距离,在大多数情况下,还无法就同一问题或政策建议在整个欧洲范围内按相同的标准展开讨论。现有讨论大多是分散、零散、不确定的。按照博曼的观点,一个好的协商民主理论必须包含"协商、决策及全体公民"三个要素。③ 欧洲层面的协商目前对欧盟及成员国决策的影响有限;在多数情况下,也很难动员大多数民众参与其中。

一些学者注意到,欧盟在集体身份认同、泛欧共同政策话语和欧盟制度环境等方面存在缺陷。④ 其中尤为关键的制约因素在于欧洲认同的缺乏,它直接制约着有利于公共协商的政策话语和制度环境的形成。从欧洲民族

---

① 参见杨解朴:《欧盟治理下社会伙伴的角色变化》,载《欧洲研究》2007年第5期。

② H-J. Trenz, "Die mediale Ordnung des politischen Europas: Formen und Dynamiken der Europäiserung politischer Kommunikation in der Qualitets-presse", *Zeitschrift für Soziologie*, Jahrgang 34, Heft 3, 2005, S. 188 – 206.

③ [美]詹姆斯·博曼:《公共协商:多元主义、复杂性与民主》,第150页。

④ F. W. Scharpf, *Governing Europe: Effective and Democratic*, Oxford: Oxford University Press, 1999, p. 187.

国家的历史看,民间社会或公共领域与统治精英的对立就一直存在,而使政治秩序得以维系的纽带是中世纪基督教的共同价值和威斯特伐利亚和约以来的民族国家集体认同。然而,在欧洲层面,由于源于民族历史经历和共同语言、文化的集体认同并不存在,统一的欧洲认同的缺乏成为制约公共协商能否顺畅进行的一个关键问题。

　　1993 年在关于《马斯特里赫特条约》的诉讼中德国联邦宪法法院关于欧洲民众的观点颇具代表性,也成为欧盟跨国民主反对者的重要理论依据。德国宪法法院在承认批准《马斯特里赫特条约》并未与德国《基本法》原则相抵触的同时,指出基于种族和文化的标准,欧洲不存在一个以集体认同为基础的政治意义上的民众,因而,欧盟民主问题以及高于德国宪法的欧洲法律秩序也就无从谈起。①早在 1995 年前后,德国知识界就展开了一场关于欧盟是否需要一部宪法解决其民主合法性问题的辩论。公法学家、联邦宪法法院大法官格林提出,虽然他并不认为同质化的民族或民众是欧盟民主的先决条件,但社会团结和多数民主机制需要一个集体认同的支持,欧洲目前地区认同的薄弱和跨国话语沟通能力的低下使其民主赤字成为一个结构性问题,在可预见的未来只能依赖民族国家的框架加以解决。② 对此,哈贝马斯做出的回应是,现代国家具有自愿结成的契约关系的特征,这种契约关系不仅可以经济利益为基础,也可建立在共同价值和公共协商之上。他指出,欧盟需要一种"绝对团结的形式",这种绝对团结不能通过"冷冰冰的个人利益的算计"形成,而需要借助一种建立在共同价值基础之上的集体归属感。③ 这种集体认同的基础就是"以公共的善为取向的公民不可用法律来强制的动机和意图的和谐背景的支持",是一种公民在对政治活动的参

---

　　① J. H. H. Weiler, et al., "European Democracy and its Critics——Five Uneasy Pieces", *Harvard Jean Monnet Working Paper* 1/95, Cambridge, MA: Harvard Law School, 1995, pp. 7 - 11.

　　② Dieter Grimm, "Does Europe Need a Constitution?", p. 297.

　　③ J. Habermas, *The Postnational Constellation: Political Essays*, Cambridge: Polity Press, 2001, p. 18.

与过程中形成的政治文化。①

　　作为有别于法兰克福传统的政治思想家,哈贝马斯一直努力寻求其规范理论和经验现实的有机结合。他坚定地认为欧盟制宪进程将成为宪法爱国主义的实践,并提出欧盟宪法对欧洲认同的形成具有强大的催化作用。宪法爱国主义除对欧洲层面的协商具有程序方面的意义外,也赋予其社会民主主义的内涵。在哈贝马斯看来,福利国家、社会公正等在欧盟范围内得到普遍认同的观念和生活方式应成为构成未来欧洲宪法原则的要素,而一部真正意义上的欧洲宪法是应对新自由主义全球扩张的有效手段。因而,他寄希望于在欧盟政策层面实现超国家的凯恩斯主义取向,通过欧洲层面的福利措施和充分就业实现社会团结的目标;这同时也有助于促进民众积极参与欧洲公共领域的建设。这样,欧洲社会政策将成为这一理想和现实之间的中间地带。然而,从欧洲一体化的历史和制宪进程看,地区社会政策恰恰是欧盟发展相对滞后的一个领域。自由资本主义传统的影响、全球化背景下竞争加剧、欧盟各国经济社会模式上的差异以及民族国家对自身主权的关注共同作用,使欧洲社会政策、欧洲认同和欧洲公共领域间的关系陷入了一种两难困境。一方面,欧洲一体化的支持者希望借助在欧洲社会政策这一关乎民众切身利益的政策领域取得突破,吸引民众参与欧洲层面的讨论、沟通;另一方面,对于欧洲怀疑论者来说,欧洲集体认同和公共话语是统一的欧洲社会、就业政策的前提条件;不具备这一条件,欧盟就无法在超国家社会政策上取得突破。应该说,哈贝马斯开出的通过欧盟制宪进程,特别是加强欧洲社会政策,创造欧洲公共领域,从而在地区层面实现协商民主理想的解决方案在一定程度上仍存在超越经验世界的现实和过于简单化的缺陷。

三、直接民主与全民公决

　　全民公决是现代西方政治中代议制民主安排占主导地位情况下保留下

---

① 童世骏:《政治文化和现代社会的集体认同》,载曹卫东主编:《欧洲为何需要一部宪法》,第60页。

来的一种就重大问题(特别是有关宪法修正问题)由全体选民表决的直接民主形式,由于其最大限度地体现了主权在民的原则,在理论上享有最高的民主合法性。自1972年法国就欧共体扩大举行全民公决以来,欧洲各国在有关欧洲一体化的问题上共进行过42次全民公决,其中关于加入欧共体/欧盟的公决23次,关于条约修改的15次,关于欧元等欧盟具体政策的4次。特别是近年来,随着欧盟条约宪法化进程加快,成员国采用全民公决的次数明显增加。欧盟制宪使用了以往历次条约改革着力回避的"宪法"一词,使民众将欧盟条约与国家主权象征的宪法性文件更多地联系在一起。多个成员国政府为增加这一欧盟条约重大变革的民主合法性,提出以全民公决方式批准《宪法条约》。① 法、荷、爱等国在全民公决中否决欧盟条约的实践表明,全民公决对欧盟条约改革走向的影响日益增强。国内外有关理论和经验研究表明,在欧盟条约改革过程中全民公决的作用表现出以下几个特点。

首先,迄今为止,关于欧洲一体化的全民公决全部在成员国范围内进行,但这些公决结果,特别是关于欧盟条约改革的公决往往会对整个一体化进程产生重要影响,引起其他成员国的关注,也为欧盟跨国沟通的发展开辟了空间。例如,在法国《宪法条约》公决前,欧洲知识界和主流媒体就其进行了激烈辩论;在爱尔兰两次里斯本公决前后,情况亦是如此。一个与此相关的问题是,欧盟能否在整个欧洲范围内举行全民公决,从而超越民族国家政治文化传统的羁绊,为地区共同意志的形成开辟道路。在法、荷否决《宪法条约》和爱尔兰首次《里斯本条约》公决出现波折后,许多欧洲一体化的支持者认为,一个成员国的表决可以决定整个欧盟条约改革进程的命运是与民主的精神不相符的,相关辩论应在整个欧盟范围内进行,甚至应由各国同时举行全民公决。哈贝马斯在《尼斯条约》后就建议在整个欧洲按照同

---

① 计划以全民公决方式批准《欧盟宪法条约》的成员国包括捷克、丹麦、法国、爱尔兰、卢森堡、荷兰、波兰、葡萄牙、西班牙、英国等国。西班牙、卢森堡完成了批准程序,2005年法、荷否决《宪法条约》后,其他成员国中止了相关公决程序。

样程序同时举行全民公决。虽然这一安排可能导致双速或多速欧洲的结果,但如核心欧洲在外交、安全、经济、社会政策领域取得成功,其示范效应会对疑欧成员国产生影响,起到打破僵局,促进欧洲一体化整体发展的作用。①

其次,作为全民公决主角的选民在公决中的行为特点,特别是投票支持或反对欧盟条约改革的动因,在学术界也存在分歧。英格尔哈特、加贝尔等学者提出,在欧洲选民有关欧洲一体化的投票行为中起作用的因素主要包括民众:(1)对欧洲一体化的总体支持程度;(2)关于经济利益的考虑;(3)对政府及其政策的评价;(4)对移民涌入的担忧。② 近年来,一些研究表明,政治与文化因素与民众对一体化的支持密切相关。例如,克里钦格(Kritzinger)认为,公民在决定是否支持欧盟时,民族国家受到的威胁是他们考虑的一个潜在因素。③ 如前文所述,自由政府间主义认为,成员国偏好的形成是其内部各阶层相互博弈的结果,尽管存在利益分歧,但在政府整合国家偏好时,经济利益考量仍为主导因素,并最终影响成员国间的博弈结果。然而,近年来,欧盟成员国全民公决的经验研究表明,在影响公众动员程度的三维认知(功利主义算计、政治考量和文化认知)模式中,各种因素所起的作用因不同类型的全民公决而异:在关于成员国地位的公决中,选民的投票行为主要是经济导向的,而在关于条约改革的公决中,民众关注的焦点则更多在于政治、文化等意识形态因素。④

再次,在欧盟双层博弈结构中,作为全民公决主体的选民并非不受其他

---

① Jürgen Habermas, "And the Wheels Stopped Turning", http://habermasians. blogspot. com/2008/06/and-wheels-stopped-turning. html, last accessed on 28 July 2008.

② Claes H. de Vreese, "Why European Citizens will Reject the EU Constitution", *Center for Europeans Studies Working Paper*, No. 116, pp. 2 - 7, http://www. people. fas. harvard. edu/ ~ ces/ publications/deVreese. pdf, last accessed on 18 December 2007.

③ S. Kritzinger, "The Influence of the Nation State on Individual Support for the European Union", *European Union Politics*, Vol. 4, No. 2, 2003, pp. 219 - 241.

④ 舒旻:《欧洲一体化进程中的全民公决》,载《欧洲研究》2007 年第 4 期; Shu Min, "Referendums and the Political Constitutionalisation of the EU", *European Law Journal*, Vol. 14, No. 4 , 2008, pp. 423 - 445.

行为体的影响和制约。第一,在国内层次,少数成员国的宪法中对批准欧盟条约方式有明确规定,而在大多数成员国中,是否举行公决由政府决定。在全民公决过程中,政治精英可通过提供信息、设定公决议程等方式施加影响。当然,在关于欧盟条约改革的公决中,单个成员国政府并不能控制成员国集体博弈的结果,因而对主要公决问题的影响力有限,但他们也可能根据自身意愿发挥一定的引导作用。例如,在二次尼斯公决中,爱尔兰政府增加了一条宪法修正案,禁止该国参加欧盟共同防务计划,并与其他成员国共同发表《塞维利亚声明》,使民众确信《尼斯条约》已不会对爱中立地位构成威胁。此外,从各国公决的实践看,各国主要政党内部在欧盟制宪问题上意见并不统一,对其动员民众的能力带来负面影响,甚至成为导致党内分裂的根源。扎勒(Zaller)对全民公决中民众意见形成模式的研究表明,如各政党在公决问题上立场不明确,党派间未形成明显对立,党内分歧反而显著增加时,其结果存在更大变数。选民也更易受到一些反对公决议题的宣传的影响。法国公决就印证了这一点。① 其次,欧盟机构乃至国家构成的制度环境虽不能直接作用于单个成员国的公决进程,但其影响力也不容低估。其一,欧盟委员会、欧洲议会等超国家机构在公决过程中,特别是一些成员国公决国内辩论激烈时,往往对该国民众积极施加影响,以期产生有利于欧盟条约改革的结果;其二,从长远看,欧盟机构及其所代表的制度文化对民众欧洲身份认同的形成有建构作用,有助于民众克服民族主义的羁绊或者在一时一事上的功利算计,从长远利益出发,支持欧盟条约改革。

最后,全民公决对欧盟条约改革结果的影响也对传统理论模式提出了挑战。从国际关系视角看,鉴于欧盟条约的批准需成员国一致同意,在政府间会议、欧盟理事会上就条约文本的博弈中,其他成员国可能会向举行公决的成员国做出妥协,使博弈的结果趋于保守,向中间立场转变(median-re-

---

① 　J. Zaller, *The Nature and Origins of Mass Opinion*, New York: Cambridge University Press, 1992.

verting),导致激进变革更加难以实现。①随着以全民公决方式批准欧盟条约使用频率的增加,事实上使"现有决策机制不可避免地增加了额外的手握否决权的行为体,给欧盟政策变革带来了潜在的不利影响"。② 另一方面,由于全民公决是在成员国政府签署条约后进行,如公决否决原条约文本,各成员国间将不得不重新开始博弈过程。从以往经验看,欧盟大国在制定条约改革议程方面具有较大发言权,而在相互依赖中获利较多的国家迫切希望达成协议,因而往往愿意做出更多妥协,但全民公决因素的加入却导致了一个新问题的出现,即举行公决的成员国领导人是否会在后公决谈判中处于强势地位。这一变化在法、荷公决迫使欧盟放弃《宪法条约》过程中得到印证,即便欧盟小国爱尔兰的首次公决结果也曾使《里斯本条约》陷于僵局。

从规范层面讲,全民公决是否是增强欧盟民主合法性的有效途径也存有争议。③ 毋庸讳言,全民公决有助于在成员国乃至欧盟层面增强民众对欧盟决策的直接参与,克服政治精英忽视普通民众呼声的弊端。然而,从西方民主发展的历史看,代议制民主在地域广泛、人口众多的大规模政治共同体中成为主流民主模式有其合理性。全民公决作为一种直接民主形式具有成为代议制民主的补充的潜力,但在泛欧政治公共领域发展滞后的情况下,在一些重大问题上以直接民主取代代议制民主也面临一些问题:其一,由于当前欧洲民众对政治社会生活的关注集中于国内层次,加之欧盟机构及政策的复杂性,民众对欧盟条约和相关政策的了解有限,意见往往受自身对政府政策好恶的左右,有从个人局部利益出发的倾向,或者易受一些夸大其词宣传的误导;其二,全民公决机制在各政党内部和各政治运动中存在分歧的

---

① S. Hug, *Voices of Europe: Citizens, Referendums and European Integration*, Boulder, CO: Rowman &Littlefield,2002;S. Hug, "Occurrence and Policy Consequences of Referendums", *Journal of Theoretical Politics*, Vol. 6, No. 3, 2004, pp. 321 - 35.

② S. Hug, *Voices of Europe: Citizens, Referendums and European Integration*, p. 117.

③ S. Hobolt, "Direct Democracy and European Integration", *Journal of European Public Policy*, Vol. 13, Issue 1, 2006, p. 162.

情况下,往往使反对公决议题的政治力量获利,他们只需抓住公决议题部分内容上的缺陷,甚至只涉及一些枝节不及其余,进行夸大宣传,穿凿附会,煽动民众的恐惧和怀疑心理,特别是由于关于欧洲政策的全民公决过程一般历时较短,公共讨论的质量和客观性往往会打折扣;[1]其三,由于全民公决结果的刚性远远超过一般政府决策,使各成员国博弈中的协调、妥协余地缩小,甚至导致欧盟内部不同集团的出现,加速欧盟向"双速"、"多速"欧洲发展的趋势,形成"中心—边缘"型地区治理结构,不利于欧洲地区国际关系民主化的发展。

第三节 社会民主主义与自由市场经济的妥协

在传统的民主模式讨论中,我们往往强调民主的程序性属性,关注多数表决、民众参与等机制的作用,然而,在欧盟制宪进程中,与欧洲社会民主主义传统紧密相连的欧洲价值观以及欧洲社会政策[2]成为宪法辩论的焦点之一。

一、战后欧洲社会民主主义思想传统的演变及其影响

欧洲是社会民主主义的发源地,在此基础上发展起来的改良主义思想在政治上主张议会斗争,经济上主张国有化、建立福利国家。第二次世界大战后的西欧,面对战争对经济社会造成的巨大破坏和社会主义在苏联、东欧崛起形成的竞争压力,英国工党、北欧各国社会民主党等左翼政党在国内经济、社会政策领域引入了相应改革,成为资本主义应对危机的重要手段。它们将国有化、计划经济、福利国家和政治民主作为其政策支柱,1945—1975

---

[1] L. LeDuc,"Opinion Formation and Change in Referendum Campaigns", in C. de Vreese, ed. , *The Dynamics of Referendum Campaigns*, Basingstoke : Palgrave Macmillan, 2007, p. 42.

[2] 本书使用广义的社会政策概念,既包括欧盟关于就业、劳工权利的立法,也包括教育、医疗和其他传统福利措施及与之相关的价值观与原则。

年间西欧出现了三十年的"社会民主主义"黄金时期。西欧大多数中右翼政党都在一定程度上接受了左派主张经济稳定、社会和谐和提高人民生活水平的主张,形成了所谓战后"共识政治"。这一共识的形成部分得益于遭受战争破坏的国民经济的恢复性增长以及战后资本主义开放的世界市场所促成的有利的外部经济环境。①

　　20 世纪 70 年代,新自由主义借助欧洲战后经济繁荣和布雷顿森林体系终结的时机在一些国家重新获得主导地位,其支持者批评左翼政党政策是经济危机的罪魁祸首。其中,社会民主主义思想唯一未受到挑战的部分便是其民主理念。事实上,尽管哈耶克等右翼思想家往往认为民主和社会主义难以共存,②但欧洲社会民主主义者坚持认为,民主问题关乎其核心价值,是不容妥协的。德国社民党的主要思想家托马斯·迈耶在其近作中就提出:"社会民主主义从诞生之日起,对民主矢志不渝的信念就是其主要目标之一。"③特别是在 20 世纪 90 年代,欧洲社会民主主义政党面对全球化和地区一体化加速发展的挑战,通过自身改革与调整,部分放弃了国有化政策,在坚持福利国家理念的同时,引入市场机制,例如,这一时期出现的英国工党第三条道路的理论与实践以及德国为代表的社会市场经济模式。在这一过程中,欧洲社会民主主义出于效率的考虑,在经济政策方面的直接干预措施减弱,而对民主价值和规范的强调则有所加强;同时,他们引入了注重多边合作、振兴跨大西洋关系,共同应对环境污染、全球变暖和能源危机的挑战、女权主义等新议程。在全球化时代福利国家面临新自由主义挑战的背景下,他们强调民众参与在国家、企业乃至地区决策中的重要性,主张各种左翼社会运动应团结起来形成国际联合,共同应对这一挑战。在吉登斯等人看来,虽然社会民主主义在历史上接受了自由主义代议制民主,并在这

---

　　①　Stefan Berger,"Democracy and Social Democracy",*European Historical Quarterly*, Vol. 32,No. 1,2002,pp. 27 – 29.

　　②　F. A. Hayek,*The Road to Serfdom*,Chicago:University of Chicago Press,1944,p. 52.

　　③　Thomas Meyer,*Die Transformation der Sozialdemokratie:Eine Partei auf dem Weg ins* 21. *Jahrhundert*, Bonn:J. H. W. Dietz,1998,s. 38.

一制度框架内争取通过选举获取权力实现其社会变革的目标,但今天欧洲左翼政党应该超越自由主义民主模式,通过分权、鼓励公民参与决策等措施,将民主决策扩展到更广泛的社会政策领域,实现西方民主的二次"民主化"进程。① 而哈贝马斯则强调法律在社会变革过程中保护个人自由与协调不同阶层利益中的重要性。②

当然,在欧洲社会民主主义通过改革实现自身现代化的过程中,不同国家传统乃至同一左翼政党内部对于效率和公平间的关系问题的认识也存在分歧。以"第三条道路"为代表的改良派强调社会民主主义面临自身现代化的需求,试图在西方自由主义传统和社会民主主义对平等的关注之间达致平衡,但对于许多传统左翼人士来说,左翼政党和社会运动的核心价值仍在于追求社会公正、实现平等和保护弱势群体的目标。例如,法国社会党人若斯潘和德国社民党前主席拉封丹等人就认为,面对伴随全球化而来的自由市场资本主义,国家不仅应接受这一现实,而且应发挥积极干预作用,对其加以充分监管。③

二、欧盟社会政策及其思想的演变

尽管许多欧洲人以欧洲不同于美国的"福利国家"经济社会模式而自豪,但从欧洲一体化的起源及发展历程看,社会福利政策的发展受到民族国家逻辑的制约,在地区政策的发展中处于相对滞后地位。欧洲一体化能否借助社会政策上的突破克服欧洲认同的缺乏实现宪法爱国主义的蓝图是欧盟制宪进程中的焦点之一。

战后凯恩斯主义经济思想与社会民主主义思想的结合,在欧洲经济决策者中产生了重要影响,但这一影响主要体现在各国国内政策取向及其在整个资本主义世界的政策协调之中。特别是战后西欧国家与美国在建立国

---

① Anthony Giddens, *Beyond Left and Right : The Future of Radical Politics*, Cambridge : Stanford University Press, 1994, pp. 104 – 133.

② Stefan Berger, "Democracy and Social Democracy", p. 31.

③ Stefan Berger, "Democracy and Social Democracy", p. 32.

际贸易及金融体系的协调过程中,在自由放任资本主义和凯恩斯主义之间积极寻求中间道路,形成了深嵌式自由主义妥协。战后欧美达成的布雷顿森林安排一方面设定了降低关税壁垒、保障资本自由流动的目标,另一方面提出了主要工业化国家需积极监管该体系的任务,同时这一安排也使各国政府通过扩张性宏观经济政策,对内履行福利国家的承诺,为"在相对开放和管理有序的国际秩序下建立更广泛联盟奠定了基础"。①

在此背景下,欧洲地区社会福利政策走过了渐进发展的历程。一体化之初,西欧面临优先解决"德国问题"的任务,以便采取联合行动,对苏联、东欧社会主义国家在地缘政治和意识形态方面进行遏制。1951 年《巴黎条约》序言中将欧洲联合的任务界定为"为实现和平和共同经济发展奠定基础",并未涉及成员国间社会、福利政策的协调问题。② 1957 年建立欧共体的《罗马条约》序言中则开始加入"改善共同体人民生活条件"和"缩小地区间经济社会差异"等社会政策目标,但《欧共体条约》第 3 部分第 3 编"社会政策"只是强调欧共体委员会将致力于在就业、劳工法等领域促进成员国间的紧密合作,并未包括在社会福利领域采取具体行动的法律规定。

直至 20 世纪 70 年代初,由于布雷顿森林体系的崩溃、美国霸权相对衰落、第二次石油危机等事件的影响,战后资本主义国家间达成的深嵌式自由主义妥协面临结构性危机,欧共体在货币政策上更加依赖自身地区性货币安排,对社会政策领域的协调产生了溢出压力。但在 20 世纪 60 至 70 年代,欧洲戴高乐主义盛行,各成员国难以就一体化的深入发展达成共识,除欧共体委员会曾就成员国间人员流动的有关社会保障问题进行过政策协调外,欧洲社会政策的发展主要是通过欧洲法院完成的。在这一阶段,欧洲法院表现出不妥协的司法激进主义,以灵活的方式解释欧共体条约,扩大了欧

---

① ［美］约瑟夫·格里科、约翰·伊肯伯里:《国家权力与世界市场:国际政治经济学》,第 123—125 页。

② 欧共体官方出版局:《欧洲联盟法典》第一卷,第 5 页。

共体法在移民权利、劳工保护、性别平等领域的适用范围。

80年代中期,法国社会党人德洛尔就任欧共体委员会主席后,积极推动欧洲建设,使欧洲一体化重新走上了快速发展的轨道。在欧盟社会政策领域的一个重要突破是1989年《欧共体工人基本权利宪章》的签署,《马斯特里赫特条约》生效后该宪章更名为《欧盟社会宪章》。该安排使欧盟社会政策的适用范围从劳工权利扩大到教育、青年、公共卫生等有限的领域。但这一时期,欧盟有约束力的社会政策法规还主要集中在工作场所安全、性别平等等领域。主张货币主义的英国撒切尔政府也指责欧共体从"后门输入社会主义"。最后,《马斯特里赫特条约》以附加议定书的形式准许英国不参加社会宪章的安排才使条约获得通过。

欧洲各国左派对《马斯特里赫特条约》后欧洲社会政策一体化的发展寄予厚望,但德洛尔执政时期欧洲左派与欧盟的蜜月期结束后,欧洲一体化在社会政策领域延续了以往渐进发展的特征,引入了"社会伙伴关系"、"社会对话"、"开放式协调法"等机制创新。欧盟在社会政策的许多领域通过社会伙伴谈判,达成集体协定,进行政策协调,而非通过欧盟理事会等政府间机制立法完成。其进展主要集中在欧盟劳工权利保障等方面,在教育、公共医疗、福利等领域决定权仍掌握在成员国政府手中。《阿姆斯特丹条约》以来,《马斯特里赫特条约》提出的欧盟公民身份原则得到进一步加强,同时在劳资双方的社会伙伴关系中引入了具有可操作性的新机制,有关劳资协商的规定成为2000年后里斯本议程中开放式协调法的基础。

进入21世纪后,欧盟继续在社会政策领域进行内容的拓展和治理方式的创新。2000年,里斯本峰会决定实行政府间社会政策趋同战略,即"里斯本战略"。该战略将就业政策中的开放式协调法扩展到职业培训、反对社会排斥等领域。2000年尼斯峰会对欧洲社会模式作了界定:

> 欧洲社会模式建设主要包括以下内容:提供高度社会保障体系,重视社会对话体系,在增强社会凝聚力的关键领域建立保障社会整体利益的服务体系。今天,这一模式的基础除成员国各自的社会保障制度

外,还包括欧洲共同的核心价值。①

这一界定表明,欧盟社会模式由以下四部分基本要素构成:(1)服务于欧盟整体利益的高度社会保障;(2)社会对话机制;(3)社会凝聚力;(4)一套共同核心价值。在欧洲人看来,这也隐含着欧洲模式比美国模式更具优越性的含义。欧盟里斯本战略提出了在提高经济效率的同时实现充分就业和社会团结的目标,即欧盟的战略目标是"成为当今世界最富活力的知识经济体,能够在提供更多、更好工作机会和更强的社会凝聚力的同时实现经济的可持续增长"。②

里斯本战略是欧盟社会政策深嵌式自由主义传统的新发展,也是对德洛尔时期欧盟社会民主主义取向的修正,其目的在于提高欧盟在全球化背景下的国际竞争力。这一政策转向改变了传统社会民主主义者只关注纠正市场失灵的职能的做法,力求在新自由主义和社会民主主义之间,在效率和公平之间寻求平衡。然而,在许多欧洲左派看来,里斯本战略实质上是将新自由主义的市场竞争作为优先保证的目标,而将社会民主主义传统置于从属地位:其主要措施是通过培训等手段使欧盟劳动者适应全球竞争对其素质和能力的要求,最终将欧盟社会政策纳入市场的逻辑,存在使深嵌式自由主义所包含的社会福利制度更加空洞化的风险。③

2000 年 12 月欧盟制定了首部《欧盟基本权利宪章》,将欧盟在社会政策领域的行动范围从劳工法扩大到移民政策、卫生保健、男女平等、残疾人权利等方面,将欧盟的权利原则与成员国法规中的权利原则联系起来。尽

---

① European Council, *Presidency Conclusions: Nice European Council Meeting*, 7, 8 and 9 December 2000, http://europa. eu. int/council/off/conclu/dec2000/dec2000_en. htm. , last accessed on 1 December 2008.

② European Council , *Presidency Conclusions: Lisbon European Council*, 23 and 24 March 2000, http://www. bolognaberlin2003. de/pdf/PRESIDENCY _ CONCLUSIONS _ Lissabon. pdf, last accessed on 1 December 2008.

③ B. van Apeldoorn, "The Contradictions of 'Embedded Neoliberalism' and Europe's Multi-Level Legitimacy Crisis: The European Project and its Limits", in B. van Apeldoorn, et al. , *Contradictions and Limits of Neoliberal European Governance: From Lisbon to Lisbon*, New York: Palgrave, 2008, pp. 28 – 41.

管这一文件当时并不具备约束力,但为欧盟在有关领域内进一步立法开辟了空间。在欧盟制宪进程中,《欧盟权利宪章》的地位问题也成为一个重要议题。

从欧洲社会政策一体化的历史发展看,欧洲社会政策相对贸易、货币领域的一体化进程步伐较为缓慢,主要通过普遍性原则的宣示和欧盟机构与各成员国内部的社会伙伴关系协调来实现,而非通过可由欧洲法院执行的明确立法来完成。① 这一状况反映了在社会再分配领域成员国自主权问题上认知的差异和各国社会福利模式的多样性导致的协调上的困难。同时,冷战结束后,全球化进程的加快也制约了欧盟社会政策社会民主主义取向的发展。这种制约作用表现为以下三个方面。

首先,成员国政府出于自身利益的考虑和国内社会各阶层竞争关系的现实并不愿向欧盟超国家机构转移社会政策方面的自主权。这是因为,一方面,面对战后西方资本主义国家面临的深重的政治合法性危机,欧洲国家以民主理念为基础的福利国家改造和克服激进民族主义的重建过程挽救了民族国家。② 按照米尔沃德等学者的说法,社会政策和福利政策已上升为民族国家重新确立自身作为"基本政治组织单位"地位的主要支柱,从而成为其政治合法性的决定性因素之一。③这一进程虽和欧洲一体化有着紧密联系,然而,一体化进程的发展表明,欧洲民族国家并不情愿将这一自身合法性的基础向欧盟超国家机构拱手相让。另一方面,在欧盟多层次治理结构中,成员国政府作为国内社会和欧盟超国家机构的中间人,出于自身政治利益,往往更加关注国内社会的需求。长期以来,劳工权利主要在本国疆界

---

① Monica Threfall, "The Social Dimension of the European Union: Innovative Methods for Advancing Integration", *Global Social Policy*, Vol. 7, Issue 3, 2007, pp. 271 – 293.

② A. S. Milward, *The European Rescue of the Nation-State*, 2nd *edition*, London: Routledge, 2000.

③ A. S. Milward, "L' Europa in formazione", in P. Anderson, ed., *Storia d' Europa*, vol. I, p. 163; M. D. Antona, "Diritto dellavoro di fine secolo: una crisi d' identità?", *Rivista Giuridica del Lavoro e della Previdenza Sociale* 1998, *vol. I*, pp. 311ff. 转引自 Stefano Giubboni, *Social Rights and Market Freedom in the European Constitution: A Labour Law Perspective*, 2006, p. 9.

内由国家政府保护,各国劳资关系模式及内部各利益集团利益诉求都存在差异,削弱了成员国政府在欧洲社会政策谈判中达成共识的能力。一些成员国左派受传统经济民族主义的影响,对超国家社会政策心存疑虑。而资本由于跨国流动性强,其利益与地区层面的制度安排更加息息相关。尽管如此,企业界并不支持欧洲经济一体化与社会一体化的同步发展,而是希望欧盟在为资本、劳动等生产要素流动提供最大便利的同时,将社会政策领域的干预和市场管理限制到最低程度,或者将相关措施限制在民族国家范围内以减少不确定性;在影响成员国政府有关欧盟谈判的立场方面,资本一方也处于有利地位。这些都成为阻碍欧洲超国家福利制度发展的重要因素。①

　　其次,学术界长期存在资本主义经济社会模式多样性的争论,即英美模式和莱茵模式、自由市场经济和社会市场经济的区分等说法。一般认为,这一区分体现了欧美资本主义模式的差异。但近年来,一些学者提出,这一观点存在过于简单化的误区,事实上,欧盟内部各成员国社会模式间的差异甚至大于欧美之间的不同。② 在欧盟内部至少存在以德、法为代表的莱茵模式、更接近自由市场经济的英爱模式和北欧各国的斯堪的纳维亚模式。例如,英国虽是战后福利国家思想和实践的发源地,但由于其经济思想中根深蒂固的自由主义传统、撒切尔夫人的新自由主义革命及随后工党第三条道路的影响,英国社会政策目前覆盖的领域及支出均低于欧洲大陆国家;莱茵模式强调以社会保障为基础的失业保险体系和强调劳资协商的社会协议;而北欧模式则向全体国民提供充分的社会保障、教育、医疗支持,以高税收、高福利为特征。表2.1和表2.2可在一定程度上反映出部分欧盟国家在社会伙伴关系和社会保障支出等方面的差异。

---

① Wolfgang Streeck,"From Market Making to State Building? Reflections on the Political Economy of European Social Policy", in S. Leibfried and P. Pierson, eds. , *European Social Policy : Between Fragmentation and Integration* ,Washington,DC:The Brookings Institute ,1995 ,pp. 415 - 420.

② Jens Alber,"The European Social Model and the United States",*European Union Politics* ,Vol. 7,Issue 3 ,pp. 393 - 419.

表 2.1　欧盟部分成员国劳资协议和社会保障支出指标

国家	劳资集体协议覆盖率 （2000）	公共社会支出占 GDP 的比重 （2001）
北欧模式国家		
丹麦	80%	27.7%
芬兰	90%	23.9%
挪威	70%	23.1%
瑞典	90%	27.5%
欧洲大陆国家		
德国	68%	26.3%
法国	90%	27.2%
比利时	90%	25.9%
英国、爱尔兰等国		
英国	30%	21.5%
爱尔兰		13.1%

资料来源：根据有关资料改写，参见 Jonas Pontusson, *Inequality and Prosperity：Social Europe vs. Liberal America*, Ithaca：Cornell University Press, 2005, p. 26.

表 2.2　欧洲各国经济社会模式的多样性

领域	英美资本主义	莱茵资本主义	南欧资本主义	北欧资本主义
工资、就业	就业保障度低；无积极干预的就业政策；工会不活跃；工资谈判在企业、个人层面分散进行	就业保障度高；国家实行积极干预的就业政策；工会较活跃；工资谈判协商完成	就业保障度高（大公司）；无积极干预的就业政策；存在劳资冲突；工资谈判在行业、地区层面集中进行	就业保障度适中；国家实行积极干预的就业政策；工会影响力强、合作型劳资关系；工资谈判在行业、地区层面集中进行或协商完成
劳动力市场	工资标准不一；劳动力市场规则不统一	在就业规则、工作时间、社会保障方面高度制度化		工资谈判在行业、地区层面集中进行，但受到外部竞争的制约
社会保障	社会保障程度低；国家干预程度低；社会保障主要用于消除贫困，实行私人集资的基金制养老金制度	社会保障程度高；实行基于就业的社会保障，国家参与度高；现收现付养老金制度	社会保障程度适中；相关支出主要用于消除贫困和养老金；国家参与度高	社会保障程度高；国家参与度高；福利国家制度在公共政策和社会中居于非常重要的位置

资料来源：M. Telò, *Europe：A Civilian Power?*, London：Palgrave, 2006, pp. 107－108，有改动。

　　欧洲各国社会政策的理论与实践是伴随着民族国家历史建构形成的。对于民族国家而言,放弃本国模式接受欧洲层面的协调并非易事:在原本福利水平较高的国家,向下看齐的调整显然难以为民众所接受;而对原本福利水平较低的国家而言,在全球化导致竞争加剧的情况下,提高福利支出则会对国家的经济竞争力构成压力。

　　再次,全球化作为当今国际政治经济活动的时代大背景也对欧洲社会政策的发展产生了重要影响。按照弗雷德曼的说法,全球化在促进生产要素自由流动的同时,也给各国政府套上了一件"黄金紧身衣"。全球竞争的压力限制了各国政府运用财政、货币、社会政策保障社会福利的能力,甚至会导致西欧国家被迫放弃战后长期坚持的深嵌式自由主义承诺,在社会、环境政策等领域采取向下看齐的政策,以阻止跨国公司、国际资本向低工资、劳工标准不健全的发展中国家转移。① 事实上,欧盟在推出单一欧洲货币的同时,对成员国加入欧元区设定了趋同标准,随后又实施《稳定增长公约》,为保持欧元区金融稳定,对成员国通货膨胀、预算赤字、政府债务水平都作了严格限定。在欧元汇率由相对独立的欧洲央行确定的情况下,各成员国运用扩张型财政政策实现刺激经济和扩大社会福利的能力也受到制约。在欧元区内部,随着欧盟的不断东扩,成员国间同样面临社会政策向下看齐的压力,因而,《马斯特里赫特条约》生效以来,欧洲左派批评欧盟虽然通过社会宪章、里斯本战略宣扬社会团结的目标,实际带来的却是欧元这一"新自由主义的特洛伊木马"。尽管目前还没有明确的证据表明,全球化、欧元已给成员国社会政策带来直接的负面影响,但近年来欧盟层面统一的社会政策难以取得突破以及各国政府经济社会政策更多地向自由主义靠拢也凸现出欧盟社会政策面临的这一两难困境。

---

　　① ［美］约瑟夫·格里科、约翰·伊肯伯里:《国家权力与世界市场:国际政治经济学》,第204—205页。

三、欧盟制宪中有关欧洲经济社会模式的理论论争

在欧盟制宪的背景下,关于欧洲经济宪法①的讨论提出了三种不同模式。吉乌博尼将其归纳为竞争联邦主义模式、团结联邦主义模式和合作联邦主义模式,②分别代表了学术界在欧洲经济社会模式的探索上的"新自由主义"、"新社会民主主义"和二者结合的产物——"合作联邦主义"模式三种取向。其中,"合作联邦主义"模式与欧盟现实条约改革进程中经济社会模式发展的契合度最高。

(一)新自由主义模式

新自由主义模式认为,欧洲经济社会一体化的历史发展主要采取消极一体化(negative integration)路径,即通过消除贸易壁垒,鼓励自由竞争,在共同市场内部实行法治,实现一体化。其思想基础不同于哈耶克强调市场自发调节作用的传统自由主义思想,更多地带有弗莱堡学派秩序自由主义的痕迹,即强调法律在管理市场竞争中的核心作用,以此实现生产要素的自由流动。对于欧洲一体化而言,欧盟现有经济立法已发挥了共同体经济宪法的作用,其合法性的基础在于提高效率,"建立开放度高、鼓励竞争的市场",而非将职能扩大到保障公民社会权利、实现社会公正等属于民族国家职权范围的目标,因而,在他们看来,无需放弃欧共体/欧盟长期坚持的消极一体化路径,也无需在社会再分配领域采取积极的一体化策略。③

(二)新社会民主主义模式

当前,欧洲统一大市场的职能已超出传统的贸易和竞争政策领域,欧元的使用和生产要素自由流动产生了社会政策领域的协调压力。单纯的市场

---

① 经济宪法是指规范经济活动的法律和制度安排的总和。参见[德]阿尔弗雷德·席勒、汉斯·克昌塞尔贝格:《秩序理论与政治经济学》,史世伟等译,山西经济出版社 2006 年版。转引自史世伟:《欧洲经济一体化与欧盟经济宪法》,载《欧洲研究》2007 年第 1 期。

② 有关讨论,参见 Stefano Giubboni, *Social Rights and Market Freedom in the European Constitution: A Labour Law Perspective*, pp. 251－269.

③ Stefano Giubboni, *Social Rights and Market Freedom in the European Constitution: A Labour Law Perspective*, pp. 257－258.

竞争和经济立法手段已无法满足解决市场失灵问题的需求,需要更加全面的超国家宪法性安排,而在宪法辩论中,社会民主主义思想与西方知识界的规范理论呈现出融合的趋势。

从历史上看,西欧传统左派对以国际资本流动为基础的地区合作大多持怀疑态度,认为这些地区安排会加强国际资本主义对工人阶级的剥削。然而,社会民主主义传统中出现的第三条道路变革和欧盟社会政策职能的增强为欧洲左派思维方式的转变创造了条件。欧盟近年来的经济社会政策演变表现出传统自由市场经济和以欧洲共同价值为基础的社会模式并重的趋势。2000 年里斯本战略实施以来,各成员国政府也表现出一定的推进欧洲社会政策发展的意愿。欧洲左派意识到,全球化压力对民族国家推行积极的社会再分配政策形成了制约,在一国疆界内实现社会团结与公正目标的难度加大,各国联合行动能够更有效地应对全球化的影响。社会民主主义的国际主义传统与规范理论的世界主义产生了共鸣,而欧盟则成为在地区层面实践这一理念的唯一具有一定现实可行性的场所。

哈贝马斯是世界主义思潮的代表人物,其思想对欧洲左派描绘的新社会民主主义蓝图有重要影响。他认为全球化导致了民族国家的合法性危机,使其在社会福利政策等领域"失去权力",宏观经济控制能力不断下降。然而,倒退到国家保护主义的闭关锁国政策已经不适应后民族国家结构的现实,解决这一问题的出路在于超越民族国家的民主政治,将国际关系转变为世界内政。① 但当前国际关系的现实也使哈贝马斯不得不承认民族国家仍有顽强的生命力,建立一个"不受欢迎的"世界国家或世界政府并不现实,因而他对已具备一定现实基础并且在全球竞争中具有规模优势的欧洲地区安排寄予厚望。哈贝马斯指出:

> [超越民族国家]人们首先关注的是跨国机构的设立。……随着这类地区性政权的建立,不仅会形成能够减少汇率波动的统一货币区

---

① ［德］尤尔根·哈贝马斯:《后民族结构》,第 92—101 页。

域,而且还会形成拥有等级权限更大的政治共同体。①

这样的政治共同体需要一部建立在自由、平等、公正和社会团结基础之上的后民族宪法,来超越民族主义的羁绊。

维系这样欧盟范围的超国家政治共同体需要具备动员民众支持的能力。欧洲一体化之初实现和平和遏制德国扩张的目标目前已很难再起主导作用,需要新的能够凝聚人心的力量。在一些规范学者看来,欧洲超国家社会政策可以扮演这一角色,因为它是实现欧洲团结的理想和现实之间的中间地带,具有将二者联系起来的潜力。② 欧盟机构在社会团结、分配正义方面如能有所作为,将增强其民主合法性并为一体化的进一步深化赢得民众支持,从而形成了一种良性循环。③

但这一观点也面临诸多质疑。从理论上看,选取欧洲社会政策作为世界主义的欧洲联邦建设的突破口同样面临成员国间历史文化传统、经济社会模式差异及欧洲集体认同薄弱等因素的制约。如前文所述,因成员国政府在此领域达成共识的难度很大,实现突破的可能性有限。从实践上看,欧洲社会政策近年来的发展主要集中在欧洲共同价值的宣示和工作场所健康、社会伙伴关系等领域,欧洲层面的具有真正社会再分配意义的失业保险、教育、医疗等内容进展有限。

对此,哈贝马斯等人认为,欧洲宪法爱国主义的实践可为欧洲认同不足的问题提供一种解决方案,即各国人民可以通过对普世规范、民主价值的接受形成超国家集体认同。哈贝马斯还提出:“这一理论并非要割裂人民与其民族、国家的历史、文化联系,而是为反对狭隘的民族主义、实现价值正义和社会公正的目标,主张在民族传统的基础上,以宪法为工具,实现公民对

---

① [德]尤尔根·哈贝马斯:《后民族结构》,第64页。

② M. Murphy,"Between Facts,Norms and a Post-National Constellation:Habermas,Law and European Social Policy",p. 144.

③ S. Leibfried,"Towards a European Welfare State?" in Z. Ferge and J. E. Kolberg,eds.,*Social Policy in a Changing Europe*,Frankfurt am Main-Bouler,1992,pp. 245 - 248.

普世价值的认同与政治共同体认同的统一。"①在欧盟制宪进程启动前后，哈贝马斯进一步强调，欧盟宪法将是一次宪法爱国主义的实践：福利国家、社会公平等在欧盟范围内得到普遍认同的观念和生活方式应成为构成未来欧洲宪法原则的要素，而一部真正意义上的欧洲宪法是应对新自由主义全球扩张的有效手段。他借用梅雷奥·泰罗等人的论述："欧盟应被视为经济全球化不断加剧的背景下欧洲人民努力实践其社会公正和团结的价值观的实验室。"②虽然作为未来欧盟宪法基础的欧洲社会模式并不是哲学家抛开欧洲的政治社会现实设计的乌托邦，但制宪进程的发展表明这一路径仍有过于简单化之嫌，欧盟制宪如何克服其统一的社会模式发展面临的诸多制约还是值得深入思考的问题。

（三）合作联邦主义模式

在这一关于欧盟经济社会模式的争论中，第三种模式称为"合作联邦主义模式"，是新自由主义和新社会民主主义模式结合的产物。它一方面承认，由于根植于各国历史文化传统的社会模式的多样性，欧盟超国家社会政策在矫正市场失灵和实现社会再分配领域全面取代民族国家社会政策并不现实；另一方面，欧洲一体化发展至今，各国在社会政策领域已达成一定共识，面对全球化的压力，成员国通过欧盟和国家层面的立法及其协调可以减少市场竞争对各国社会福利制度的影响。

基于这一认识，欧盟超国家安排在社会政策领域的基本职能应是通过"协调、引导和管理，鼓励成员国间的相互学习，应对共同面临的问题，这些问题的解决虽应尽量立足各国国内机制，但同时也应加强协调，防止各国间的恶性竞争"。③　如前文所述，欧盟近年来社会政策的发展基本遵循了这一路径，反映了欧盟"多样性中的同一"的思想：欧盟除在劳工标准、环境等领域采用有约束力的指令等刚性法律手段外，还大力引入欧盟委员会指导下

---

① 王展鹏：《宪法爱国主义与欧洲认同：欧盟宪法的启示》，第116页。

② Habermas，"Why Europe Needs a Constitution"，p. 12.

③ Stefano Giubboni，*Social Rights and Market Freedom in the European Constitution：A Labour Law Perspective*，p. 266.

的社会伙伴对话,扩大开放式协调法的适用范围。为此,欧盟机构为在超国家、国家和国内层次进行相关协商提供了程序规定和制度环境,促进共同原则和价值观的实现。制宪进程启动在社会政策领域带来的另一重要进展是强调欧盟共同价值、共同原则的作用。《尼斯条约》谈判过程中制定的《欧盟权利宪章》及随后关于该宪章地位的辩论都是欧盟强调共同价值和原则的重要步骤,体现了欧盟为欧洲社会政策的发展建立宪法基础的努力,对各国社会政策实践具有规范指导作用,使欧盟在一定程度上发挥了保障各国公民社会权利的监护人的角色,从而形成了欧盟多层次的社会治理体系。①

---

①　Stefano Giubboni, *Social Rights and Market Freedom in the European Constitution: A Labour Law Perspective*, pp. 266 - 269.

第三章　欧盟跨国民主的制约条件

由于其政体的特殊性,欧盟跨国民主的发展受到成员国历史文化传统、经济社会发展水平、欧盟制度环境及国际政治因素的影响。

第一节　国家主权观念与民族国家的多样性

欧洲是现代民族国家体系和国家主权观念的发源地,主权观念的发展与西欧民族国家建构的历史经历紧密相联,也构成了关于政治合法性认知的来源。自伴随威斯特伐利亚和约的主权观念诞生以来,人们对这一概念的理解不断变迁。博丹关于主权的著名定义是"共和国的绝对和永久的权力",①即君主或统治者在领土范围内享有的最终的绝对权力。康德、卢梭等人提出的主权在民思想则认为,人民的政治意愿和同意是主权的基础。19 世纪以后,西欧主权观念的演化是与国家与社会间的契约关系、公民身份的建立和政治民主化进程相联系的。如何将国家主权和人民主权的思想结合起来,对内实现国家发展和民主政治的目标、对外保护国家利益和安全

---

① Jean Bodin, *On Sovereignty*, Cambridge: Cambridge University Press, 1992, p. 1.

成为政治学研究的重要命题。按照克拉斯纳的观点,当代国家主权的概念包括以下四个层次:

表 3.1　国家主权的类型①

主权的类型	含义
威斯特伐利亚主权	国家内部政治权威对国外行为体所具有的排他性
国内主权	领土范围内政治权威的正式组织形式
国际法意义上的主权	各国相互承认其独立地位
相互依赖主权	管理跨国流动的能力

在上述四类主权中,前二项强调主权的对内属性,后两项则属其对外属性的范畴,其中相互依赖主权是近年来全球化背景下主权观念的新发展。作为西欧国家制度思想基础的民主原则与主权观念的演变紧密相关。从历史上看,西欧民主政治和民族国家的发展相伴相生,无论是法国大革命、美国革命,还是 20 世纪各国普选制度与福利制度的建立与发展,都是民族国家国内政治制度确立与创新的过程,也促进了民众国家认同的建构。同时,值得注意的是,历史上民主观念与实践主要是在民族国家边界内部发展起来的,构成了国家主权的合法性基础,也强化了主权绝对性和不可分割性的观念。20 世纪后期,全球化的深入发展,在人员、资本、商品、劳动、信息和技术跨国流动加强的背景下,国家面对如何增强管理跨国流动能力的任务,需要在各国间采取联合行动,应对这一挑战。此外,加强对全球化和地区一体化的管理也提出了民主制度超越民族国家疆界的现实需求。这一进程导致了国家对内、对外政策的决定权受到侵蚀,从而引发了关于国家主权的争论。

克拉斯纳等学者认为,以威斯特伐利亚模式为基础的传统主权观念在一定程度上是一个"精心编织的谎言",因为从历史上看,大多数民族国家

---

① S. Krasner, *Sovereignty: Organized Hypocrisy*, Princeton: Princeton University Press, 1999, pp. 3 - 4.

都曾有过遭受强权控制、外敌入侵甚至被殖民的历史,而当今各国在参与国际合作的过程中也普遍面临主权向 WTO、世行等国际组织让渡的问题,因而绝对的不可分割的主权观念对大多数国家而言只是一个神话,与国际关系的历史与现实存在明显距离。① 尽管如此,传统主权观念在欧洲政治精英和民众中仍有着根深蒂固的影响,塑造着话语辩论的结果和共有观念的形成,对欧盟跨国民主的发展有着巨大制约作用。

欧洲一体化经过近 60 年的渐进发展在主权让渡方面取得了很大进展,也成为欧盟跨国民主发展的基础。欧盟在经济、贸易等领域形成了由大量条约、法规、指令、决定构成的超国家法律体系;在移民、社会政策等领域欧盟立法也开始发挥作用。欧盟确立的"共同体法至上"和"直接效力"原则使联盟二级立法无需得到成员国立法机构的批准即可直接在国内法院适用。欧盟主权让渡的另一创新是,欧盟理事会表决方式实现了从一致同意居主导地位到有效多数(QMV)机制广泛采用的转变。这意味着,与一般国际法原则不同,即便某一或少数成员国不支持某项立法,也不得不接受多数成员国的决定。这些进展意味着欧盟制度不仅对国家外部主权构成了限制,而且已深入到成员国对内行使自主权的领域并发挥重要影响。当然,从理论上讲,成员国仍拥有最终退出欧盟的权利,但在欧盟各国经济社会联系已密不可分的情况下,成员国为一项具体政策退出欧盟的成本显然过于昂贵。

欧洲一体化进程中国家主权理论与实践的发展在欧盟内部引发了广泛争论。其焦点是,欧盟共享主权的实践是否导致了新的主权形式乃至新的政体的产生:持肯定答案者认为,欧盟正在超越民族国家合作的形式,走向欧洲联邦;而反对者则反驳说,成员国让渡的只是在具体政策领域的决策权,而且这一让渡决策权的决定是成员国自愿做出的。② 与魁北克在加拿大联邦中的地位不同,欧盟成员国对是否参与欧洲一体化拥有最终决定权。

---

① S. Krasner, *Sovereignty: Organized Hypocrisy*.

② William Wallace, "The Sharing of Sovereignty: the European Paradox", *Political Studies*, Vol. 47, No. 2, 1999, pp. 503 – 521.

从欧洲一体化的历史看,在各成员国内部欧洲怀疑派一直以主权问题为借口反对一体化的深化。如前文所述,在近现代西欧民族国家历史演进的过程中,国家主权、国家认同与民主合法性是同步发展起来的。西欧早期地区秩序中,战争频仍,国家作为保护本国人民的主要制度,进一步强化了维护主权的重要性,在民众头脑中形成了不可分割的绝对主权观念,即主权保护是一个非此即彼式的零和博弈过程。即便在一体化发展近 60 年后的今天,欧盟国家中,主权观念与民族主义、民粹主义的结合仍具有强烈的意识形态色彩。例如,在疑欧倾向强烈的英国,大多数民众在欧盟条约改革过程中十分警惕一体化深入发展可能导致的国家在货币、社会政策、移民、司法等领域自主权的丧失,而欧盟的反对者更是将保护英国一千年来的主权和独立作为反对整个一体化进程的理由。在爱尔兰等具有遭受大国控制和殖民统治历史经历的中小成员国,对国家主权的关注具有动员民众支持或反对某一政治议程的强大力量。即便在法国这样的欧盟创始国中,源于法兰西例外论的对本民族文化纯洁性的关注也引发了关于国家文化政策自主性的争论。

可见,主权是一个在政治实践中存在不同解释的复杂概念,是社会建构的产物,与各国的历史经验有着千丝万缕的联系。在应对传统国家主权观与超国家治理不断扩大的矛盾的过程中,欧盟引入了辅助性、灵活性等原则。辅助性是联邦制国家中处理不同层级的权力主体关系时使用的一个原则,即权力的执行尽可能在较低层次进行。20 世纪 80 年代中后期以来,随着欧洲超国家机构权能的扩大,在《马斯特里赫特条约》及随后历次欧盟条约修正中都重申了辅助性原则。这一原则确立之初,其主要意图是保护国家权力,避免欧盟权力过度扩张对国家权力的侵蚀。新《欧共体条约》第 5 条对辅助性原则做了如下规定:

> 联盟在本条约所授予的权限范围内和为实现本条约所确定的目标而采取行动。在那些超出联盟专属权限范围的领域,联盟只有当出现以下情况时才根据辅助性原则采取行动:一方面,如果各成员国不能令人满意地实现拟议行动的目标;另一方面,考虑到拟议行动的规模和效

果,只有共同体才能够更好地实现拟议行动的目标。①

然而,随着一体化的深入发展,辅助性原则在实际操作中表现出开放性、复杂性和不确定性的特征,并未能起到明确界定欧盟与成员国权力划分的作用,只是充当了"促进成员国政府间协调"的工具。② 欧盟支持者和怀疑者在辅助性原则的含义上给出了明显不同的解读。欧洲一体化支持者认为,辅助性原则并不一定意味着限制欧盟权力,而是使欧盟决策尽可能"贴近其公民"。③ 2002 年欧盟制宪会议设立了第一工作组,专门讨论辅助性原则问题,其主要成果是建立了"预警机制",规定欧盟立法在交超国家机构表决前应由成员国议会审议草案是否符合辅助性原则。因而,辅助性原则在防止欧盟对成员国主权侵蚀的同时,其贴近基层公民的民主内涵也有助于欧盟应对民主合法性的挑战。

灵活性原则是欧盟应对成员国多样性及其主权挑战的另一措施。这一原则是指,在欧盟就未来发展方向或就某一重要政策所进行的讨论中,如各国无法达成一致,一些成员国可做出选择不参加相应合作的决定。按照沃雷(Warleigh)的分类,欧盟政策的灵活性可表现为三种模式,即多速欧洲模式、同心圆模式和菜单模式。④多速欧洲指各成员国执行欧盟政策时可有先后之分,条件成熟的成员国先采用某一政策,其他成员国可延迟一段时间。同心圆模式是指一些成员国在较长时间内不能实施某项政策,这样,会事实上在欧盟内部形成对一体化持更积极或消极态度的国家或国家集团。从欧洲一体化的历史看,法国、德国、意大利、卢森堡、比利时、荷兰等国一直是欧盟的核心国家,而英国、丹麦等国在欧元和申根协定等问题上都选择置身事外。虽然目前并不能说欧盟内部形成了较稳定的中心和边缘国家集团,但在宪法辩论过程中,已有一些一体化支持者提出,在各国及其民众就欧盟未

---

① 欧共体官方出版局:《欧洲联盟法典》第二卷,第 14—15 页。

② 雷益丹:《论欧盟条约中的辅助性原则》,载《西南政法大学学报》2007 年第 1 期。

③ 《欧洲联盟条约》序言及第 1 条。

④ A. Warleigh, *Flexible Integration : Which Model for the European Union*, London: Continuum, 2002.

来走向无法达成一致的情况下,应该考虑在联盟内部形成不同层次的一体化模式。① 多速欧洲和同心圆模式强调成员国实施欧盟政策的能力不同,而菜单模式更关注成员国参与相应领域一体化的政治意愿,在这样的政治意愿存在差异的情况下,成员国可以各取所需。尽管灵活性作为一条宪法性原则已写入欧盟条约,在申根协定、欧元等政策领域,欧盟也已允许一些国家不参加相关合作,但欧盟一直担心成员国根据自身意愿各取所需的政策模式会产生离心力,削弱联盟整体行动能力,因而一直回避多速欧洲、菜单模式等提法。制宪进程受挫后,一些决策者和学者认为,在尊重各国选民意愿基础上的多速欧洲是解决欧盟制宪困境的重要途径,因而,这一方案重新成为欧洲政治和学术话语的热点。

欧盟制宪中跨国民主的发展意味着,欧盟内部共享主权机制的进一步深化与基于民族国家领土范围的主权观念之间的矛盾进一步加剧。跨国民主的实践从规范层面来说,产生了建立泛欧公共空间的需求,民众对欧盟决策参与程度的增加在增强地区决策合法性的同时,也将降低政府间模式在联盟条约改革中的作用。但从欧盟条约改革的现实看,大多数成员国内部主要政党和民众仍赋予传统主权观念浓重的意识形态含义,欧盟跨国民主的发展需要在充分考虑各国政治传统多样性的前提下,通过长期的渐进积累,建构符合欧洲一体化现实的新的共有观念。

第二节　欧　洲　认　同

认同是社会学、政治学、法学等众多社会科学领域使用频繁而又存在广泛争议的概念,最初来源于社会心理学集体认同和自我归入理论。该理论认为集体认同是群体内成员共有的归属感,用以区分自我和非我群体的成员。这种归属感以群体成员的共有特征为基础,使之区别于其他群体,并与

---

① Jürgen Habermas,"And the Wheels Stopped Turning".

之相比较而存在。但该理论也认为,现代社会随着社会交往和社会关系的复杂化,个人往往同时从属不同社会群体而具有多重认同。这些认同既可相互包容又可相互排斥。而集体认同的形成不是一成不变的,是社会建构的产物。认同往往以话语方式直接表达,或通过共同的符号、标志、图像等间接表达。①

欧洲认同的缺乏一般被视为欧盟跨国民主发展的另一重要制约因素。欧洲一体化之初,其支持者往往从欧洲文明的源头两希文化和中世纪欧洲的基督教传统中寻找欧洲认同的依据,例如,欧共体委员会第一任主席哈尔斯坦曾说:"欧洲不是一个新的创造,而是一个重新发现。一千多年来,统一的欧洲观念从未在人们的脑海中消失"。②但客观来讲,欧洲历史向我们展示了欧洲认同的多种可能性。其中有中世纪、宗教改革、文艺复兴的历史以及那些并不那么遥远的一体化的设计师们决心使二战悲剧不再重演的关于往昔的共同回忆。而同样无法否认的是,自威斯特伐利亚和约以来欧洲的历史又是民族主义的历史,这种分裂在二战中达到了登峰造极的地步。如前文所述,在关于欧盟宪法的辩论中,无论宪法支持者还是反对者,其主流都承认欧洲缺乏基于共同语言和历史文化传统的欧洲民众这一现实,二者的主要分歧在于欧洲能否以及通过何种途径克服这一障碍。

传统民族主义者从民族国家民众的民族认同、地理边界、主权概念等角度论证超国家集体认同和跨国民主的不可行性。例如,安东尼·史密斯就提出:

> 民族和民族主义在政治上仍是至关重要的,因为(长久以来),……仅仅这两个因素就可以按照人民主权或人民意愿的原则确立国家间秩序的基础。只有民族主义能够使被统治者通过对自己祖国范围内的历

---

① Martin Marcussen, et al. ,"Constructing Europe? The Evolution of French, British and German Nation State Identities", *Journal of European Public Policy*, Vol. 6, No. 4, Special Issue, 1999, pp. 615 - 617; J. T. Checkel, "Social Constructivism in Global and European Politics: a Review Essay", *Review of International Studies*, 2004, Vol. 30, Issue 2, pp. 229 - 244.

② W. Hallstein, *Europe in the Making*, London: Allen and Unwin, 1972, p. 15.

史文化共同体的认同,确保其将认同与国家疆界相联系起来,在此基础上,团结一致……即便许多国家准备共享主权,即便国内各阶层准备同意在统一的政治框架下建立联邦,在相当长的一个时期内,各民族及其民族主义观念仍是民众意愿形成的唯一有效的中心环节和主要途径。①

近年来,欧洲认同研究开始走出这一完全以民族国家历史经验为基础的单一的思想方式,认识到欧洲治理与国家治理模式间的差异及其相对其他地区合作的特殊性,因而,欧洲认同研究需在现有认同理论的基础上结合欧洲一体化进程的现实,重新进行概念界定。它既不限于一般意义上的文化认同,也不等同于民族国家认同,而是在全球化,特别是欧洲区域一体化高度发展背景下出现的欧洲民众多重认同的重要组成部分,一般表现为对欧洲一体化的归属感或接受程度。约瑟夫·威勒认为在欧盟这样的政治共同体中,其成员应"首先被理解为民事意义和政治意义上的民众,而不是种族文化意义上的民众"。②迈耶在关于欧洲认同概念的讨论中进一步提出,欧洲认同表现为历史、文化、法律、机构等不同形式。③循着这条路径,我们不妨把欧洲认同视为一个具有不同维度的混合体。种族的差异是客观存在的,而历史、文化特征也是欧洲认同中较为薄弱的方面,其社会建构将是一个长期、缓慢的过程。相比较而言,在一体化进程中,发展较为迅速的是欧洲民众在法律、机构等方面的认同。这种认同涉及政治、经济、制度、文化等领域。在欧洲认同的形成过程中起作用的既包括价值观念、历史文化等因素,也不排斥利益算计等工具理性的影响;该认同的主体主要包括欧盟各国民众、主要政党和公民社会等行为体。

在欧盟条约宪法化不断深入,特别是《莱肯宣言》以来欧盟开启制宪进

---

① Anthony D. Smith, *Nations and Nationalism in a Global Era*, Cambridge: Polity, 1995, pp. 154 – 155.

② [美]约瑟夫·威勒:《欧洲宪政》,第348页。

③ Franz C. Mayer and J. Palmowski, "European Identities and the EU", *Journal of Common Market Studies*, Vol. 42, No. 3., 2004, pp. 573 – 598.

程的背景下,政治认同与民主合法性间的关系尤其引人关注。例如,赛鲁蒂认为对民主合法性起关键作用的认同是政治认同,即一个政体的成员所共享的"一套价值和原则";因而,"欧洲的自我认同的出现更多地依赖于未来的政治发展,而非取决于文化上的先定条件"。也就是说,欧洲认同与跨国民主发展将是相辅相成、同步进行的:欧盟的民主实践将建构、塑造欧洲认同,而欧洲认同反过来又会支持欧洲新型超国家民主的发展。但他同时承认,在欧盟的政治现实下,只有稀薄式政治认同(thin political identity)才是可行的,这种认同"不会抵消民族认同,也不会取代欧洲的文化多样性"。①

欧盟制宪危机表明,如何使规范学者提出的理解欧盟宪法和欧洲认同间关系的哲学方案成为一条较为可行的中间道路是一个值得深入探讨的问题。这一方案虽提出了借助以追求价值正义和分配正义为目标的欧洲宪法实现地区认同建构的方向,但其通过协商形成欧洲公共政治领域的途径还存在简单化的倾向。欧盟制宪及其引发的辩论并不一定成为欧洲认同的催化剂。同样,宪法危机的爆发也不一定导致欧洲认同的降低。在当前政治公共领域还主要存在于民族国家层面的情况下,如何使公众能够参与这一欧洲层次的讨论,将自身的长远利益和当前利益有机结合起开,进而扩大欧洲认同是一个值得思考的问题。②

欧盟制宪进程在法、荷、爱等国全民公决中遭遇的挫折还表明,在讨论欧盟机构、政治、法律制度及其文化对欧洲认同的建构作用时,不能超越历史与现实的制约,需要充分考虑欧洲民族国家的历史经验和政治文化的多样性。马克森等学者在基于英、法、德等国经验研究的基础上,提出了民族国家认同多样性在欧洲认同建构中作用的观点:第一,关于政治秩序的新观念在取得合法性的过程中首先必须与原有政治共同体政治秩序观的核心因素产生共振,旧的政治秩序观会制约欧洲认同的发展程度;第二,在一些历史转折关头,当现有观念受到挑战时,在跨国话语沟通中有关政治秩序的新

---

① 马胜利、邝杨:《欧洲认同研究》,社会科学文献出版社 2008 年版,第 3—4 页。
② 王展鹏:《宪法爱国主义与欧洲认同:欧盟宪法的启示》,第 119 页。

观念最容易为国内社会所接受;第三,行为体通过社会化过程,形成新的集体认同并内化其内容的过程中,居主导地位的民族国家认同在相当长一段时间内仍保持相对稳定。①

在这一分析框架内,我们可探讨制宪进程、地区认同和跨国民主间的互动关系。重点在于通过理论和实证研究,深入挖掘制宪进程特别是宪法危机为何以及在何种程度上对欧洲认同产生影响;该进程对欧洲认同发挥作用的机制是什么。传统的民族国家认同、战略利益和经济利益考量、欧洲社会模式、欧洲价值观、欧盟机构及其政策都是需要深入研究的变量。首先,由于各国历史经验和发展道路不同,与本国政治体制、政治秩序相联系的民族国家认同对新的欧洲认同的形成的阻碍作用也不一样。② 同时,在全球化时代,国家认同与地区认同之间的关系并非一成不变,而是一个相互建构的过程。其次,欧洲认同并非各国民众对欧洲的一种抽象的忠诚和爱憎情感。欧洲政治精英和普通民众接受欧盟宪法的过程既是对欧洲价值观念的内化,也存在经济、政治、战略利益的考虑。再次,长期以来欧洲人引以自豪的欧洲社会模式(包括社会保障、环境政策、人权保护等内容)也是其身份认同的重要标志之一。目前,社会政策是一体化程度较低的一个政策领域,在《欧盟宪法条约》制定过程中,各国回避了这一问题,除原则的宣示外,基本保留了《尼斯条约》的规定,但从本次宪法危机看,社会欧洲的欠缺成为工会和普通民众及一部分左翼政党反对《宪法条约》的主要原因之一。最后,欧盟机构及其政策也是欧洲认同的主要来源之一:它们直接作用于各成员国及其民众,是有关行为体理性选择的依据之一,也潜移默化地影响着欧洲认同的形成。

---

① M. Marcussen, et al. , "Constructing Europe? The Evolution of French, British and German Nation State Identities".

② M. Marcussen, et al. , "Constructing Europe? The Evolution of French, British and German Nation State Identities", p. 614.

第三节　欧盟的权力结构与制度环境

欧洲认同的建构更多地依赖于欧洲层面共有观念的发展,而与之相联系的物质资源、权力结构和机构安排也是欧盟跨国民主发展的重要制约条件。与其他全球性和地区国际组织相比,欧盟无疑是财政资源最充足、制度化程度最高的国际组织,但相对于发展跨国民主所需要的物质条件和公共权力方面的要求①,欧盟还存在明显缺陷。

一、欧盟的政策能力

欧盟掌握的独立于各成员国的资源对欧盟民主治理的进一步发展有一定制约作用。首先,在财政资源方面,欧盟最初依靠关税、农业税收和增值税的提成维持自身预算,1988 年之后各成员国按 GNP 的一定比例承担欧盟预算费用,这一比例基本维持在 1. 14%—1. 27% 之间。现行欧盟条约规定,各国需缴纳费用的上限为国民收入总值(GNI)的 1. 24% 。近年来,欧盟自主控制的预算一般在 1000 亿欧元以上,远高于联合国约 45 亿美元的预算。但考虑到目前欧盟公共财政最大支出项目共同农业政策在联盟预算中所占比重仍达45% 左右,2004 年以来的大规模东扩加大了成员国在经济社会发展水平方面的差异,使超国家机构在发展援助、结构基金方面的资金需求增加,欧盟财政在教育、医疗、社会保障、法律秩序等民众最为关心的问题上行动能力受到限制。较之美国联邦预算约占 GDP 的 20% ,欧盟调动物质资源能力上的差距是显而易见的。成员国借助税收、预算等宏观经济政策手段的协调从理论上可弥补这一不足,但从制宪进程看,该设想也遭到一些

---

① 　一些学者注意到,在战后联邦德国和建国之初的美国,宪法原则在新的国家认同建构中作用的发挥都得益于行政机构实施的宪法教育和借助公共权力实践宪法原则的努力。参见 Rainer Bauböck,"Three Conceptions of a European Political Identity",http://www. jeanmon-netprogram. org/papers/97/97—04—4. html,last accessed on 1 December 2007.

欧洲怀疑主义较为强烈国家的反对。

其次,按照韦伯对现代国家所下定义,"对合法使用暴力权力的垄断"是国家主权的必要条件。从欧盟的现实看,欧洲共同安全与防务政策发展一直处于相对滞后地位,其快速反应部队也主要承担维和与反恐任务。欧盟虽可依据欧洲法院确立的共同体法至上、直接效力等原则,借助成员国法庭实施欧盟法,保障欧盟法律规定得到执行,但监狱、警察等强制机关的缺位仍对欧盟的行动能力和欧洲认同的建立带来不利影响。

再次,尽管欧盟业已形成统一的大市场,但与美国等联邦制国家相比,大市场内部劳工流动比例仍然偏低。欧盟在经济危机出现时调节经济的手段有限,加之各国经济社会模式的多样性,许多与民众生活紧密相关政策的制定和实施仍主要局限于国家层面;与联邦制国家相比,欧盟的共同政治经济空间发展还不完善,不利于民众增强对欧盟的关注度和认同感。民众对欧盟关注度偏低及对联盟政策了解的不足给欧洲民主治理的发展带来一系列问题。其一,民众在欧洲议会选举中投票率偏低,削弱了欧盟超国家代议制民主合法性的基础;其二,增加了欧洲范围公共空间形成的难度,限制了欧盟层面参与式民主的发展;其三,在成员国层面关于欧洲政策的投票表决中,欧洲怀疑派往往加大宣传攻势,利用选民对欧盟事务了解的不足,影响甚至误导其投票行为,成为一体化民主治理进一步深化的障碍。

二、欧盟机构权力划分与政府间会议在欧盟条约改革中的作用

如前文所述,欧盟在探索自身民主合法性的过程中,不断扩大欧洲议会的权力。根据《尼斯条约》,欧洲议会有权批准欧盟委员会人员组成和联盟预算,在大多数政策领域与理事会享有共同决策权。但欧洲议会在这些领域大多还只是享有被动的立法监督权,而非完整的立法权。在欧盟权力结构的天平上,代表成员国政府的欧洲理事会及部长理事会仍处于更有利地位。在欧盟根本性法律——欧盟条约改革过程中,这一问题显得尤为突出。

政府间会议机制是国际组织成员国或国际条约缔约国参加的一种相对固定的多边谈判机制。在欧洲一体化的历史发展中,形成了缔结新条约或

对欧共体/欧盟条约作全局性修改时启动政府间会议的传统,史密斯等学者称之为"宪法性政府间会议",以区别于就条约的某一条款或局部问题召集的政府间谈判。① 自 1950 年关于欧洲煤钢联营的谈判起到 2007 年《里斯本条约》谈判,欧洲一体化进程中已召开过 15 次此类宪法性政府间会议。在此过程中,政府间会议一般包括三个层次的谈判机制:成员国政府首脑峰会(欧盟理事会)、成员国外长会议、外长代表会议。这一谈判机制反映了不同层次的成员国代表间的博弈过程。近年来,欧盟委员会和欧洲议会虽逐渐参与并影响该谈判进程,但条约改革方案的最终决定权仍保留在成员国政府手中,民众只有通过对本国政府决策施加影响,才能影响条约改革的结果。该安排如同传统外交谈判一样,由各成员国代表接受本国政府授权参与谈判,在协商、谈判中受既定的国家偏好的制约,难于审时度势地调整立场,具有相对封闭、缺乏透明度的特点,也拉大了民众与欧盟决策的距离,不利于在联盟层面形成有关条约改革的话语沟通。

有关经验研究表明,政府间会议机制并非如理性主义国际关系理论所说是一个成员国主导的目标明确、精心算计的有序过程,特别是随着欧盟连续扩大,成员国数量增加,差异加大,各国代表在一些问题上的分歧越来越难以达成一致,往往只能在谈判的最后阶段,为避免会议无果而终,被迫达成部分妥协。其结果是,每次条约改革解决的问题有限,不得不在短期内启动新的条约改革进程,因而,政府间会议表现出目标模糊、方向不明确、难以取得预期成果、不断将有关议题推迟到下一次政府间会议的特点。② 这一特征自《单一欧洲法令》以来表现得愈加明显。在 1985 年卢森堡政府间会议开幕式上,德洛尔曾自信地认为,这一条约改革进程可以解决欧盟在相当长一段时间内面临的问题,因而"到 2000 年前无需再启动新的政府间会

---

① 有关讨论,参见 B. Smith, *Constitution Building in the European Union: The Process of Treaty Reforms*, The Hague: Kluwer Law International, 2002, pp. 6 – 12.

② B. Smith, *Constitution Building in the European Union: The Process of Treaty Reforms*, pp. 219 – 227.

议"。① 但事实表明,随后条约改革进程不断加快,先后进行了《马斯特里赫特条约》、《阿姆斯特丹条约》和《尼斯条约》三次重大条约修改。特别是在《尼斯条约》尚未生效的情况下,莱肯峰会就于 2001 年底决定启动《宪法条约》进程。事实上这三次条约改革都是以应对拟议中欧盟的大规模东扩为目标,但都未能有效解决欧盟面临的机构改革问题。这也在一定程度上反映出政府间会议模式无论从民主合法性的规范角度还是效率角度都面临进一步改革的现实挑战。

面对政府间会议的困境及民主合法性的挑战,欧盟在制宪进程中引入了制宪会议(或称"特别会议")机制,这一尝试虽取得一定效果,但并未改变政府间会议对欧盟条约改革拥有最终决定权的现状。学术界,特别是民主理论学者在制宪进程之初对制宪会议在欧盟跨国民主发展中的作用寄予厚望。他们认为制宪会议是欧盟民主建设的新探索:从理论上看,具有更加透明、包容和广泛代表性的欧洲制宪会议较之以往闭门外交谈判形式的政府间会议具有协商民主的初步特征,更加符合民主原则。但从欧盟制宪的后续发展看,无论是制宪会议成员的代表性、议事规则还是最终产生的条约文本,在民众参与条约改革决策这一程序层面和条约实质内容层面带来的变化都很难说是革命性的。《里斯本条约》保留了特别会议安排的规定,即欧盟为进行重要条约修改而启动政府间会议前,仍将通过这一安排,经过更广泛协商,拟定条约草案文本。制宪危机后,欧盟决策中政府间主义有所加强,该机制对欧盟条约改革模式的长远影响还有待观察。

第四节 国际政治经济因素

欧盟跨国民主的发展同样需要面对机遇与挑战并存的国际政治经济环境。一般来说,欧盟在当前国际体系中注重通过发展自身的"民事力量"、

---

① M. Gazzo, ed., *Towards European Union*, vol. 2, Brussels: Agence Europe, 1986, p. 23.

"规范力量",发挥全球性领导作用,因而,其对外关系具有促进欧洲民众的自豪感、增强集体认同和民主合法性的潜力,例如,欧盟共同贸易政策、对外援助、环境能源政策、输出民主战略都是欧盟软实力的重要表现形式。然而,欧盟在传统高度政治领域,如共同安全与外交政策方面,受成员国政治文化传统及地缘政治利益多样性的制约,一体化进程举步维艰,欧洲怀疑主义者也往往利用主权、安全等问题挑起国内辩论。2004 年以来,中东欧 10个新成员国的加入和拟议中的进一步东扩使欧盟新老成员国、欧盟机构及外部国际环境间的关系呈现更加错综复杂的局面。

一、民事力量、规范力量与软实力

如前文所述,长期以来,欧盟将"民事力量"、"规范力量"和"软实力"建设作为其在国际体系中的身份特征和重要战略取向。这一身份特征的形成既有欧洲历史上人文主义、启蒙运动、基督教和社会民主主义等思想传统的影响,也包含了欧洲政治精英和民众对 20 世纪上半叶历史悲剧反思的结果,①同时,欧盟政体的特殊性也限制了其"军事力量"、"硬实力"的发展。二战后,德国和意大利宪法中都将战争排除于解决国际争端的手段之外。②欧洲一体化的设计师们一直坚持通过经济、政治合作而非武力施加影响的理念。由于冷战时期欧共体各国依赖美国解决自身防务问题,加之各成员国主权观念和地缘政治利益认知的差异,共同防务发展迟缓,也从反面强化了欧盟的"民事力量"特征。

"软实力"是欧盟的另一重要战略取向。按照约瑟夫·奈的定义,硬实力是通过强制手段改变别国行为的力量;而软实力则是国家通过自身文化和价值的吸引力塑造别国意愿的能力或者操纵别国政治选择议程的能力。③无论欧盟"民事力量"还是"软实力"战略都在很大程度上以其价值观

---

① M. Telö, *Europe: A Civilian Power?*, p. 254.

② 如意大利宪法第 11 条。

③ Joseph Nye, *Soft Power: The Means to Success in World Politics*, New York: Public Affairs, 2004, p. 7.

（如民主、人权、和平、公正等）为基础。欧盟对外关系的一个特点就是"注重意识形态和制度输出"，通过"各种软实力的使用在国际事务中发挥影响，"①因而，也有学者使用"规范力量"、"改造性力量"等术语来形容欧盟的对外行为特征。

这些特征对于欧盟自身而言具有增强凝聚力，推动地区跨国民主发展的作用。但也应看到，在这些目标的实现过程中存在着理想和现实、意愿和能力、宣传策略和政策效果之间的紧张状态。欧盟发展至今，贸易政策、共同农业政策等经济政策在其职能中仍占举足轻重的地位，是联盟预算的主要支出项目。此外，欧盟及其成员国在目前世界人道主义援助中约占55%的份额，总额达50多亿欧元。许多学者认为，未来欧盟在国际体系中的地位并非取决于传统的外交或军事力量，而需另辟蹊径，通过贸易、援助等民事力量，"成为最重要的国际关系行为体"。②

然而，欧盟扮演的这一"民事力量"角色同样面临诸多现实制约。由于成员国在经济社会发展程度、产业结构上的差异，欧盟在贸易、农业、对外援助领域与外部世界的互动过程对其内部成员国间关系产生了重要影响。例如，在 WTO 机制中主要由欧盟委员会代表各成员国，以一个声音参与贸易谈判。但法国、意大利、西班牙、希腊等国主张欧盟对外应采取更多的贸易保护措施，而德国、英国等国则主张贸易自由化。在欧盟共同农业政策上，成员国间，特别是英、法两大国间的利益差异更加突出。在多哈回合贸易谈判中，面对美国和多数发展中国家要求欧盟减少、乃至取消农业补贴的压力，农业在 GNP 所占份额较小的成员国，如英国，在此问题上与法国出现明显的意见分歧。

欧盟在对外援助和贸易保护方面表现出的矛盾性也使其塑造自身规范

---

①　周弘：《欧盟是怎样的力量——兼论欧洲一体化对世界多极化的影响》，社会科学文献出版社 2008 年版，第 110 页。

②　S. Meunier and K. Nicolaïdis, "The European Union as a Trade Power", in C. Hill and M. Smith, eds., *International Relations and the European Union*, Oxford: Oxford University Press, 2005, p. 266.

力量形象、增强软实力的努力大打折扣。欧盟一方面宣称自由贸易是不发达国家实现经济增长的良方并以最慷慨的援助国自居;另一方面,其采取的一些保护主义措施,特别是大量的农业补贴加大了最贫困国家农产品进入欧盟市场的难度。① 在 2003 年坎昆 WTO 部长级会议期间,欧盟共同农业政策遭到众多发展中国家的激烈批评,负责农业事务的欧盟委员会委员费施勒回应说:

> 我们将义无反顾地保卫自己支持欧盟农民的权利。WTO 和一些贸易伙伴不应对我们指手画脚,要求我们放弃欧洲农业政策及其带来的所有就业机会、环境效益和文化遗产。世界各国都有权选择并支持对其自身而言重要的公共产品和公共服务形式。当然,这需要采取能够促进贸易发展的方式进行。②

此外,欧盟在环境、劳工标准、人权等领域希望通过国际条约等形式的制度安排,设置规范性议程,发挥自身规范性力量的努力在取得一些进展的同时也受制于国际政治经济体系的现实,面临诸多困难。③ 例如,欧盟虽在《京都议定书》的签订及国际环境法的发展问题上发挥了重要作用,但由于美国政府拒绝接受公约文本,使国际温室气体减排的努力大打折扣。欧盟将环保、劳工标准纳入多哈回合谈判议程的努力因大多数国家的抵制而放弃。在向中东欧邻国输出民主的过程中,欧盟将民主标准作为入盟的条件,在中东欧国家内部造成了分歧、对抗乃至冲突。乌克兰等国出现的"颜色革命",也给欧盟与俄罗斯战略关系的稳定带来了不利影响。

虽然一些学者对欧盟软实力和规范力量建设在欧洲认同、跨国民主发展方面发挥的催化剂作用寄予厚望,但也应看到,欧盟倡导的进步性规范在

---

① Janet Mather, *Legitimating the European Union*: *Aspirations*, *Inputs and Performance*, Basingstoke: Palgrave Macmillan, 2006, pp. 144 – 146.

② F. Fischler, "Ten Ingredients to Make Cancun Success", Press Conference Before WTO Ministerial in Canctin, Brussels, 4 September 2003-speech/03/384, http:// europa. eu. int/rapid/ start/cgi/guesten. ksh? p_action.

③ 张著:《"规范性力量欧洲":理论、现实或"欧托邦"》,载《欧洲研究》2008 年第 5 期。

欧盟内外面临民族国家利益偏好多样性的挑战,在当代国际社会中又有一定的超前性。从实践上看,规范力量发展缓慢、面临挫折会在一定程度上加剧欧盟发展限度的讨论,强化政府间主义强调经济领域合作和成员国利益多样性的理念。因而,如何协调欧盟与外部世界的利益与观念认知,在贸易和规范议程上找到更多的契合点,是欧洲共同对外政策发展的重要条件,也是欧盟能否在该领域取得突破从而为欧洲认同与跨国民主的发展形成新的驱动力的关键。

二、高度政治与地缘政治因素

　　与欧洲民事力量、规范力量的长期建构过程相比,外交、安全等传统高度政治领域对欧洲民主的制约作用具有更加直接、迅速和显著的特点。对于普通民众而言,千百年来形成的国家忠诚、民族身份认同和主权观念制约了欧洲共同外交和安全政策的发展,国家间地缘政治利益的差异也加大了欧盟民众在此领域形成共识的难度。从地理位置看,欧盟西部与美国隔海相望,东部与俄罗斯及乌克兰等独联体国家接壤,南临地中海及前南地区,北至北海、挪威,其中美国与俄罗斯因素对欧盟对外政策发展及内部成员国间关系的影响尤为突出。

　　(一)美国因素

　　克拉斯纳等学者认为,二战后欧洲一体化之所以能够成功启动,首先得益于美国在政治和经济上的支持。他们甚至认为,没有美国的支持,欧洲一体化进程是不可想象的。[①]在冷战时期美苏对峙的背景下,对美国而言,建立一个强大的西欧国家联盟可以有效制衡苏联,其吸引力超过了统一的西欧对美国霸权可能构成挑战的担忧;与此同时,欧洲国家也需要美国的军事保护,对抗来自苏联的威胁。因而,从历史上看,尽管欧共体/欧盟各国对美关系亲疏有别,但总体上,美国仍是促进欧洲一体化进程的一个积极因素。冷战结束后,国际体系的结构性变化对欧美关系产生了微妙的影响,这首先

---

① S. Krasner,"Sovereignty", *Foreign Policy*, Issue 121, January/February 2001, p. 122.

表现在欧美战略观念及目标的差异日益显现,双方战略关系经历了不断相互适应的新过程。这一过程也导致了成员国对美关系的分歧日趋公开化。

欧美战略观念分歧的明朗化是伴随冷战后的地区冲突出现的。20世纪90年代冷战结束后,美国借助其超强地位在国际事务中更加积极推行单边政策,谋求主宰世界的单极霸权,而欧洲从自身实力地位出发,强调国际制度的作用,主张推进多边主义和发挥欧洲民事力量的作用。早在70年代,基辛格提出美国是一个全球力量而欧洲只是一个地区力量时,欧洲人并不认同这一说法。在他们看来,美国是提供全球安全的军事霸权,而西欧则是通过贸易协定和经济援助促进发展的民事力量。①欧盟主要成员国在冷战结束后开始谋求在安全、防务上的自给自足,导致欧盟与北约之间出现了潜在的战略竞争态势。前南危机暴露了欧盟应对地区危机能力的不足,促使欧盟主要国家开始思考建立欧洲自主武装力量的必要性。1998年英、法《圣·马洛宣言》后,欧盟快速反应部队等军事化目标提上日程,英、法、德等欧盟大国都对发展欧洲共同安全外交政策表现出兴趣。但随后的发展表明,由于欧盟在防务上长期依赖美国、北约的保护伞,国防预算支出偏低,发展独立防务困难重重。

"911事件"后欧美安全关系的蜜月期过后,2003年伊拉克战争凸现了欧盟共同安全外交政策发展的最大软肋,即各成员国在地缘政治利益和战略目标上存在明显差异,使欧盟在重大问题上采取共同立场难度加大。危机中,虽然一些左翼知识分子认为,美国单边主义与欧洲多边主义的对立有助于欧盟共同身份的形成,②但在实际政策层面,欧盟主要成员国在是否支持美国对伊拉克动武问题上明显分裂为两个阵营:法、德等国明确反对美国

---

① William Wallace, "Europe, the Necessary Partner", *Foreign Affairs*, Vol. 80, No. 3, 2001, pp. 22 – 23.

② 例如,他们认为,伊拉克战争期间反美主义的发展可以促使欧洲反思美国霸权、欧美关系乃至重建世界格局的问题,进而形成欧洲公共领域和地区认同。参见 J. Habermas and J. Derrida, "February 15, or, What Binds Europeans Together: Plea for a Common Foreign Policy, Beginning in Core Europe", in Naniel Levy, Max Pensky and John Torpey, eds. , *Old Europe, New Europe, Core Europe*, London: Verso, 2005, pp. 3 – 13.

的政策,而英、意及大多数中东欧新成员国和部分北欧成员国则支持美国通过军事手段推翻萨达姆政权。这一分歧也引发了欧洲关于欧美政治经济社会模式间差异的大辩论。

伊拉克战争促成了2003年欧盟安全战略文件的出台。该文件的目标包括三个方面:(1)为成员国提供安全政策平台;(2)修补成员国间的分歧;(3)修补受到影响的跨大西洋关系。该战略宣称,"我们的目标是与美国建立高效、平衡的伙伴关系",①并对欧盟面临的恐怖主义、失败国家等威胁作了明确界定,在立场上有与美国趋同的趋势。② 随后欧美关系的走势也表明,双方共同价值观和共同利益远大于其分歧,跨大西洋战略关系逐步恢复常态:一方面,伊拉克战争后,欧美主要国家领导人更迭带来的外交风格的转变及美国单边主义立场的松动加速了欧美关系回暖的进程;③另一方面,欧盟自身安全身份建构进展缓慢,其主要国家建立独立外交防务的雄心受挫。从战略观念的角度看,欧盟并未形成清晰的战略文化,实现欧盟安全战略中提出的诸多目标的途径仍模糊不清;从实践上看,欧盟的军事行动能力有限,只能承担一些维和和危机管理职能,各国及其民众无意进一步发展防务能力,在大规模军事行动上仍受制于美国和北约。英国学者华莱士等人做出的欧盟政治一体化"只有程序没有政策、只有行动没有结果"的评价形象地说明了欧盟安全与对外政策软弱无力的状况。④ 同时,由于欧亚大陆在美国的战略布局中是其地缘政治的桥头堡,因而,美国不会放弃自身在欧

---

① European Council, *European Security Strategy: A Secure Europe in a Better World*, http://www. iss. europa. eu/uploads/media/solanae. pdf, last accessed on 3 July 2009.

② 冯仲平:《欧洲安全观与欧美关系》,载《欧洲研究》2003年第5期。

③ 默克尔和萨科齐相对其前任更为亲美。美国新总统奥巴马在外交风格上也更加重视与传统盟友的协商,例如,其在当选前夕访欧时曾表示,美国的作用"不仅在于投射力量,而且要倾听并建立共识"。参见 Dieter Mahncke, "The United States, Germany and France: Balancing Transatlantic Relations", *The British Journal of Politics and International Relations*, Vol. 11, Issue 1, 2009, pp. 79 – 93.

④ A. Forster, and W. Wallace, "Common Foreign and Security Policy: A New Policy or Just a New Name?", in H. Wallace and W. Wallace, eds., *Policy-Making in the EU*, Oxford: Oxford University Press, 1996, p. 420.

亚大陆施加影响的能力。鉴于欧盟在防务上仍高度依赖美国的现实,支持包括欧盟制宪在内的政治一体化努力事实上可以扩大美国在欧洲的影响力。①

欧美关系的恢复并未从根本上改变欧美实力地位失衡的现状,欧盟放弃针对美国政策的挑战者姿态,也无法改变欧盟在美战略谋划中只是助手而非平等伙伴的现实。目前,欧盟共同安全外交政策仍无法克服的一个根本问题是成员国间的分歧限制了其协调资源联合行动的能力。特别是随着普京执政以来俄罗斯国力的恢复,俄与西方世界战略关系不时出现紧张之际,包括波兰和波罗的海成员国在内的一些中东欧国家从自身地缘政治利益出发,对欧盟安全外交政策的软弱无力表示不满,主张加强跨大西洋关系,而将欧盟视为"一个经济俱乐部,一个为农业和基础设施建设提供补贴的组织",在欧盟内部形成了一定的离心倾向。②

(二)欧盟东扩与俄罗斯因素

欧盟经过 2004 年和 2007 年的第五次和第六次东扩,10 个中东欧成员国先后"回归欧洲",使欧盟人口增加近 1.2 亿,占原有人口的 1/3 左右,大大加强了欧盟在"欧洲地缘政治中的主导地位,进一步提升了其在世界政治中的国际战略地位"。③但这一扩大的副作用也是显而易见的:欧盟内部国家间差异加大,加强了地区决策的政府间主义取向,使欧洲认同建构的难度增加,不利于跨国民主的发展。

从欧盟对外关系的视角看,欧盟新成员国不仅面临与原成员国相互协调适应的问题,而且带入了其与俄罗斯及尚未加入欧盟的其他中东欧国家间错综复杂的历史与现实恩怨。欧盟虽在入盟谈判中附加了相关条件,④

---

① Z. Brzezinski, "A Geostrategy for Eurasia", *Foreign Affairs*, Vol. 76, No. 5, 1997, p. 75.

② [英]久洛·海吉:《中东欧出现亲美"新华约"》,转引自《参考消息》2008 年 9 月 26 日。

③ 郑秉文:《欧洲发展报告:2002—2003》,社会科学文献出版社 2003 年版,第 3 页。

④ 入盟议定书中在新成员国参与欧盟外交和安全政策方面附加了相应条件,如申请国须表明具备参加欧盟相关行动的能力,在对外政策上与其他成员国采取共同立场,处理好包括与传统对立国家在内的邻国的关系。

但从近年来的地区国际关系发展看,新成员国对欧盟内部关系和对外政策提出了诸多挑战。

首先,美国通过中东欧成员国影响欧亚大陆的战略布局与这些新成员国自身地缘政治利益的认知产生共鸣,促使双方建立了双边"特殊"战略关系,其紧密度超过这些成员国对欧盟的依赖。布热津斯基在论述欧亚大陆在美国战略布局中的重要性时曾写道:"随着控制整个欧亚大陆成为取得全球主导地位的主要基础,地缘政治已从地区问题扩大到全球范围。目前,来自欧亚大陆之外的美国占据世界的首要地位,美国的力量直接部署在欧亚大陆的三个周边地区,并从那里对处于欧亚大陆内陆地区的国家施加强有力的影响。"①早在 2004 年新成员国正式入盟前,波兰等国的亲美立场不仅给欧盟共同安全与外交政策带来不和谐之音,也使各国政治精英和民众意识到,欧洲形式上的统一并不能弥合各国间地缘政治、经济利益和历史文化传统上的差异与分歧。伊拉克战争过程中,在欧美争论白热化之际,美国国防部长拉姆斯菲尔德关于新老欧洲的评论及希拉克的回应为此做出了很好的注脚。拉姆斯菲尔德说:"德国是一个问题,法国也是一个问题……但如果观察欧洲大多数成员国,就会发现它们支持美国,并未与法国和德国站在一边。"②对此,法国总统希拉克的回应则是,这些在世界政治中"缺乏经验的"新成员国"失去了一个本该闭嘴保持安静的机会"。③

在大多数中东欧新成员国的安全战略中,由于历史的瓜葛,摆脱俄罗斯影响、维持自身独立至关重要。目前,波兰、捷克等转型国家新的政治经济制度正在建立过程中,而波罗的海诸国刚刚赢得独立地位,在这些国家看

① [美]布热津斯基:《大棋局:美国的首要地位及其地缘战略》,中国国际问题研究所译,上海世纪出版集团 2007 年版,第 33 页。

② D. Rumsfeld, "News Transcript: Secretary Rumsfeld Brief at the Foreign Press Center", 22 January 2003, http://www. defenselink. mil/news/Jan2003/t01232003 _t0122sdfpc. html, last accessed on 7 January 2009.

③ Comments at the End of a Summit of EU Leaders on Iraq, 17 February 2003. 转引自 Asle Toje, "The 2003 European Union Security Strategy: A Critical Appraisal", *European Foreign Affairs Review*, Vol. 1, Issue 1, 2005, p. 120.

来,与美国保持特殊战略关系是制衡俄罗斯影响、维护国家独立和西方式民主制度的重要保证。因而,这些国家在安全上努力与美国保持一致,积极支持美国在本国部署导弹防御系统;与老欧洲成员国相比,往往主张对俄采取更强硬立场。例如,在 2006 年橙色革命后俄乌天然气争端、2008 年格鲁吉亚战争等危机中,波兰和波罗的海三国都主张欧盟对俄实行严厉的制裁措施,与其他成员国产生了分歧。同时,波兰等国还积极参与美导弹防御系统建设,充当美国在欧盟内部的坚定盟友。

其次,中东欧成员国与老欧洲在伊战,乃至整个跨大西洋关系上的分歧与双方的经济发展水平、权力关系以及对自身安全的认知紧密相关。西欧的政治精英从其民主和平的意识形态出发,将在中东欧新成员国中推进民主保持其刚刚建立的西方式民主政体的稳定作为东扩的主要目标和最大成就。在他们看来,失败国家是稳定的欧洲地区秩序面临的最大威胁,因而,"保障我们(欧盟)安全的最佳途径是建立一个由实行良政的民主国家构成的世界"。①与此同时,原成员国民众还普遍存在如下担忧:新成员国会大量占用欧盟预算并利用其低廉的劳工成本在欧盟内部形成竞争优势,对原成员国的生产和就业形成冲击。而中东欧成员国则恰恰迫切需要从欧盟得到切实的经济利益。欧盟原成员国出于国内政治考虑采取区别对待、过渡期等方式,使新成员国在发展援助、农业补贴、市场准入等方面无法获得原成员国待遇,中东欧国家民众由此产生了失望和受到不平等对待的情绪。

再次,欧盟原成员国存在一种居高临下的优越感,认为是自己帮助中东欧国家摆脱了"落后"、"不文明"状态,因而,这些国家在利益认知和政策偏好上应与自己保持一致。但现实是,中东欧国家与西欧列强历史经验迥然不同,双方在对外关系上采取共同立场并非想当然的事情。正如前欧盟委员会副主席达维格农(V. Davignon)所说:"我们必须牢记,波兰人只是最近才重新获得国家主权,欧盟对其而言还是陌生的事物。人们只有在加入欧

---

① European Council, *A Secure Europe in a Better World：European Security Strategy*, p. 10.

盟多年之后,才能真正了解其运作。"①

　　此外,欧盟因扩大过于迅速,导致成员国多样性加大,分歧加剧。尽管如此,欧盟目前还面临长期悬而未决的土耳其入盟问题和是否进一步东扩接纳乌克兰、格鲁吉亚等前苏联加盟共和国等棘手问题。在欧盟自身一体化未能进一步深化和巩固的情况下,其盲目扩大非但不能增大欧盟国际影响,反而增加了其向亚太经合组织或欧洲自由贸易区等松散区域性组织模式退化的风险。

---

① V. E. Davignon, "Those Pesky Poles", *The Economist*, 27 November 2003.

第 二 部 分

欧盟制宪进程的实证研究

来自理想理论的任何民主标准都必须不断自我调整,以确定其是否是现实世界情况下可行的最佳方案。

—— 安德鲁·莫劳夫奇克①

幸福的家庭都是相似的;不幸的家庭各有各的不幸。

——列夫·托尔斯泰

---

① A. Moravicsik, "Is There a 'Democratic Deficit' in World Politcs? A Framework for Analysis", *Government and Opposition*, 2004, Volume 39, Issue 2, p. 337.

第四章　欧盟制宪进程的
民主实践与挫折

　　始于 2001 年底莱肯峰会的欧盟制宪进程一波三折,先后经历了制宪会议及随后的政府间会议谈判、法、荷否决《宪法条约》文本、反思期、《里斯本条约》谈判及批准等阶段。其间,欧盟跨国民主的制度创新、民众参与与欧洲民主面临的诸多制约条件相互作用,在一定程度上推动了欧盟民主实验的发展,同时也提出了现阶段欧盟民主发展限度的命题。

第一节　欧盟制宪的历史背景

　　尽管政府间主义认为,欧洲一体化的逻辑从根本上说是以成员国间经济交往为基础的,但纵观欧洲从分裂到统一的历史演进过程,从中世纪的基督教帝国到康德的《永久和平论》再到欧洲煤钢联营的建立,贯穿欧洲统一思想的一条主线仍然是以政治一体化为工具实现地区持久和平与稳定。尽管面临民族国家崛起和欧洲国际关系现实的诸多制约,在欧洲范围内建立地区宪政秩序的思想从未停息。

一、欧盟宪政发展与欧盟宪法

广义上讲，"宪法"可理解为用以创建实体、界定权力的法律文件，它对法律规则如何产生、应用和解释作了规定。① 狭义上讲，民族国家宪法具有界定国家权力机关的组成、国家机关间关系以及国家与公民间关系的职能。同时，宪法可以界定共同体的政治秩序，是"政治共同体的组织结构，是来源于主权权力和行使这一权力的机构的必要秩序"。② 按照这一定义，欧盟条约无疑已具备国家宪法的部分职能：它规定了联盟的权力主体、权力行使方式和制约权力的必要机制。然而，从欧盟条约宪法化的历史发展看，欧盟条约的特殊性是显而易见的。按照现代西方的宪法理论，宪法是与国家的宪政传统紧密联系在一起并根植于其赖以生存的政治、经济、社会、文化环境之中，而不仅仅是关于权力行使的一纸法律条文。

麦迪逊在《联邦党人文集》中有一段关于西方宪政传统本质的经典论述：

> 如果人们是由天使来管理，则政府既不需要从内部，也无需从外部加以监管。如果由人建立政府，相互管理，一个巨大的困难则在于：首先政府必须有能力控制被统治者，然后使政府自身有接受监督的义务。③

这一论述阐明了宪政发展中面临的一个重要命题，即如何处理限制权力的法治原则和人民主权的民主原则间的相互制衡关系。根据民主原则，民众的意志应成为法律的基础，而法治的作用则在于确保对国家权力做出必要的限制。

---

① K. Atler, "The European Union's Legal System and Domestic Policy: Spillover or Backlash", *International Organization*, Vol. 54, No. 3, 2000, pp. 516 - 517.

② N. Matteucci, "Costituzionalismo", in N. Bobbio, et al., *Dizionario di politica*, Turin: UTET, 1983, p. 249.

③ J. Madison, *The Federalist Papers*, No. 51, C. Rossiter, ed., New York: New American Library, 1961, p. 322.

　　由于欧盟政体的特殊性,在欧洲一体化历史上关于"宪法"与"条约"的语义之争、名实之辩从未停止。虽然早在德、法等创始成员国关于《巴黎条约》和《罗马条约》的官方解释中就曾将欧洲煤钢联营称为"宪法性质的实体",但20世纪60年代之后,成员国政府和欧盟机构一直在欧共体/欧盟正式文件中有意回避"宪法"一词,以免陷入欧洲联邦的争议。①然而,人们普遍认为,即便在欧盟制宪进程启动前,欧盟条约已经经历了长期宪法化的过程。按照斯威特等人的定义,欧盟条约的宪法化是指"传统以国家为中心的国际组织为一套法律安排基础上发展起来的新型政体所取代的过程。这些法律安排对成员国具有拘束力,在成员国间自上而下地形成了垂直管理的法律制度一体化,对欧共体法适用范围内的所有法人和实体构成了可执行的权利和义务"。②简言之,条约宪法化就是欧共体/欧盟条约从成员国间的国际公法文件逐渐演化为具有管理个人间及国家与个人间关系的宪法性宪章的过程。

　　自1951年《巴黎条约》以来,欧盟条约在经贸领域履行市场管理职能的同时,在超国家机构制度建设、公民权利司法保护等方面也取得进展:该条约能够调整欧盟与成员国间关系及欧盟与公民间关系,因而具有了一定的宪法职能。欧盟条约宪法化首先体现在欧共体/欧盟法的最高效力、直接效力原则和欧洲法院的广泛司法解释职能方面。按照罗尔斯的说法,"在一个具有司法审查职能的宪法机制中,最高法院的理性就是公共理性的体现"。③虽然现行欧盟条约对欧共体法的最高效力原则并未做出明确界定,但欧洲法院在其司法实践中逐步确立了欧共体法具有高于成员国国内法的法律效力,事实上起到了欧盟宪法秩序中的宪法法院的作用。直接效力则是指在特定领域内的欧共体法规定无需经国内立法程序批准,成员国法院就必须依据该法规做出相应判决。同时,欧洲法院通过其司法解释和司法

<hr />

① 　F. C. Mayer and J. Palmowski, "European Identities and the EU", p. 583.

② 　Berthold Rittberger and Frank Schimmelfennig, "Explaining the Constitutionalization of the European Union", *Journal of European Public Policy*, Vol. 13, Issue 8, 2006, p. 1148.

③ 　J. Rawls, *Political Liberalism*, New York: Columbia University Press, 1993, p. 231.

审查职能,以欧盟条约和相关法律为依据,对包括各国宪法在内的成员国法律发挥了事实上的违宪审查职能。从而使欧盟法在权利和义务上具有了国内法的特征,确立了以法治原则为基础的司法程序意义上的欧盟宪法秩序。

在立法领域,具有代议制民主特征的欧洲议会权力的不断扩大和有效多数的广泛采用也被视为欧盟条约宪法化的重要特征。通过共同决策机制,欧洲议会在欧盟二级立法中拥有立法否决权;而理事会在大多数政策领域采取的有效多数表决机制使欧盟具备了类似两院制议会的准联邦政体特征。从《巴黎条约》开始,欧洲一体化就从制度上确定了由立法、司法和行政机构组成的超国家机构体系。但在一体化之初,欧盟的立法决策权掌握在代表成员国政府的理事会手中,法规的通过需要各成员国一致同意。1979 年欧洲议会直选产生后的历次机构改革过程中,超国家机构权限不断扩大,随着有效多数表决机制的广泛使用和"合作决策"与"共同决策"机制引入,成员国在经济、贸易政策的大多数领域失去了一票否决的权力。

此外,欧盟提供了跨国公民权利保护机制,使欧盟权利宪章逐步具备了大多数西方国家宪法中《权利法案》的职能。严格来说,《欧洲人权公约》是建立在欧洲委员会框架下的一部泛欧人权公约,并非欧共体/欧盟条约的一部分,但鉴于目前欧盟成员国均为该条约的缔约国,欧共体/欧盟机构长期以来一直致力于借助该公约的机制保护公民基本权利和自由。早在 1977 年 4 月,欧共体三大机构就发表了关于公民基本权利的联合声明,强调通过成员国宪法和《欧洲人权公约》保护有关权利的重要性。在随后的《欧洲议会声明》、《单一欧洲法令》、《马斯特里赫特条约》和《阿姆斯特丹条约》中都重申了这一原则。如《马斯特里赫特条约》共同条款第 F 条第 2 款规定:"欧盟尊重欧洲保护人权和基本自由公约(1950 年 11 月 4 日于罗马签署)所提供保证的和产生于各成员国共同的宪法传统的基本权利。联盟视基本权利为共同体法律的基本原则。"①从这种意义上说,该公约已经以一般原则的形式成为欧共体法的直接渊源。不仅如此,欧洲法院还通过其判例法

---

① 欧共体官方出版局:《欧洲联盟法典》第二卷,第 11—12 页。

表明,成员国在解释和适用欧共体法时必须援引这些原则。

1999年科隆峰会期间,欧盟理事会决定,"应将在欧盟层面适用的基本权利以宪章的形式确定下来"。①随后欧盟通过特别会议的形式制定了《欧盟基本权利宪章》。但由于英、爱等国以该宪章不应进一步扩大欧盟职能为由反对将其纳入欧盟条约,因而在尼斯安排中该宪章的法律地位仍未能确定,也成为欧盟制宪进程需解决的一个重要问题。

从欧洲一体化的历史看,欧盟条约宪法化大体经历了功能性宪法、法治宪法和民主性宪法三个阶段。② 欧盟宪政从一体化早期以市场为核心的经济一体化逻辑发展到逐步完善法治原则和法律体系实现保护公民权利的目标的阶段,再到发展民主宪政,建立准联邦政体。其民主和法治关系的理论与实践发展中无法回避的两个问题是:(1)如何使成员国政府在欧盟法律制定和实施过程中得到有效制约;(2)如何实现传统的个人主义民主同公正、平等等价值之间的协调发展。如前文所述,在欧盟多层次治理框架下,其民主实践的主体既包括各国民众,也包括各成员国。③ 在欧盟民主发展的实践中,尽管各国政府关于欧盟事务的决策从理论上需接受议会监督,但国家外交事务历来有行政机构主导的传统,各国政府往往能够规避关于欧盟问题决策中的民主监督。欧盟通过政府间会议方式制定和修改条约的做法,也使各国政治精英获得了超越欧盟条约和成员国宪法的正式和非正式权力。欧洲法院虽具备一定的宪法审查职能,但主要体现在保护公民权利方面,更多涉及私法领域,在公法领域对成员国政府权力的限制相对不足。

从功能层面看,欧盟条约宪法化还具有明显的政策领域依赖性:在欧盟条约的三大支柱中,欧共体条约的大多数领域已明显具备上述宪法秩序的

---

① European Council, *Presidency Conclusion*, *Cologne*, 3 – 4 June 1999, p. 18, http://ue. eu. int/uedocs/cmsUpload/Cologne% 20European% 20Council-Presidency% 20conclusions. pdf, last accessed on 15 May 2009.

② H. Brunkhorst, "Taking Democracy Seriously:Europe After the Failure of its Constitution", in E. Eriksen, C. Joerges and F. Rödl, eds., *Law*, *Democracy and Solidarity in a Post-National Union*, London:Routledge, 2008, pp. 215 – 226.

③ 主要体现为其代表——成员国政府。

特征;在共同安全外交等政治一体化领域主导权还保留在欧盟理事会手中,欧洲议会和欧洲法院在这些领域的实质性问题上并不具备立法和司法审查权;移民司法领域的二级立法还主要通过成员国一致同意的程序完成。此外,在社会政策、税收等关系民众切身利益具有再分配功能的政策领域,欧盟超国家机构的行动能力也十分有限。

因而,当前,无论欧洲政治领导人还是普通民众普遍接受的观点是,宪法化的欧盟条约无法等同于一部欧洲宪法。除欧盟宪政在民主与法治问题上受到的制约外,这一认识还与欧洲民族国家的历史传统及欧洲认同的现实紧密相关。在《莱肯宣言》正式确定欧盟制宪的目标后,这一称谓之争就凸现出来。欧洲一体化的支持者希望冠以"宪法"之名的欧盟条约能够增强地区治理的联邦色彩,发挥宪法的规范和象征效应,而欧洲怀疑论者则坚称欧盟做出明确的宪法安排的条件并不成熟,因为欧洲目前并未出现破旧立新的"宪法时刻",社会层面的相关沟通也不充分,远未形成宪法变革所需的共识。在欧盟制宪进程启动前,无论欧洲怀疑派还是主流的一体化支持者都承认,在可以预见的未来欧洲一体化将继续沿着近年来渐进变革的方向发展。①为此,欧洲政治精英在此问题上采取了折中立场,他们希望在实质政策领域保持原有渐进变革的节奏,同时利用宪法本身的象征效应,争取民众支持,解决一体化扩大和深化面临的问题。在此问题上,欧盟法学者威勒的观点有一定代表性。他提出,婚姻的比喻可以恰当地反映欧盟制宪的理想和现实之间矛盾——婚姻所需要的忠诚和默契只有在共同生活多年、共同应付生活中的众多琐事后才能逐渐形成。如同人们一般不可能等到这种忠诚和默契形成后才结婚一样,在欧盟宪法安排中政治意义上的"欧洲民众"的缺乏不应成为欧盟制宪的障碍。②

然而,正如欧洲宪法的反对者公法学家格林所说,考虑到欧盟政治经济

---

① P. Robinson, "Historical Lessons for Europe's Future in the Wake of the EU Convention", *Economic Affairs*, Vol. 24, No. 1, 2004, p. 5; D. Grimm, "Integration by Constitution", pp. 193 - 208.

② J. Weiler, "A Constitution for Europe? Some Hard Choices", p. 566.

现实的制约,欧盟制宪只能是平衡各种制约因素的折中产物。在制宪会议开始时,德斯坦指出,为避免因语义引起的争议,"让我们将它(欧洲未来的宪法)称为'欧洲宪法条约'"。① 显然,这是一个矛盾的说法,是欧盟条约的国际法属性与传统宪法所需要的国家属性之间以及民族认同与欧洲认同之间紧张状态的体现。这一矛盾也贯穿了《宪法条约》的立法程序、条约文本内容及条约批准的整个过程。

二、《尼斯条约》前后的欧盟宪法辩论

在欧盟条约长期宪法化过程中,欧洲一体化在经济、贸易、金融等领域取得的突破对欧盟超国家治理模式提出了挑战。如前文所述,欧盟条约的渐进变革是在政府间谈判的框架内完成的,欧盟职能在政治外交、公民权利保护等领域的新发展对民众参与相关决策提出了现实需求。欧盟制宪进程的启动既是规范领域关于欧盟民主赤字辩论的结果,也是政府间会议模式在完成欧盟条约改革任务时面临的困境的反映。欧盟支持者将制宪进程的制度创新视为实现欧洲一体化深化和扩大的一种现实途径。

欧盟在《阿姆斯特丹条约》中未能就机构改革问题充分达成一致,在新一轮大规模东扩的背景下,面临进一步改革机构、提高效率的任务。为此,《阿姆斯特丹条约》的附加议定书规定,欧盟应尽快启动新一轮条约改革进程,解决委员会规模过大和理事会表决机制过于复杂等问题。然而,2000年政府间会议及随后的尼斯峰会围绕欧盟机构改革问题,出现了大小成员国间矛盾公开化的局面。在以往条约改革的历史上,欧盟成员国间的分歧主要体现在具体政策领域,很少因成员国的大小形成不同利益集团。在尼斯谈判中,大国因其放弃拥有两个委员会委员名额的特权而要求在理事会表决机制中得到补偿,增加人口因素的重要性。而小国则认为大国在加权表决中地位的加强会进一步削弱欧盟的主权平等原则,使自身处于弱势地位。

---

① 德斯坦的演讲见 http://European-convention. eu. int/docs/01565EN. pdf, last accessed on 22 March 2003.

到 2000 年底的尼斯峰会,大小成员国在机构改革问题上仍僵持不下。当时正值欧元启动的前夜,为避免谈判失败给欧洲一体化的整体发展带来信任危机,各国政府首脑匆匆达成了妥协。这就决定了《尼斯条约》只能在各国取得共识的问题上迈出不大的步伐,未能充分解决东扩后各国差异加大所需的机构调整问题。以解决《阿姆斯特丹条约》遗留问题为使命的《尼斯条约》再次留下了诸多悬而未决的难题,迫使欧盟在《尼斯条约》尚未生效的情况下又启动了新一轮条约改革进程。

《尼斯条约》遭到公众的广泛批评——他们认为政府间会议模式效率低下、缺乏明确目标。欧洲政治家也认识到《尼斯条约》谈判的困境并非一个孤立事件,并开始对欧盟的整体治理结构及其背后的理念展开反思。有学者提出,欧盟条约改革在现有制度框架内已走到尽头。首先,无论是超国家程度很高的欧元还是相对滞后的欧洲共同安全与外交政策,在欧盟现有治理结构下的发展空间已非常有限,而开辟新的政策领域或原有政策的深化都面临诸多困难。其次,欧盟已涵盖传统欧洲大陆的主要国家,在疆界上也已接近极限。虽仍面临土耳其和部分前南、前苏加盟共和国的入盟议题,但进一步东扩不仅会加大欧盟内部的异质性,而且会引入新的地缘政治冲突和国内民族矛盾等难题。再次,欧盟条约改革使欧盟条约越来越复杂、冗长,而超国家机构的权限提升空间有限。[①]

在此背景下,欧盟政治精英开始探讨通过建立欧盟宪法,实现欧盟条约的进一步理性化过程,寻求突破上述限制的出路。德国外长菲舍尔 2005 年 5 月 12 日在洪堡大学发表了题为《从国家联盟到联邦:对欧洲一体化最终形式的思考》的演讲。他提出,欧盟面对深化和东扩的双重挑战,在下一个十年中可能不得不做出抉择,即在制定欧洲宪法条约的基础上建立欧洲联邦或者由几个对欧洲一体化怀有坚定信念的成员国先行启动更深入的政治一体化安排,形成一个对其他成员国具有示范效应的"引力中

---

① Guy Milton and Jacques Keller-Noëllet, *The European Constitution: Its Origins, Negotiations and Meaning*, pp. 23 – 26.

心"。为此,他对欧洲一体化十年后的发展做出了一个分三步走的设想:第一步,进一步扩大和加强具有较强合作意愿的成员国间的合作;第二步,形成一个引力中心作为完成政治联盟的中间步骤;第三步,在欧洲联邦框架中完成一体化。他特别指出,从传统的政府间合作到欧洲宪法,需要有意识地重新建设欧洲,而欧洲宪法正是欧盟进一步一体化的前提条件。[①]尽管菲舍尔强调这一演讲是他以个人而非德国外长的身份就欧洲一体化长远发展走向发表的看法,但仍在欧洲政治精英和民众中触发了一体化发展的终极目标的大讨论,成为欧盟制宪进程启动的重要舆论准备。菲舍尔的讲话与欧洲知识界业已存在的借助欧盟制宪促进一体化发展的思想产生了共鸣。

《尼斯条约》招致的广泛批评及民主赤字问题辩论促使欧盟领导人希望通过增加民众参与增强地区治理的民主合法性,应对政府间条约改革模式面临的困境。《尼斯条约》附加的《关于欧洲未来的声明》提出,在2001年瑞典和比利时担任轮值国主席期间将就欧盟未来展开一场更为广泛、深入的辩论,届时将邀请各成员国国家议会代表和"包括各国政界、经济界、学术界及公民社会的代表在内的一切公共舆论参加上述辩论"。[②] 2001年底莱肯峰会宣言决定引入特别会议模式(即制宪会议),标志着欧盟希望借助制宪,改变传统条约改革的闭门秘密外交形象,鼓励民众参与制宪进程的各环节,进而增强欧盟民主合法性,克服当前发展面临的困难。

2001年6月,瑞典在轮值国任期结束后提交的报告中提出,在下次政府间会议启动前设立具有广泛社会参与的开放性论坛,开展相关讨论。由于欧盟曾于2000年成功启动特别会议制定《欧盟基本权利宪章》,因此,该报告将特别会议模式定为首选方案。比利时是欧洲一体化的坚定支持者,

---

① [德]菲舍尔:《从国家联盟到联邦:对欧洲一体化最终形式的思考》,载曹卫东主编:《欧洲为何需要一部宪法》,第13—14页。

② 欧共体官方出版局:《欧洲联盟法典》第二卷,第475页。

在担任理事会主席期间,积极推动将特别会议模式引入欧盟条约改革进程。在莱肯宣言的准备过程中,比利时与德国、芬兰一道提出通过增加民众参与使欧盟条约改革更加民主、透明、高效的主张。其他成员国虽难以公开拒绝这些目标,但对英国、丹麦等欧洲怀疑主义传统较强的国家而言,引入宪法的称谓及一系列相应变革会增加欧盟条约的超国家乃至联邦主义内涵,因而,这些国家力图对新一轮条约改革附加限制条件,要求该进程仍须严格掌控在成员国政府手中。平衡积极支持一体化的国家和欧洲怀疑主义国家间的立场形成共识是莱肯宣言能否为各方接受的关键。

莱肯宣言延续了《尼斯条约》以来欧盟积极增强自身民主合法性的努力,高调强调欧洲民众在这一条约改革进程中的作用。宣言明确提出,"欧洲民众呼唤一种明确、开放、高效、民主管理的共同体运作方式";并承认欧盟以往未能满足人民的期望,因而需要有所作为。但欧盟在制宪内容的设计上则表现出充分的现实主义立场,努力在成员国之间寻求共识。例如,该宣言在承诺推出一系列加强欧洲议会、欧盟委员会等超国家机构权限的政策的同时,明确提出了成员国议会在欧盟决策和民主治理中发挥更大作用的建议。①这种政策上的折中立场反映出欧洲政治精英达成的如下共识,即真正意义上的欧盟宪法革命的条件并不成熟,因而,在高调推动欧盟宪法条约制定的同时,在具体政策领域仍将沿用以往条约改革的渐进变革方式。

欧盟15国首脑于2001年12月一致通过了《莱肯宣言》。在该宣言中,各国领导人强调欧盟正处于一个"十字路口"。在这一决定性时刻,欧洲面临三大挑战:(1)如何使公民更加认同欧洲的理想和制度;(2)如何使欧洲政治适应欧盟扩大的要求;(3)如何使欧盟在多极化的新世界中成为稳定力量。为此,需要对欧盟机构和成员国之间的权力分配进行改革,需要简化欧盟机构的运作程序,需要使欧盟成为一个更加民主、透明和高效的政体,

---

① Guy Milton and Jacques Keller-Noëllet, *The European Constitution: Its Origins, Negotiations and Meaning*, pp. 26 - 29.

需要为欧洲公民制定一部宪法。该宣言的第三部分集中讨论了欧盟制宪的关键步骤,即建立具有全面代表性的关于欧洲未来的特别会议(制宪会议),并就制宪会议的组成、授权等问题做出了规定。①

第二节　欧盟制宪进程

本节将按时间顺序就欧盟制宪进程中制宪会议、政府间会议、法国和荷兰公决与反思期及其随后《里斯本条约》的批准等阶段分别加以讨论,同时对欧盟超国家机构(特别是欧洲议会和欧盟委员会)在制宪进程中的作用作简要评述。

一、制宪会议

关于欧洲未来的特别会议是欧洲宪政史上的一次制度创新,②在其创立之初,德斯坦就称该会议的重要性堪比美国1787年的费城制宪会议,许多学者也乐观地认为,制宪会议将改变欧洲一体化的整个发展轨迹,但随着制宪进程的深入,这一安排的局限性也逐渐显现出来。

制宪会议从代表组成的多样性、民主协商的加强等方面体现出一定的促进欧盟跨国民主发展的潜力。首先,代表的广泛性和民主合法性得到加强。会议代表主要由欧盟各国政府和议会代表、欧盟机构代表组成。其中选民直接选举的各国议员和欧洲议会议员约占代表总数的70%。此外,参加会议的还有代表不同地区、阶层的观察员及列席会议的民间团体的代表。

---

① 《莱肯宣言》的主要内容,参见 http://europa.eu.int/constitution/futurum/documents/offtext/doc151201_en.htm, last accessed on 2 February 2009.

② 有关制宪会议的基本情况及会议文件材料,参见会议网站(http://european-convention.eu.int)和关于欧盟未来讨论的网站(http://europa.eu.int/futurum)。

表 4.1　制宪会议代表组成情况

主席、副主席	3
成员国政府代表	28
成员国议会议员	56
欧洲议会议员	16
欧盟委员会代表	2
总计	105

资料来源：制宪会议网站 http://european-convention. eu. int.

其次，会议在程序上也体现了传统制宪的协商特征。制宪会议强调参会代表首先代表独立的个人，即便来自各国政府的代表也是如此。会议成员可以自由表达意见，而不一定接受政府或其所服务机构的指令。德斯坦在会议开幕演讲中希望会议成员"在开始自己的工作时，不要带有任何先入为主的成见，而是要不断倾听自己的同事……出席会议的各组织成员和公民社会代表的意见，以便形成自己关于新欧洲的观念"。① 他还进一步强调要塑造"制宪会议精神"，即协商精神。尽管这一表述带有一定的理想化色彩和宣传目的，但在劝说部分代表改变立场，形成大会共识方面仍起到了积极作用。在制宪会议期间，英国代表关于《欧盟基本权利宪章》地位问题立场的转变就是一例。会议之初，英国代表拒绝无条件地将该宪章单独作为一个部分写入宪法条约，但在大会协商气氛的影响下，在第二阶段的工作组讨论中，英国代表没有再坚持己见。②

第三，会议采取的协商一致、透明度和公开性原则有助于增强公众参与。在表决方式上，未使用易于令分歧表面化的直接表决，而是通过协商，在倾听大多数代表意见的基础上形成最终文件并写明了主要不同意见。而公民社会的代表、民间团体只需提交一份书面申请，即可列席会议。与政府

---

① 　V. Gisard d' Estaing, "Introductory Speech", http://european-convention. eu. int/docs/speeches/1. pdf, last accessed on 2 October 2008.

② 　赵晨：《协商还是博弈？——对"欧洲制宪会议"的考察》，载《欧洲研究》2007 年第 5 期。

间会议的闭门秘密谈判不同,制宪会议期间,除主席团和工作组的内部讨论外,全体会议一般公开进行,并在欧盟官方网站公布会议文件和讨论内容。同时设立论坛,邀请各界人士参加讨论。在制宪会议期间,会议主席团和代表专门与非政府组织进行了对话,如2002年7月举行的青年会议。此外,还将会议文件及时翻译成各成员国使用的文字,以便公众迅速了解会议内容,参与讨论。

从总体上看,制宪会议在一定程度上体现了《莱肯宣言》设定的扩大民主、增加公开性、提高效率的目标。但制宪会议的召开并不意味着各国领导人对欧盟民主的立场一夜之间发生了根本变化,①会议安排本身与真正意义上的公共协商也存在明显距离。

第一,制宪会议实质上仍是欧洲政治精英设计的自上而下的政治安排。除部分中小成员国希望通过制宪会议制约大国权力外,大多数成员国政府并未对制宪会议寄予过多期望。会议成员,无论是德斯坦,还是秘书长约翰·克尔爵士(英国前驻布鲁塞尔代表),大多为现任或前政府官员、议会议员。在会议过程中,法、德两国又先后以本国外长替换了原会议代表,增加了政府主导会议讨论的色彩。他们在思维方式和利益诉求上与普通民众并不一致。而会议对来自公民社会的各种提案如何纳入《宪法条约》草案并无明确的制度安排;宪法草案起草的最终结果也无法说明制宪会议充分采纳了这些建议。

第二,尽管制宪会议强调协商精神,但在会议过程中,特别是最后阶段,成员国间的传统博弈机制作用加强,在一定程度上左右了《宪法条约》草案文本内容的确定。各成员国的利益和政治传统差异仍制约着制宪会议讨论的深入。英国等欧洲怀疑派国家的代表积极游说,劝说其他国家接受其立场。一些成员国在会议期间,运用传统外交方式纵横捭阖,例如,法德轴心及德斯坦与布莱尔举行的双边会晤成为大国协调立场的重要机制;而一些

---

① P. Magnette,"Deliberation or Bargaining:Coping with Constitutional Conflicts in the Convention on the Future of Europe",p. 212.

中小成员国则团结在卢、比、荷等国周围,坚持自身诉求,甚至威胁大国如不能在理事会主席问题上做出妥协,将拒绝在《宪法条约》草案上签字。这也从一个侧面说明,在欧洲宪政秩序发展过程中,欧盟仍面临地区国际关系民主化的任务。

第三,制宪会议为达成共识,在条约改革内容的确定上表现出一定的保守性。会议提出的《宪法条约》草案基本上是欧盟条约长期渐进发展的结果,并未带来革命性变化。制宪会议代表深知尽管《莱肯宣言》赋予会议较大的自主权,但在起草宪法文本时仍需考虑随后的政府间会议可接受的底线。为达成一致,制宪会议在宪法草案上也做了妥协,如增加了成员国退出机制的明确规定,在序言和总纲中取消了“不断聚合的联盟”等说法来安抚欧洲怀疑派。① 会议期间,在各工作组中,关于欧洲社会政策的工作组最先就工作组最终报告达成了共识。② 他们基本照搬了《尼斯条约》关于社会政策的安排,但从法、荷等国全民公决来看,这远非一个公众已达成广泛共识的领域。

第四,普通民众对会议还缺乏了解。制宪会议本身在许多成员国内部并未引发深入的讨论。2002 年 3 月和 2003 年 6 月欧洲晴雨表所作的民意调查显示只有 28% 和 48% 的民众了解会议及其主要内容。③

此外,德斯坦领导的会议主席团在确定日程、处理不同意见和起草最终文件的过程中,在一定程度上主导了会议的讨论,部分不同意见在最终文本中未能得到充分反映。会议存在意见分歧,在向欧盟理事会提出延长会期未果的情况下,仓促通过了提交政府间会议的最终文件。

---

① Desmond Dinan, "Governance and Institutions: The Convention and the IGC", *Journal of Common Market Studies*, Vol. 42, Annual Review, 2004, pp. 27 – 42.

② "The Final Report Working Group for Social Europe", http://register. consilium. eu. int/ pdf/en/03/cv00/cv00516-re01en03. pdf, last accessed on 5 May 2005.

③ European Commission, *Standard Eurobarometer* 57&59, http://ec. europa. eu/public_opinion/archives/eb/eb57/eb57_en. pdf, http://ec. europa. eu/public_opinion/archives/eb/eb59/eb59 _rapport_final_en. pdf, last accessed on 9 May 2009.

二、关于《欧盟宪法条约》的政府间会议及其批准进程

2003 年 7 月 10 日,制宪会议正式通过了《欧盟宪法条约》草案。根据莱肯峰会的授权,这一文件仍需经政府间会议和欧盟成员国领导人的讨价还价决定取舍。2003 年 6 月欧盟萨洛尼卡峰会在接受《宪法条约》草案的同时,再次重申,制宪会议的工作只是为启动政府间会议奠定了"良好的基础"。但鉴于制宪会议在民主规范方面的象征意义,一些成员国政府和欧洲主流媒体都呼吁政府间会议原封不动地接受《宪法条约》草案。随后,德、法、比、意等国相继公开表明支持这一立场,对其他国家形成了压力。在此背景下,2003 年下半年担任轮值国主席的意大利政府,希望在对条约文本尽可能少作修改的情况下,速战速决在当年年底的欧盟峰会上通过《宪法条约》。因而,意大利政府提出,萨洛尼卡峰会决议的本意是,《宪法条约》草案不仅是政府间会议工作的基础,而且只要没有很好的理由做出改变,就应保持原貌。①

尽管在实际运作过程中各成员国出于本国利益考虑对条约草案提出了一些修改建议,但总体上看,欧盟各国对在 2003 年底布鲁塞尔峰会上签署《宪法条约》仍充满乐观情绪。但到当年 12 月峰会前夕的政府间会议,各国分歧逐渐明朗化:法、德主张扩大有效多数适用范围,而英、爱等国则在移民、司法、税收等领域设置了不可突破的底线。一些小国在缩小欧盟委员会规模问题上仍持保留立场。而分歧最大的问题则在于德斯坦提出的理事会双重多数表决机制。在欧盟原有有效多数机制的基础上,德斯坦提出为防止东扩后立法难度加大,需简化表决机制,将《尼斯条约》中三重多数表决简化为二重多数,即成员国数的 50% ,同时确保投赞成票的国家人口占欧盟总人口的 60% 。由于较之尼斯安排,《宪法条约》中波兰、西班牙等中等成员国表决权相对下降,波兰、西班牙两国在此问题上采取不妥协立场,最

---

① Guy Milton and Jacques Keller-Noëllet, *The European Constitution：Its Origins，Negotiations and Meaning*, pp. 90－92.

终导致布鲁塞尔峰会未能签署《宪法条约》。

随后,在爱尔兰担任欧盟轮值国主席期间,经爱尔兰总理埃亨斡旋,2004年政府间会议对《宪法条约》草案内容作了部分修改:如在《权利宪章》等问题上向英国做出让步,将表决多数门槛适当提高部分满足了波兰、西班牙等国的要求。加之《宪法条约》草案在共同安全与外交、税收等敏感领域与《尼斯条约》相比原本变化不大,最终在成员国间达成了一致。2004年10月29日随着欧盟关于《宪法条约》的政府间会议成功闭幕,欧盟各国领导人在罗马签署了《欧盟宪法条约》。这一切似乎表明在1957年《罗马条约》的签署地欧盟将迎来新的历史性"宪法时刻"。

表4.2 《欧盟宪法条约》进程中大小成员国在机构改革问题上立场的比较

机构	大国的多数立场	小国的多数立场	制宪会议结果	2003—04政府间会议结果	获利方
欧盟理事会主席	常任制	轮值国制	常任制	常任制	大国
部长理事会主席	轮值国制,但外长理事会、司法理事会等除外	轮值国制	除外长理事会外,按年度确定轮值国	除外长理事会外,按欧盟理事会决定实行轮值国制	基本维持现状
有效多数	双重有效多数(波、西除外)	维持尼斯加权表决机制,或实行其他有利于小国的安排	双重多数:欧盟人口的60%+成员国数的50%或66.7%	双重多数:欧盟人口的65%+成员国数的55%或72%,至少四个成员国才能否决有关法案	大国
委员会组成	不再保证每个国家一名委员(卢、比、荷不支持这一立场)	每个国家一名委员(卢、比、荷不支持这一立场)	主席+欧盟外长+各国轮流选出的13名委员	每届委员会由2/3成员国各一名委员组成	大国
委员会主席	理事会推举人选,议会投票批准	议会选举,理事会确认	理事会推举人选,议会投票批准	理事会推举人选,议会投票批准	维持现状

资料来源:S. Nunse, et al. ,"Big versus Small:Shared Leadership in the EU and Power Politics in the Convention",in Derek Beach and Colette Mazzucelli,eds. ,*Leadership in the Big Bangs of European Integration*,London:Palgrave,Macmillan,2007,p. 153,有改动.

然而,自2004年下半年起,随着《欧盟宪法条约》进入成员国批准程序,该条约的命运开始面临新的挑战。《宪法条约》第447条第1款规定本条约须"由缔约各国根据其本国的宪法规定予以批准……"。该条第2款进一步规定,"如果所有缔约国都能于2006年11月1日前完成交存批准手续,本条约自2006年11月1日起生效,否则,本条约自最后一个完成交存批准书手续的签约国交存批准书后的第二个月首日起生效"。这意味着《宪法条约》如同此前的条约改革一样,只有在所有成员国按本国宪法规定程序获得批准后,才能生效。此外,欧盟领导人在政府间会议声明中,也就可能出现的少数成员国未能批准该条约的情况作了规定:在签署《宪法条约》两年内,如五分之四的成员国批准该条约,而一个或多个成员国在批准该条约过程中遇到困难,此项难题应由欧盟理事会负责解决。①

如前文所述,成员国在批准欧盟条约时,大多数采取议会批准方式。由于爱尔兰宪法规定修宪须经全民公决批准以及此前最高法院的相关判例,以全民公决方式批准欧盟条约已成为宪法惯例。② 除爱尔兰之外,其他国家都没有必须以全民公决方式批准《宪法条约》的法律约束。由于《宪法条约》草案是各国政治精英广泛妥协的产物,主要着眼于解决欧盟面临的现实问题,在实质政策领域并无激进变革,因而,由成员国国家议会表决批准该条约一般不存在困难。但鉴于该条约因冠以宪法之名所具有的巨大象征意义,一体化支持者希望通过全民公决批准条约以增强其民主合法性;而欧洲怀疑论者则希望利用民众对国家主权、民族认同等问题的担忧,借助全民公决否决《宪法条约》。因而,多国政治领导人都面临政府内外要求以全民公决方式批准《宪法条约》的压力。事实上,在制宪会议上,97位会议成员曾提出一项议案,要求各国同时就《宪法条约》举行全民公决,形成事实上的整个欧盟范围的公决,但批评者认为这一安排联邦主义色彩过于浓重,随

---

① 欧共体官方出版局:《欧洲联盟法典》第三卷,第491页。
② Gerard Hogan, "Ratification of the European Constitution—Implication for Ireland", in Anneli Albi and Jacques Ziller, eds., *The European Constitution and National Constitutions*, The Netherlands:Kluwer Law International,2007, pp. 140–141.

后的政府间会议也未采纳这一建议。①

　　拟采用全民公决方式的成员国在欧盟宪法问题上大多国内分歧明显。2003 年 9 月,丹麦成为首个宣布举行全民公决的国家;随后,捷克、荷兰、西班牙等国也提出了全民公决计划。其中最引人注目的是 2004 年 4 月英国政府宣布将就《宪法条约》举行公决。这也增加了法国政府的压力:由于法国曾以全民公决方式批准《马斯特里赫特条约》,希拉克总统在民众要求参与条约批准进程的压力下,于 2004 年 7 月做出了举行全民公决的决定,对整个制宪进程产生了重大影响。

　　事实上,在 2005 年法、荷公决之前,《宪法条约》批准进程并未遇到过多困难。人们只是担心因英国不能批准该条约使欧盟制宪进程搁浅。到 2005 年 6 月已有奥地利、比利时等十个成员国以议会方式完成了条约批准程序。在西班牙举行的咨询性全民公决中,民众以 76.7% 的多数通过了该条约。但出人意料的是,2004 年下半年《宪法条约》的支持率在法国出现逆转,从 65% 左右迅速下降至不足 50%。在 2005 年 5 月 29 日法国全民公决及随后的荷兰公决中,《宪法条约》相继遭到否决。这一结果不仅使欧盟制宪进程,而且使整个欧洲一体化面临深重危机。

三、反思期与制宪进程的重启

　　2005 年法、荷公决后,英国随即宣布无限期推迟就《宪法条约》进行全民公决的计划,迫使各国在 2005 年 6 月欧盟峰会上放弃了立刻与法、荷谈判寻求解决方案的计划。欧盟理事会呼吁各国在继续批准进程的同时,反思法、荷民众否决《宪法条约》的原因及其经验教训。② 在反思期内,拉脱维亚、芬兰等五国通过议会方式,卢森堡通过全民公决批准了《宪法条约》。2006 年 6 月,欧盟峰会决定进一步延长反思期,同时宣布欧盟在反思期内

---

　　① R. Whiteman, "No and After:Options for Europe", p. 676.

　　② European Council, *Declaration by the Heads of State or Government of the Member States of the European Union on the Ratification of the Treaty Establishing a Constitution for Europe*, 18 June 2005, SN 117/05.

将采取措施,努力实现《宪法条约》中提出的民主、高效、透明等目标,并将最大限度地充分利用现有条约,取得令民众满意的结果。①

尽管制宪进程明确提出了在欧盟层面增强民主合法性的目标,但在法、荷等国以直接民主形式批准条约的过程中,一个突出的问题是欧洲政治精英和普通民众在一体化未来走向问题上存在明显分歧。因而,在反思期内,欧盟机构采取了多种措施,以期增加民众与政治精英之间的沟通。2005 至 2006 年,欧盟委员会采取了一系列行动,"倾听民众呼声,更好地与民众沟通",促进相关辩论在成员国和欧盟层面的开展。例如,欧盟发布了名为"D 计划"的行动方案,其中 D 是英文"民主、对话和辩论"三个字的字头。2006 年欧盟委员会主席巴罗佐又提出根据 D 计划和相关讨论制定的"新公民"议程,希望以此增加民众对社会政策、内部市场等决策的了解和参与。

而政府间主义者则认为,制宪进程中的民主安排过于理想化正是招致民众反对《宪法条约》的原因所在。莫劳夫奇克指出:"这一新的法律文件是一次毫无必要的公共关系实践。其基础是一种表面上的直觉,即民主化进程和统一欧洲的理想可以增强欧盟的民主合法性,但实际上这是一个奇怪的观念。"②这一看法背后的逻辑仍然是,鉴于欧盟治理结构的复杂性,欧盟民主发展必须以民族国家为基础。

2007 年德国总理默克尔就任欧盟理事会轮值国主席,明确将推动制宪进程作为其任期内的重点工作之一,并提出欧盟应于 2009 年前完成有关工作。③ 其后,欧盟机构、各成员国、工会、企业界和公民组织纷纷做出回应,就《宪法条约》的修改及批准方式展开讨论。在关于《宪法条约》未来的方案中,除以原条约为基础继续批准进程外,还出现了两种截然相反的方案:

---

① European Council, *Presidency Conclusions*, 16 June 2006, CONCL 2, 10633/06 1.

② A. Moravcsik, "Europe Without Illusions: a Category Error", *Prospect*, Issue 112, July 2005.

③ Presidency, "Speech of the Chancellor to the European Parliament", http://www. bundes-kanzlerin. de/Content/DE/Pressemitteilungen/BPA/2007/01/2007－01－17-rede-bkin-strassburg-eu-parlament. html, last accessed on 17 January 2007.

其一是,只保留原条约中机构改革的内容,满足欧盟扩大后的需要,英、法等国和欧盟委员会都支持这一主张;其二则是,进一步扩大现有条约内容,特别是增加社会欧洲的条款,获取民众支持,为此,甚至不惜由少数核心国家先行形成"欧洲合众国"。2007 年 2 月 14 日,法、意、西等九个欧盟成员国发表联合声明,提出"有必要将即将重启的欧盟机构改革和社会欧洲的复兴联系起来,加强欧盟内部经济与社会的协调发展"。①

2006 年主张简化《欧洲宪法条约》内容以避免二次公决的萨科齐当选法国总统,英国政府也主张采用简化版宪法条约,继续维持原有条约文本或扩大其内容的解决方案已不现实。2007 年 3 月 25 日,在欧盟庆祝《罗马条约》50 周年的集会上,轮值主席国德国发表的《柏林宣言》通篇未提及"欧盟宪法条约"。最终,现实主义立场在欧盟成员国领导人中占据了上风,他们决定放弃"宪法条约"称谓,采用简化版的欧盟条约作为化解宪法危机的方案。

四、《里斯本条约》及其批准进程

2007 年 6 月布鲁塞尔峰会决定以"改革条约"取代《宪法条约》草案。这一动议在 2007 年底欧盟峰会上获得通过,开启了《里斯本条约》进程。在《里斯本条约》中,《宪法条约》的主要内容得以保留:该条约继续对欧洲价值观作了浓墨重彩的表述;在放弃将《欧盟基本权利宪章》作为独立部分纳入条约的同时,明确提出该宪章规定的"权利、自由和原则"具有与欧盟条约等同的法律效力;②维持《宪法条约》中达成的双重多数表决机制不变;扩大欧洲议会和成员国议会在欧盟决策中的权力;设立全职欧盟理事会主席等职位。一定数量的欧洲公民可提出立法动议的权利和条约重大修改时采用的特别会议方式也得以保留。同时,新条约将取消"宪法"等引发联邦

---

①　EurActiv,"Nine Member States Call for Social EU Constitution",http://www. euractiv. com/en/constitution/member-states-call-social-eu-constitution/article-161773, last accessed on 16 February 2007.

②　EU,"Treaty of Lisbon",Art. 6. 1,*Official Journal of the European Union*,2007/C 306/01, Vol. 50,2007.

主义联想的称谓,并对英、波等国的要求做出了有限的让步。这一折衷方案保留了增强欧盟民主合法性的大部分规定,有助于使欧盟尽快走出宪法危机,继续推进欧洲一体化进程。同时,也可使法、英、荷、波、捷、丹等国避免因使用全民公决在批准《里斯本条约》时出现新的困难。

然而,欧盟取消宪法称谓、放弃统一宪法框架等做法的政治代价也不容低估。正如威勒所说:"(欧盟宪法)划时代的重要意义并非其内容使然,而是'宪法'这个伟大的名字令这一原本普普通通的条约变得如此重要。"①《里斯本条约》签署后,新一轮批准进程随即启动。除爱尔兰外,其他成员国都不再以全民公决方式批准新条约。欧盟面临的一个现实挑战是,如制宪进程最终回归传统欧盟条约改革方式,即秘密政府间谈判与技术专家主导模式,联盟将如何鼓励民众参与才能避免制宪进程增加欧盟治理民主合法性的目标落空。《里斯本条约》是一个妥协的结果,阻碍《宪法条约》获得通过的一些深层次问题并未得到根本解决。在包括法国在内的大多数国家,新条约可以依靠支持一体化的政治精英(其意志通过议会表决体现)得以通过。然而,对于支持一体化的普通民众而言,更加值得关切的是,欧洲一体化在社会欧洲等领域能否取得实质性进展。法国共产党和部分社会党人,以及一些激进的泛欧非政府组织(如欧洲联邦主义者联盟)强烈反对这一安排,要求在本国乃至整个欧洲范围内就《里斯本条约》举行全民公决。而对于欧洲怀疑论者来说,《里斯本条约》只是作了一些语义上的修改,内容上并无多少实质性变化。正如英国反对欧盟宪法的智库"开放欧洲"主任奥布赖恩所说,"显然,《改革条约》不过是《宪法条约》的翻版,所改换的只有名称而已。"②许多欧洲怀疑派要求英国政府信守此前做出的就《宪法

---

① J. Weiler, "On the Power of the Word: Europe's Constitutional Iconography", in D. Curin, et al. , eds. , *The EU Constitution: The Best Way Forward?* , Cambridge: Cambridge University Press, 2006, p. 3.

② 有关讨论,参见 EurActiv, "EU Treaty Deal Meets Praise and Criticism", 25 July 2007, http://www. euractiv. com/en/future-eu/eu-treaty-deal-meets-criticism/article-164921, last accessed on 10 January 2009.

条约》举行全民公决的承诺,以求引发关于欧洲未来的进一步辩论。此外,新条约为满足个别成员国的要求,取消了一些旨在增加欧洲认同的象征性标志和符号。在欧洲大多数民众支持欧盟宪法安排的情况下①,这一妥协是否会加深成员国间的不信任感,给欧洲一体化的长期发展带来不利影响还有待观察。

《里斯本条约》的批准进程在大多数成员国进展顺利,未引发过多争论。2008 年 2 月 7 日法国国民议会顺利批准了《里斯本条约》。英国政府顶住了保守党要求举行全民公决的压力,于 2008 年夏完成了以议会方式批准《里斯本条约》的程序。然而,2008 年 6 月 12 日爱尔兰首次全民公决以高达 53.4% 的反对票否决了《里斯本条约》,使原计划在 2009 年初结束的此轮欧盟条约改革进程再生变数。在随后的三次欧盟峰会上,欧盟决定各成员国继续其批准进程,等待爱尔兰二次公决结果。在爱尔兰第一次公决后,捷克和波兰反对《里斯本条约》的情绪有所抬头,捷克政府曾暂时推迟了有关表决,而波兰总统则威胁,尽管议会已批准《里斯本条约》,在爱尔兰不能批准宪法条约的情况下,他仍有可能拒绝签字。爱尔兰政府于 2009 年 10 月重新举行的全民公决顺利批准了《里斯本条约》。随后,波兰和捷克总统相继改变了原来的立场使《里斯本条约》最终获得批准。

五、欧盟超国家机构在制宪进程中的作用

自由政府间主义将欧盟条约改革视为成员国间博弈的结果。从欧盟条约宪法化的历程看,欧盟理事会框架下的政府间谈判机制无疑处于主导作用,然而,在此过程中,超国家机构的作用并非无足轻重。包括欧盟制宪在内的历次条约改革虽然均通过政府间会议和制宪会议等机制完成,成员国政府代表在其中扮演了主要角色,但条约谈判的结果绝非只是政府间谈判

---

① 根据欧盟委员会在布鲁塞尔峰会前夕所作的民意调查,欧洲 66% 的民众接受欧盟宪法的概念。有关民意调查结果参见 European Commission, *Standard Eurobarometer* 67, Spring 2007.

阶段成员国意愿的反应,而是在成员国政府、各国民众和欧盟超国家机构共同构成的制度环境下多种行为体长期相互作用的结果,政府间会议只是欧盟条约发展的一个阶段或步骤。① 欧盟机构对这一进程的影响更多地表现在欧盟日常运作中对地区制度的塑造作用方面。首先,欧盟超国家机构对欧盟条约而言并非完全被动的规则执行者,而是在条约形成前的酝酿阶段和形成后的执行过程中扮演着主动角色。例如,欧盟委员会是体现条约精神的二级立法的主要提案者,而欧洲议会则通过共同决策机制在大多数领域可行使立法否决权。其次,欧盟超国家机构在政府间会议期间直接的表决权虽然有限,但却具备影响条约改革结果的重要权力资源。欧盟委员会拥有大量熟悉欧盟事务的技术专家,掌握相关信息,是政府间会议的议程设定者,往往事先起草有关条约、文件草案,供政府间会议参考;而欧洲议会作为欧盟民主合法性的重要来源之一,具有无可替代的软权力资源。最后,欧盟超国家机构形成的制度环境可对包括成员国在内的所有行为体施加影响,因而,国家间的博弈并非完全是经济利益的算计和正式表决的结果,而是具有长期社会建构的特征,因而,需要考虑欧盟超国家制度(规则、规范、决策程序、制度文化等)对成员国利益、偏好和身份变化的影响。②

　　从制宪进程看,欧盟超国家机构的影响同样更多地体现在联盟的日常运作及相关决策对一体化进程的影响方面。在制宪会议等制度创新和宪法危机出现后,欧洲议会和欧盟委员会等超国家机构虽采取了一些积极步骤,发挥自身影响力,但未能抓住欧盟制宪的机遇,实现突破。欧洲议会在制宪进程中以加强自身在欧盟决策中的作用为主要目标,主张扩大共同决策机制的适用范围,增强欧盟民主合法性。早在其关于《尼斯条约》的决议中,欧洲议会就强调"欧盟以政府间会议为核心的传统条约改革机制已无法适应联盟职能不断扩大在民主合法性方面提出的新要求,因而应借鉴制定

---

① G. Falkner, "Introduction: EU Treaty Reform as a Three-Level Process", *Journal of European Public Polity*, Vol. 9, No. 1, 2002, pp. 1 – 11.

② G. Falkner, "Introduction: EU Treaty Reform as a Three-Level Process".

《欧盟权利宪章》的特别会议模式……"。①这一主张得到了时任轮值国主席的比利时政府的响应。此后,欧洲议会通过其下设的"共同体与欧洲事务委员会会议"机制,就制宪会议的组成、职权与各国议会进行了反复磋商。在制宪会议阶段,105 名会议代表中有欧洲议会议员 6 人,在制宪会议采取协商一致表决机制的情况下,亲欧的欧洲议会在《宪法条约》起草过程中的影响力较之政府间会议模式明显加强。在新条约名称的确定上,欧洲议会议员明确支持德斯坦提出的使用"宪法"一词的方案。在条约框架问题上,欧洲议会简化欧盟条约、取消原有三根支柱的条约结构的主张也在《宪法条约》草案中得到了体现。②此外,《宪法条约》还通过设立"立法委员会"、增强预算监督权扩大了欧洲议会的权力。尽管存在欧盟政治现实的制约,欧洲议会在可行的范围内取得了一定的促进一体化深化的成果。③

在 2003 至 2004 年的两次政府间会议上,欧洲议会的目标主要在于维护制宪会议已达成的共识,防止因成员国意见分歧而出现倒退。2005 年 1 月 12 日,欧洲议会以 500 票支持、137 票反对的结果批准了《欧盟宪法条约》。在法、荷宪法危机后,欧洲议会表现出现实主义立场,支持理事会寻求解决危机方案。2007 年关于改革条约的政府间会议前夕,欧洲议会通过决议,强调《宪法条约》在保护公民权利、增加联盟运作的民主、透明、效率等方面的制度创新必须得以保留。《里斯本条约》签署后,欧洲议会对其成果表示谨慎欢迎,并于 2008 年 2 月批准了该条约。

欧盟另一主要超国家机构——欧盟委员会在制宪进程中同样发挥了一定影响,但一些学者也认为,欧盟委员会未能充分利用制宪的时机,在条约改革中发挥积极的议程设定者的应有作用。制宪会议中,有两名欧盟委员

---

① European Parliament, *Resolution on the Treaty of Nice and the Future of the European Union*, Doc. No. A5 - 0168/2001.

② 这一安排随着《里斯本条约》取代《宪法条约》而遭放弃。

③ Derek Beach, Chapter 15 "A New Pragmatism: The Role and Impact of the European Parliament in the Constitutional Treaty Negotiations", in Finn Laursen, ed., *The Rise and Fall of the EU's Constitutional Treaty*, Leiden: Martinus Nijhoff Publishers, 2008, p. 323.

会代表参加,且均为会议主席团成员,具有一定的影响会议议程的能力,其工作重点在于增强欧盟民主合法性和提高工作效率方面,但欧盟委员会在整个会议期间基本上采取守势,未提出扩大自身权限的主张,也未要求通过直接选举委员会主席,增强自身民主合法性。此外,欧盟委员会的内部分歧也制约了其提出建设性建议的能力。在会议之初,欧盟委员会主席普罗迪就提出委员会在制宪会议过程中需着力维护的政策底线,如明确欧盟机构间的分工、坚持欧共体方法等。他在制宪会议开幕式上承诺委员会将利用自身的经验和专家资源为会议的成功"做出充分、积极的贡献"。但制宪会议启动后,委员会委员由于经济理念的差异在经济社会政策问题上表现出分歧,一些委员从本国利益出发坚持本国立场也削弱了委员会在制宪会议中的影响。①

在法、荷公决后,作为"条约监护人"的欧盟委员会只是重申了此前的一些空洞的主张,再次错失了承担起成员国利益分歧的协调人的角色。欧盟委员会2006年发表了《关于欧盟沟通政策的白皮书》,提出接近民众的D计划。其主要建议包括,通过互联网等手段加强欧盟与民众的沟通,加强与公民社会的对话等。2006年夏,欧盟委员会又提出,欧盟应进一步消除阻碍统一大市场发展的壁垒,减少官僚主义,加强欧盟与成员国议会之间的协调,取消成员国在打击有组织犯罪、反恐等领域的否决权等,但由于成员国意见不一,未取得明显效果。② 面对一体化支持者的指责,欧盟委员会主席巴罗佐反驳说,欧盟宪法危机是成员国领导人造成的:他们在峰会上同意了关于欧盟发展的诸多目标,但过后并不赋予欧盟机构实现这些目标的手段。③这也在一定程度上反映出地区超国家机构在欧盟制宪和欧盟治理中

---

① H. Kassim and D. Dimitrakopoulos, "Leader or Bystander? The European Commission and EU Treaty Reform", in Derek Beach and Colette Mazzucelli, eds., *Leadership in the Big Bangs of European Integration*, pp. 108 - 110.

② Edward Moxon-Browne, Chapter 16 "The European Commission as a Strategic Agenda Setter", in Finn Laursen, ed., *The Rise and Fall of the EU's Constitutional Treaty*, pp. 350 - 356.

③ Edward Moxon-Browne, Chapter 16 "The European Commission as a Strategic Agenda Setter", in Finn Laursen, ed., *The Rise and Fall of the EU's Constitutional Treaty*, p. 355.

所面临的困境。

第三节　从《欧盟宪法条约》到《里斯本条约》的文本变化

欧盟制宪进程,从《尼斯条约》到《宪法条约》再到《里斯本条约》的轮回,虽最终未能产生一部欧洲宪法,但欧盟高调进行的制宪进程为认识欧盟民主治理及宪政发展的现实及其进一步发展面临的制约提供了契机。

一、《欧盟宪法条约》的主要内容

《欧盟宪法条约》草案包括总则、联盟基本权利宪章、联盟的政策和运转、一般及最后条款四大部分,共计448条。此外,草案还包括36个议定书、2个附录及50个声明。该条约既是对欧盟条约现有内容的继承,也根据一体化发展的需要,增加了一些新内容。

（一）欧盟价值观与基本权利宪章

2003年制宪会议提出的《宪法条约》草案以出自修昔底德之口论述古希腊民主政体的两行希腊文开篇:"我们的制度之所以被称为民主政治,因为政权是在全体公民手中,而不是在少数人手中。"①《宪法条约》起草者希望藉此唤起欧洲民众对于共同历史经历的回忆,因为对许多欧洲人而言,古希腊可以作为其文明的源头,是美好精神家园的象征。但2004年政府间会议最终确定的文本却删去了这两行文字和随后的"我们,（欧洲）人民……"一句,而代之以直接列举各成员国政府的名称作为《宪法条约》的主体;然后在序言第一段以"受培育出……的欧洲文化传统、宗教传统和人文主义大师们的思想的启发"②的抽象叙述开篇。这似乎表明,一方面,在欧盟各

---

① ［古希腊］修昔底德:《伯罗奔尼撒战争史》上册,第147页。该行文字在制宪会议提交的《宪法条约》草案初稿中的位置,参见曹卫东:《欧洲为何需要一部宪法》,第132页。

② 欧共体官方出版局:《欧洲联盟法典》第三卷,第2页。

成员国看来,欧洲并不需要依赖那些遥远的关于共同历史记忆的神话作为其合法性和凝聚力的源泉,欧洲一体化的主旋律仍然是"同一性中的多样性"和"多样性中的同一性"的统一,欧盟制度建设仍是一体化的主要内容。另一方面,它们也在刻意回避由此可能引发的关于制宪将使欧盟走向超级国家的争论。此外,《宪法条约》还通过"饱受痛苦经历之后重新统一的欧洲"(序言第2段)①和庆祝5月9日欧洲日的条款等暗示,使人们联想到欧洲一体化的起源,特别是欧洲分裂造成的历史灾难和人民实现欧洲统一的决心。

与对欧洲共同历史文化传统叙述的简明扼要、高度抽象相比,《宪法条约》对欧盟共同目标、基本原则和价值观念的宣示则是浓墨重彩。这些内容不仅包含在序言、总纲(第一部分)和《欧盟基本权利宪章》(第二部分)中,也贯穿于三、四部分关于欧盟政策和职能的规定。它们事实上构成了欧洲身份特征的核心内容,也是欧盟跨国民主的基础。《宪法条约》向民众传达的一个重要信息是,欧盟不仅是一个经济、政治、法律共同体,而且是欧洲人民的命运共同体。条约多处提到"共同命运"(common destiny)一词:如"欧洲人民在继续怀有对自己民族身份和民族历史的自豪感的同时,决心超越过去的分裂状态并以不断的日益紧密的方式联合起来,以创造他们共同的命运"(序言第3段)。② 这一将欧盟各国人民的命运紧紧联系在一起的措辞,表达了其共同应对未来挑战的意愿,较之原欧盟条约中"不断接近的联盟"的提法更具体、更富有动员民众起到增强民众欧洲归属感和参与欧盟民主进程意愿的效果。

《宪法条约》在序言第一段开宗明义地提出欧盟在其历史传统的基础上业已形成了包括"人的不可侵犯和不可转让的权利、自由、民主、平等和法治等普世价值观"。并在第2条中明确定义了欧盟价值观:除上述价值

---

① 欧共体官方出版局:《欧洲联盟法典》第三卷,第2页。

② 欧共体官方出版局:《欧洲联盟法典》第三卷。本书主要采用的《宪法条约》汉译本中将 common destinity 译为"共同的明天",这里改为"共同的命运"。

外,欧盟的价值观还包括"多元化、非歧视、宽容、正义、休戚与共和男女平等"等内容。① 权利法案是当今世界大多数国家宪法的重要组成部分。《欧盟基本权利宪章》纳入《宪法条约》结束了欧盟条约中没有权利法案的历史,是欧洲宪政的重要发展。与美国宪法仅由短短 10 条修正案构成的权利法案相比,欧盟权利宪章不厌其详地规定了 50 多种自由和权利,覆盖了作为欧盟公民的政治、经济权利以及作为成员国公民的政治、经济、社会、文化等方面的权利。②

2000 年制定的《欧盟基本权利宪章》由于成员国间的意见分歧而未能纳入《尼斯条约》,不具备法律拘束力。在《莱肯宣言》中,欧盟各国领导人授权制宪会议就该宪章是否应纳入欧盟条约及欧盟是否应作为一个整体加入《欧洲人权公约》的问题做出决定。最终,欧盟理事会接受了制宪会议的建议,将《欧盟基本权利宪章》作为独立的第二部分纳入《宪法条约》,同时要求欧盟整体加入《欧洲人权公约》。《宪法条约》总则第二编第九条对《欧盟基本权利宪章》在欧盟条约中的地位做了规定。其第 1 款明确提出:"联盟承认构成本宪法第二部分的基本权利宪章所规定的权利、自由和原则。"③这意味着《欧盟基本权利宪章》和《宪法条约》关于欧盟原则和基本政策的第一、三部分是一个有机的整体,并具有法律约束力。

但在制宪会议及随后的条约批准进程中,英、捷等成员国反对因纳入该宪章进一步扩大欧盟权力,强调该宪章不得改变欧盟条约中联盟和各成员国间的权力划分。为此,《宪法条约》在第一部分"总则"和第二部分"宪章的适用范围"中都对此做出了明确界定。第 9 条第 2 款规定,欧盟加入《欧洲人权公约》不得改变《欧盟宪法条约》定义的联盟的权限。关于欧盟权利宪章适用范围的第 111 条重申了在不损害辅助性原则的前提下,该宪章适用于欧盟各机构;而只有欧盟成员国实施欧盟法律时,该宪章才适用于各成

---

① 欧共体官方出版局:《欧洲联盟法典》第三卷,第 2、6 页。
② 秋风:《立宪的技艺》,北京大学出版社 2005 年版,第 202 页。
③ 欧共体官方出版局:《欧洲联盟法典》第三卷,第 8 页。

员国。此外,该条款还强调,该宪章不得把欧盟法的适用范围扩大到欧盟的职权之外,不得为欧盟设立新的职权和任务,也不得修改宪法其他部分为联盟设立的职权和任务。① 这些规定限制了欧盟机构通过二级立法实现宪章所规定的权利的能力。简言之,该宪章的拘束力主要针对欧盟机构,成员国和欧洲法院在审理有关个人的案件时仍将主要援引《欧洲人权公约》,这在一定程度上削弱了《宪法条约》对欧洲公民基本权利的保护能力。②

（二）欧盟民主的形式与欧盟机构改革

《宪法条约》第一部分单独设立了"欧盟的民主生活"一编。其关于"代议民主"原则的第46条明确提出,"代议民主原则是联盟运转的基础。"值得注意的是,与民族国家民主形式不同,欧盟宪法中的代议民主是一个新型的多层次民主模式。近年来,无论欧盟政治家还是学术界普遍认为,欧洲议会和欧盟理事会都应是欧洲代议民主的重要组成部分,但在欧盟条约中此前从未对此做出明确规定。《宪法条约》第46条第2款对这一问题作了界定:公民直选产生的"欧洲议会议员在联盟层次上代表联盟公民",而成员国国家元首或政府首脑在欧洲理事会代表各成员国,成员国政府或对本国议会负责,或对其国家公民负责。这在事实上明确了欧盟理事会和欧洲议会分别对应两院制议会上下两院的代议制民主架构。而且这种代议民主的主体不仅包括欧洲公民而且包括各成员国。该条第4款还提出了欧洲政党在"欧洲政治意识的形成"和"表达欧洲公民意志"方面的作用问题。③

尽管在制宪进程中协商民主的发展引起了广泛关注,《宪法条约》仍明确提出,自由主义的代议制民主是欧盟民主的主要表现形式。第47条关于"民主参与原则"的条款并未给与协商民主等参与式民主形式"联盟运转的基础"的定位,而是将其视为代议民主的补充。第47条第1款规定,"欧盟的各机构应为公民和各界代表协会提供对联盟在各个领域所采取的行动发

---

① 欧共体官方出版局:《欧洲联盟法典》第三卷,第50页。

② Jeff Kenner, "The Constitution that Never was: Is There Anything Worth Salvaging from the Wreckage?", *Industrial Relations Journal*, Vol. 36, No. 6, 2005, pp. 559–560.

③ 欧共体官方出版局:《欧洲联盟法典》第三卷,第32页。

表看法和公开交流意见的机会。"在随后的条款中,《宪法条约》进一步阐明了欧盟机构与公民社会对话的重要性。第 48 条重申欧盟在尊重各国制度多样性的同时,"承认并支持社会伙伴在欧洲层次上发挥作用"。① 在"民主参与原则"领域,《宪法条约》的一个重要制度创新是,如来自一定数量成员国 100 万以上联盟公民联名提出立法倡议,欧盟委员会即可启动欧盟立法程序。此外,《宪法条约》关于普通修改程序的第 443 条规定,在启动政府间会议讨论《宪法条约》的修改问题前,一般仍需召开类似制宪会议的特别代表大会,审查修正案内容,并以协商一致的方式通过有关建议。②

提高机构效率以应对欧盟扩大是此次机构改革的主要任务,也是欧盟民主原则的具体体现。在《宪法条约》中,主要机构改革仍体现在欧盟委员会、理事会、欧洲议会等机构中。欧盟委员会改革主要包括,自 2014 年起委员数量将由每国一名委员改为每届委员会由 2/3 成员国轮流担任委员,即委员人数由 25 人降低为 18 人,同时增加了委员会主席的权力。在理事会中,对欧盟理事会和部长理事会的职权进行了更明确的划分。将任期半年的欧盟理事会轮值国主席制改变为任期两年半的常任主席制,主席由理事会按有效多数选出。同时拟将原欧盟理事会共同安全与外交高级代表与委员会负责对外事务的委员职位合二为一,设立欧盟外长职务。

而在部长理事会的有效多数表决机制中,计划将《尼斯条约》中的三重多数改为两重多数,即在采用该机制的欧盟二级立法中,赞成票的数量须达到成员国数量的 55% 和欧盟人口的 65%,③使表决机制更加透明,易于理解,避免了欧盟历次条约改革就各国加权票的再分配争论不休的局面。这一安排也在一定程度上反映了欧盟民主合法性的双重原则,即成员国之间

---

① 欧共体官方出版局:《欧洲联盟法典》第三卷,第 32—33 页。
② 欧共体官方出版局:《欧洲联盟法典》第三卷,第 208 页。
③ 对于理事会未经过欧盟委员会而自行提出的法案,双重多数要求分别为 72% 和 65%。

的平等和整个欧洲范围内人民代表权的平等。① 同时,较之《尼斯条约》加权票须达73%的规定,有效多数的门槛事实上有所降低,降低了欧盟法规获得通过的难度。

理事会职权的另一变化在于共同决策机制使用范围的进一步扩大,在更多的领域(特别是移民、警务、司法等领域)理事会不得不与欧洲议会共享立法权,但在条约改革、共同安全与外交、预算、结构基金、社会政策等领域仍全部或部分采用全体成员国一致表决机制,而且这些领域内具体政策的制定仍主要由理事会完成。这与欧洲联邦主义者设计的"欧盟将获得完全的财政自主权"和"(欧洲)政治的中心将在一定程度上从各成员国的首都转移到欧盟总部"的宪法蓝图存在明显距离,②也在一定程度上限制了欧盟实现其价值和目标的能力。对欧洲议会的改革而言,除共同决策立法领域的进一步扩大外,欧洲议员的数量也有所减少。

宪法条约中《关于各成员国国家议会在欧洲联盟的作用的议定书》,开始尝试改变过去欧盟只通过成员国政府与各国议会间接联系的做法,增强成员国议会在欧盟运作中的作用,也体现了欧盟决策尽可能贴近其公民的原则。《宪法条约》关于辅助性原则和均衡性原则的议定书还规定,如三分之一的成员国议会认为某一立法建议违反了辅助性原则,欧盟委员会须重新审议该事项。

(三)社会政策

如前文所述,在规范理论学者看来,欧洲超国家社会政策关系民众的切身利益,欧盟制宪在这一领域的突破可以促进欧洲认同的发展,发挥制宪进程在欧盟跨国民主发展中的催化剂作用。然而,从制宪进程产生的《欧盟宪法条约》草案及其替代文件《里斯本条约》看,社会政策的进展主要体现在社会团结、平等等价值观的宣示上,在具体政策和立法程序上的进展

---

① Guy Milton and Jacques Keller-Noëllet, *The European Constitution: Its Origins, Negotiations and Meaning*, p. 74.

② J. Habermas, "Why Europe Needs a Constitution", p. 17.

有限。

《欧盟宪法条约》第一编"联盟目标"中有多处关于欧盟价值观的界定。其中,第 3 条第 3 款对欧盟的经济社会目标表述为:"欧盟应……,为建立旨在实现充分就业和社会进步的具有强大竞争力的社会市场经济而努力……。联盟应同社会排斥现象和社会歧视现象作斗争,应促进社会公正和社会保护……。"①这一条款在欧盟条约中首次提出了"社会市场经济"的概念并明确促进社会公正是联盟的基本目标之一;承认欧盟在矫正市场失灵方面应承担责任,同时强调经济发展和充分就业的平衡在欧盟社会政策中的重要性。但第 3 条第 2 款中"欧盟应……向联盟人民提供一个实行自由和非扭曲性竞争的内部市场"②的提法则又被认为是欧共体条约注重市场经济传统的翻版,与上述目标存有内在矛盾。在社会政策领域缺乏具体进展的情况下,许多左派人士因此批评《宪法条约》的自由市场经济取向过于强烈。

《宪法条约》中,关于社会政策的规定集中在第三编第三章"在其他领域的政策"的前两节中,包括"就业"、"社会政策"两部分。虽然《宪法条约》第一编的欧盟社会政策目标的内涵有所增加并将《基本权利宪章》纳入了欧盟条约,但在涉及具体政策实施的第三部分基本保留了《欧共体条约》第三编"社会政策"的大部分规定,只是做了少量技术上的修改。③ 例如,213 条沿袭了《阿姆斯特丹条约》以来欧盟在社会与就业领域发展起来的开放式协调法、社会伙伴对话等机制安排,除在具体措辞、民主监督等方面稍有改动外,内容变化不大。

在欧盟与成员国间社会政策职权的划分方面,《欧盟宪法条约》的进展更是乏善可陈。《宪法条约》第 207 条提出应以欧盟法的形式对成员国在就业领域的合作采取鼓励措施,但同时又强调这样的欧盟法规"不得导致

---

① 欧共体官方出版局:《欧洲联盟法典》第三卷,第 7 页。
② 欧共体官方出版局:《欧洲联盟法典》第三卷,第 6 页。
③ Catherine Barnard, "Social Policy Revisited in the Light of Constitutional Debate", p. 121.

对各成员国法律和法规的协调"的后果。①《宪法条约》将第三编界定的社会政策纳入联盟和成员国共享权限范围。但 210 条第 3 款又明确规定,在劳动者的社会保险与保护、第三国国民就业等主要政策领域理事会的二级立法在与欧洲议会等机构充分磋商的基础上,仍沿用全体一致同意的方式。② 在制宪进程中社会政策实质措施变化有限的情况下,这也从程序上制约了欧盟在《宪法条约》框架下通过二级立法促进共同社会政策发展的空间,英国等反对进一步社会政策协调的成员国可以利用一致表决机制轻易否决激进的变革措施。

事实上,在制宪会议期间德斯坦领导的会议主席团并未对社会政策问题给予充分重视,最初也未设立相应的工作组,而是将有关事项交由关于经济治理的工作组代管。由于该工作组的讨论因意见分歧无法达成一致,临时成立了社会政策工作组。其职责主要局限在审议条约第 2 条和第 3 条关于欧盟价值和目标的界定是否体现了社会欧洲的思想,在有关事项上是否应以有效多数和共同决策机制取代目前的全体一致表决机制,并未讨论欧洲层面是否应建立具有充分社会再分配职能的社会保障体系问题。在实际讨论过程中,尽管该工作组存在意见分歧,但最终基本接受了《宪法条约》草案的内容。

(四)其他方面的进展

《宪法条约》还明确了欧盟的国际法律人格,并反复强调欧洲是肩负人类希望所在的特殊地区。考虑到制宪期间在跨大西洋关系中欧美双方在伊拉克战争、联合国作用、国际刑事法院、京都议定书、废除死刑等问题上的分歧,在国际社会中明确欧洲价值观和文化特征,塑造欧洲的外部身份显得尤其迫切和具有现实意义。《宪法条约》关于欧盟对外政策目标的第 3 条第 4 款规定,欧盟在与外部世界的关系中将"坚持并发展联盟价值观和联盟利益",并特别强调欧盟将致力于严格遵守和发展包括《联合国宪章》在内的

---

① 欧共体官方出版局:《欧洲联盟法典》第三卷,第 96 页。
② 欧共体官方出版局:《欧洲联盟法典》第三卷,第 98 页。

国际法。① 此外,条约第三部分还就欧盟的对外行为,特别是共同安全与外交政策做了规定。此领域的主要进展包括:欧盟理事会将听取欧洲议会的咨询意见;在反恐、应对自然灾害等问题上,建立了采取共同行动的"团结条款";对部分成员国在共同安全外交领域内的加强合作机制做了更具体的规定。

针对当前欧盟面临的新挑战,关于欧盟的政策和运转部分着重强调了联盟在环境、能源等领域采取联合行动的必要性。在环境政策领域,《宪法条约》确定了"维持、保护和改善环境质量;保护人类健康;谨慎和合理地利用自然资源;促进采取国际措施以解决地区或全球的环境问题"的目标。② 在能源政策领域,《宪法条约》提出了"保证能源市场的运转;保证联盟内的能源供应;提高能源效率,倡导节约利用能源以及开发和利用新的可再生能源"等目标。③ 但在《宪法条约》中这些目标的具体实现机制仍不明确,其作用的发挥仍取决于欧盟各国能否充分达成一致,形成相应的二级立法确保其得以实施。

此外,《宪法条约》还设置了"中止成员资格"和"退出条款"。中止成员资格条款是指如一成员国严重违反欧盟的基本价值观和原则,其他成员国可通过有效多数表决暂停其成员资格。而退出条款第一次在欧盟条约中设立了成员国退出联盟的法律机制。此前的联盟条约对此从无明确的法律规定,如某一成员国决意退出,会使各国以一致通过方式批准的欧盟条约体系面临法律困境。

二、《里斯本条约》对《宪法条约》的修改

如前文所述,《里斯本条约》是欧洲政治精英为尽快结束欧盟制宪危机、完成必要的政策调整、增强联盟运作效率而达成的妥协,《里斯本条约》

---

① 欧共体官方出版局:《欧洲联盟法典》第三卷,第7页。
② 欧共体官方出版局:《欧洲联盟法典》第三卷,第108页。
③ 欧共体官方出版局:《欧洲联盟法典》第三卷,第118页。

与《宪法条约》相比,主要变化在于一些称谓措辞的改变,而在欧盟体制运作方面的"精髓和主要内容"则得以保留。① 这些变化主要体现在以下方面。

第一,《里斯本条约》取消了"宪法"的称谓,并强调新条约不再具有宪法特征。该条约恢复了欧盟传统的条约结构,如同《尼斯条约》一样,是在现行欧盟条约基础上的修正,也就是说,是一部修改已有条约的条约。与以往欧盟条约框架的不同之处是,《里斯本条约》中将与《欧洲联盟条约》并列的《欧共体条约》更名为《欧洲联盟运行条约》。从本质上说,这是欧盟出于政治考虑向欧洲怀疑派做出的让步。正如阿马托所说,"取消(宪法)名称和象征性标志……是鉴于公众不支持进一步的大胆一体化方案而做出的明确回应";是大多数欧洲公民为少数坚定的欧洲怀疑论者付出的代价;其可以预见的影响主要是将延缓一体化深化的进程。② 对于大多数欧盟政治家和研究者而言,自 1964 年欧洲法院宣称欧共体已具有高于成员国宪法的法律秩序以来,无论从形式法还是宪政民主的角度,欧盟条约已具有宪法的特征。《里斯本条约》一旦获得通过,欧盟制宪在促进公民权利保护、立法的民主合法性和分权制衡等方面的成果仍将得以保留,欧盟宪政渐进发展的历史进程仍将继续。

第二,《里斯本条约》取消了《宪法条约》第 8 条欧盟盟歌、盟旗、格言、货币等象征性标志的法律约束力;"欧盟外长"职位改称"欧盟外交与安全事务高级代表";欧盟二级立法"法律、框架法"等名称恢复为原使用的"条例、指令、决定"等名称。此外,《里斯本条约》将《宪法条约》中关于"尊重各成员国在本条约前的平等地位,并尊重各成员国的国家身份"、尊重成员国"确保其领土完整"的职能等规定写入了新的欧盟条约,并重申在欧盟治理中坚持辅助性和均衡性(proportionality)原则。③从而强调了保持成员国

① 戴炳然:《解读〈里斯本条约〉》,载《欧洲研究》2008 年第 2 期。

② G. Amato,"Preface",in S. Griller and J. Ziller,eds.,*The Lisbon Treaty:EU Constitutionalism Without a Constitutional Treaty?*,New York:Springer Wien,2008,p. VI.

③ EU,*Treaty of Lisbon*,Art. 3a.

多样性在欧盟宪法秩序中的重要性,也在一定程度上向欧洲怀疑派做出了让步。

第三,《欧盟基本权利宪章》不再全文纳入欧盟条约,但通过相关条款明确其具有与欧盟条约相同的法律地位,对大多数成员国而言,宪章仍具备约束力。《里斯本条约》第 6 条规定,欧盟承认 2000 年 12 月 7 日通过的《基本权利宪章》与欧盟两条约具有同等的法律价值,但该宪章的规定不得扩大两条约中关于欧盟职能的规定。尽管如此,关于《里斯本条约》的政府间会议对英国和波兰的要求做出了让步,以附加议定书的形式允许两国在此领域保留"例外"地位。该议定书第 1 条规定,宪章并未授予欧洲法院和两国国内法院相应权力,使之可援引该宪章宣布其国内法或行政决定违反宪章所规定的基本权利、自由和原则;为避免争议,只有本国法律中明确规定了有关宪章权利后,这些权利才能适用于两国法院的判例。①此外,在警察与司法合作表决机制由全体一致转变为有效多数的问题上,英国和爱尔兰也选择了例外地位。

第四,《里斯本条约》取消了《宪法条约》中明确联盟法优先(联盟法至上)的条款,转而通过附加声明的形式阐述了这一原则。如前文所述,尽管欧洲法院长期以来在司法实践中已确立了共同体法至上的原则,但在以往的条约中从未做出明确规定。《宪法条约》第 1 编第 6 条规定:"本宪法和联盟各机构在行使其被授予的权力时所制定的法律优于各成员国的国内法。"②在《里斯本条约》中该条款被第 17 号声明替代。该声明的相关措辞是:"根据欧洲法院业已确立的判例法,欧盟条约及其他法规,在符合上述案例法确定的条件的情况下优于各成员国的国内法。"③《宪法条约》中对联盟法至上这一判例法原则的法典化以法律形式强化了欧盟既有的统一宪

---

① EU, *PROTOCOL (No 7) on the Application of the Charter of Fundamental Rights to Poland and to the United Kingdom*, http://consilium. europa. eu/uedocs/cmsUpload/cg00002re01en. pdf, last accessed on 1 August 2009.

② 欧共体官方出版局:《欧洲联盟法典》第三卷,第 8 页。

③ EU, *Treaty of Lisbon*, Declaration 17.

法秩序的有效性。虽然为避免联邦主义的争论，《里斯本条约》正文部分删除了这一条款，但由于附加声明具有相同的法律效力，对成员国仍有约束力。在欧洲一体化面临挫折、国家主义重新抬头的背景下，在欧洲层面强化公民权利的司法保护有助于克服成员国间的分歧并借助判例法在一些难以法典化的领域整合公民的道德、法律和政治利益与观念，形成罗尔斯所说的"重叠的宪法共识"，进而增强欧盟的民主合法性。①

第五，《里斯本条约》在向欧洲怀疑论者做出让步的同时，也在促进可持续发展和社会福利等具体政策领域取得了部分积极进展。此外，《里斯本条约》的一个重要变化是，在欧盟整体目标部分，应法国政府的要求删除了《宪法条约》中被认为自由主义色彩过于浓厚的"欧盟鼓励自由而不受扭曲的竞争"的表述。但在《欧洲联盟运行条约》及关于"内部市场与竞争"的附加议定书中，类似表述仍得以保留。这也在一定程度上反映了欧盟在效率与公平问题上的两难心态。在《宪法条约》中，由于未加入欧元区的英国的反对，经货联盟被排除在第1编第3条关于联盟目标的表述之外。②《里斯本条约》第3条重新将经济货币联盟列入欧盟目标部分，将其置于与统一大市场等目标同等重要的地位，确认了经货联盟作为经济一体化最高阶段的重要性。

从欧盟制宪所确立的制度安排看，欧盟民主宪政主要沿着其既有轨迹发展。从《宪法条约》到《里斯本条约》，欧盟确立了多层次的代议制民主在联盟民主生活中的主导地位，明确了无论从欧洲民族国家的历史还是一体化的现实看理事会作为欧盟间接民主的主要形式在地区跨国民主建设中的重要作用，同时首次提出了参与民主在欧盟治理中的地位问题。但从制宪进程的民主实践看，虽然在制宪之初制宪会议机制的引入和此后的宪法辩论在一定意义上促进了以初步协商民主为特征的欧盟公共空间的形成，但

---

① J. Rawls, *Political Liberalism*, p. 231.

② Jean-Victor Louis, "Economic Policy Under the Lisbon Treaty", in S. Griller and J. Ziller, eds., *The Lisbon Treaty: EU Constitutionalism Without a Constitutional Treaty?*, p. 286.

在各成员国批准《宪法条约》和《里斯本条约》过程中，欧盟多层次民主实践的复杂性进一步显现，关于欧盟民主形式的规范性讨论与各国及其国内各阶层的利益与偏好、政治文化传统、民主观念等因素相互作用，制约着欧盟跨国民主的进一步深入发展，也加深了我们对于这一跨国民主性质的认识。

第五章　法、德、英等欧盟
大国与制宪进程

　　欧盟三大国——法、德、英[①]在制宪进程中的作用举足轻重,在成员国间错综复杂的关系中,欧盟大国与中小成员国的分歧、合作和妥协可视作理解制宪进程中民主发展的一条重要线索。一方面,在欧盟理事会内部,法、德、英三国在条约改革议程创设上仍有一定的主导权,有学者甚至认为,尽管三国在制宪问题上的立场和国内政治因素有很大差别,然而,事实上,法、德、英三国联盟正在取代德法轴心主导着制宪进程的发展。[②] 近年来,包括意大利在内的许多欧盟成员国都提出欧盟面临的另一种意义上的民主赤字问题,即法、德、英三大国主导欧盟事务,中小成员国的平等权无法得到充分保障。[③] 另一方面,一些学者则认为,欧盟制宪进程出现了领导国缺位的趋势。这既是欧盟制宪的主要议程从经济一体化转向机构改革的结果,也是

---

　　① 在德、法、英、意欧盟四大国中,近年来,意大利在欧盟内部的影响力相对下降。本章着重讨论德、法、英三国的情况。

　　② Josef Janning,"Leadership Coalitions and Change:The Role of States in the European Union",*International Affairs*,Vol. 81,No. 4,2005,pp. 828 - 833.

　　③ Josef Janning,"Leadership Coalitions and Change:The Role of States in the European Union",p. 832.

欧洲地区国际关系民主化的必然趋势。①

因而,围绕机构改革问题,欧盟大国和中小成员国展开的争论也成为欧盟制宪进程中的核心议题之一。本章第一节将讨论作为欧洲一体化发动机的德法轴心在制宪进程中的地位和作用,在分析德法轴心的延续性和新变化的基础上,分别讨论德国和法国历史传统和国内政治因素对制宪进程的影响,第二节将讨论英国在制宪进程中扮演的特殊角色及其与德、法的互动对欧盟权力结构产生的影响。

第一节 法德轴心与欧盟制宪进程

让·莫内的天才设想和冷战期间美苏对峙的历史机缘使德、法两个宿敌捐弃前嫌,扮演了欧洲一体化发动机的角色。冷战结束后,两国历史经历、政治经济结构、利益认知等方面的差异逐渐显现,同时,英国在欧盟事务中影响力的上升和东扩后中小成员国的增加使德、法两国在欧盟条约改革进程中的作用受到挑战。但从制宪进程看,两国间政策协调的影响力虽有所减弱,但在制宪谈判过程中,特别是制宪会议和随后的政府间会议阶段,希拉克总统和施罗德总理主政的法、德两国表现出强烈的合作意愿,仍在很大程度上起到了塑造制宪进程走向的作用。

一、德、法积极推动欧盟制宪进程

尽管在《尼斯条约》谈判中,因德国寻求在理事会取得更大表决权使德法合作渐生龃龉,但从制宪进程看,法、德一道在推动欧盟制宪进程发展中的作用仍不容低估。制宪过程中,德、法是欧盟大国中主张加速欧洲建设、增强其民主合法性的重要国家,也是欧盟制宪的主要推动者,这一立场得到

① Derek Beach and Colette Mazzucelli, eds. , *Leadership in the Big Bangs of European Integration*, p. 225.

了意、卢、比、荷等国的响应。与此同时，一些持欧洲怀疑主义的老成员国（如爱尔兰、丹麦）和中东欧新成员国支持英国的立场，强调欧盟主权国家间联合的性质。因而，欧盟制宪的结果在很大程度上是双方博弈、妥协、调和的产物。

首先，这一博弈反映了欧洲各国政治精英和民众在一体化最终走向问题上的分歧。二战后，德国经历了在《基本法》基础上国家身份的重构及由分裂走向重新统一的历史过程，相对更易于接受欧盟后民族国家取向的制度安排，在欧洲事务上联邦主义取向的影响一直较为强烈。制宪启动前夕，菲舍尔关于欧盟终极目标的演讲和以哈贝马斯为代表的德国知识分子的宪法爱国主义思想都是这一政治文化的反映。法国虽具有较强的民族主义传统，但作为欧洲一体化的始作俑者，其政治精英大多怀有在欧盟走向"不断聚合"的联盟的过程中实现法国大国梦想的情结。两国都认识到，欧洲一体化发展至今，需要更加紧密的制度框架，增强民众参与和认同，才能突破进一步发展的瓶颈。这一共识促使两国决心联手推动欧盟制宪进程。而英国作为一体化的后来者，加之历史形成的对本国议会民主制度根深蒂固的信念导致了其在欧盟条约改革过程中坚守主权国家间联合的底线的立场。

其次，这一博弈反映了欧盟内部大国与大国之间、大国与中小成员国之间、老欧洲与新欧洲之间错综复杂的权力关系。德、法作为制宪进程的议程倡议者提出的大多数建议，如设立新的理事会和委员会双主席机制、在理事会表决机制中采用彻底的双重多数表决机制，都有利于增强德法轴心在欧盟事务上的影响力，英国在坚守其设定的欧洲一体化未来发展底线的同时，也在一些有助于加强大国影响力的改革（如设立欧盟常任理事会主席）上支持德、法两国。中小成员国则强调欧盟内部大小国家间的平等原则，努力防止大国主导欧盟事务。中东欧新成员国为了维护自身的经济和安全利益左右逢源，在不同问题上分别站到英国和中小成员国一边制衡德、法的影响。

再次，这一博弈反映了德、法代表的欧洲大陆资本主义模式与英国资本主义模式间的妥协。法、德社会市场经济模式面对全球化背景下国际经济竞争加剧的压力,两国希望通过欧洲地区层面的经济、社会政策协调增强应对这一挑战的能力。然而,这一主张遭到自由主义传统的英、爱等成员国的反对。而在波兰等中东欧新成员国看来,德、法等老成员国在坚持其传统福利国家模式的同时无意向经济社会发展相对落后的新成员国提供援助,很可能导致欧盟内部核心国家和外围国家集团的出现,事实上形成多速欧洲的局面;而欧盟只有坚持市场经济的原则鼓励充分竞争和生产要素流动,才能使中东欧国家成本较低的劳动力、产品和服务有更多的机会进入西欧市场。[①] 由于这些分歧的存在,欧盟制宪在很大程度上只是进一步强调了公正、社会团结、平等、社会福利等抽象原则,而在税收、社会政策等实质政策领域的进展则举步维艰。

最后,这一博弈也反映了欧盟在国际体系中的地位和国际关系的现实。近年来,伊战导致的德、法与美国间安全关系的紧张状态虽已有所缓和,制宪进程中两国希望通过相应的制度改革增强欧盟在对外关系领域内的协调能力,"扩大欧盟采取军事行动以实现外交政策目标的空间",[②]进而增强欧洲在国际体系中的影响力。但注重英美特殊关系的英国和亲美的中东欧新成员国都强调欧盟共同防务的发展不能超出北约框架,必须坚持共同外交与安全领域的政府间主义取向,使制宪进程中这一高度敏感领域的发展主要局限于欧盟理事会主席和对外事务高级代表等职位的变化,涉及共同安全与外交的大多数实质性决议仍需由理事会按一致同意原则做出。

制宪进程中,德、法两国在欧盟条约修改的一些重要问题上,尤其是有效多数表决机制改革上,协调了立场。欧盟长期使用加权有效多数表决机制,各国票数的分配是考虑人口、政治经济影响力等因素在一体化的历史演进中形成的,并无十分明确的计算方法。欧盟东扩后,在重新分配有效多数表决票的过程中各国争议不断。《尼斯条约》谈判中曾提出双重多数表决

---

①　Janusz Bugajski and Ilona Teleki,*Atlantic Bridges:America's New European Allies*,Lanham:Rowman&Littlefield Publishers Inc,2007,p. 84.

②　金玲:《〈里斯本条约〉与欧盟共同外交与安全政策》,载《欧洲研究》2008 年第 2 期。

机制,即按人口和成员国数目的有效多数决定表决结果,这一方法对大国相对有利:德国人口 8200 万,超过法、英近 2000 万,无疑是该安排的最大受益者。长期以来,法国一直追求在理事会中维持和德国相同的表决权,因而,在法国任轮值主席国的尼斯谈判期间,法国坚持保留原加权表决体系,同时引入人口和成员国多数的门槛,形成了更加复杂的三重多数机制。此外,在尼斯加权票分配中,波兰、西班牙两国也各自获得了与其人口比重不相称的表决权,为制宪进程中的有关争端埋下了伏笔。欧盟制宪会议期间,许多代表支持基于人口和国家数量的双重多数表决机制。在此问题上,法国不再坚持尼斯政府间会议中的立场,而与德国一道将采用双重多数表决机制作为两国接受欧盟宪法的先决条件。此外,在法国的政治文化中,法国总统和政府是民选的国家利益的代表,因而,加强欧盟理事会的权力的努力也与这一政治传统相吻合。

法、德两国在制宪进程中提出的富有争议的条约修改建议还包括在税收领域引入有效多数表决机制,加强税率协调,从而避免各国为吸引投资采取降低本国税收水平的手段在欧盟内部形成恶性竞争。但奉行经济自由主义的英、爱等国和中东欧新成员国共同抵制了这一建议。此外,法、德还提出设立两主席制的欧盟领导框架,以加强欧盟的超国家主义取向,即设立以理事会有效多数选举产生的任期五年的欧盟理事会主席和欧洲议会选举产生的欧盟委员会主席职位。但这一建议也遭到中小成员国的反对。最后达成的妥协为设立任期两年半的理事会主席职位取代原轮值主席国制,但未采纳欧盟委员会主席由欧洲议会选举产生的建议。①

在《里斯本条约》进程前后,法、德两国都经历了政府更迭,默克尔和萨科齐同属中右政党,在欧盟发展的大方向上共识大于分歧,共同推动了《里斯本条约》的签订。当然,两人在国家利益、执政理念和性格特点方面也存

---

① Paul Magnette and Kalypso Nicolaïdis, "Coping with the Lilliput Syndrome: Large vs. Small Member States in the European Convention", *European Public Law*, Vol. 11, Issue 1, 2005, pp. 94 – 95.

在明显差异。2008 年下半年,萨科齐担任欧盟理事会轮值主席,在加强地中海联盟问题上独断专行,高调领导欧盟制定反危机方案,不仅在反危机计划的具体内容上引起默克尔的不满,而且其希望将欧洲团结在自己周围的做法,引起德国的猜忌,也给德法轴心带来了新的裂痕。总体上看,在制宪进程中,德法轴心在一定程度上扮演了主动提出改革建议的议程设定者的角色。当然,由于欧盟在东扩后多样性进一步加大,这些建议还受到其他成员国的掣肘,往往需经各方协商、博弈、妥协后,才能反映到制宪会议和政府间会议的最终文本中。

二、法国全民公决与制宪进程

2005 年 5 月 29 日法国全民公决成为欧盟制宪进程的转折点,使其从此前万众瞩目的欧洲"宪法时刻"走向一次又一次危机。作为欧洲一体化进程的发动机之一,法国公决的结果是法国社会各阶层在欧洲一体化走向问题上利益、观念与偏好博弈的结果,凸现了一体化深化的背景下民族传统、国内因素对欧盟跨国民主的制约作用。

值得注意的是,尽管法国是欧洲一体化的主要创始国,在批准《马斯特里赫特条约》、采用欧元等历史关头都发挥了举足轻重的作用,但同时法国政治文化传统中也包含了许多制约一体化深入发展的因素。首先,如同英国一样,法兰西民族的民族主义传统是在其民族国家历史建构的过程中长期发展起来的,民族与国家高度同一的国家结构和大一统的政治体制在接受超出本国领土范围的民主治理安排时面临艰难的心理调适过程。①其次,法兰西民族的优越感和一体化之初扮演的领导者角色反而抑制了法国表现出必要的妥协精神和灵活性,而这些在欧盟跨国民主宪政建构过程是不可缺少的。霍夫曼在论述戴高乐时期法国民族主义对一体化的影响时曾写

---

① Jack Hayward, "France and the United Kingdom: The Dilemma of Integration and National Democracy", in Jeffrey J. Anderson, ed., *Regional Integration and Democracy*, Lanham: Rowman & Littlefield Publishers, 1999, pp. 145 - 146.

道,法国根深蒂固的爱国主义,"使欧洲一体化的支持者只能将一体化说成是传播法国观念并使其他国家接受这些观念的机会,而不能强调一体化事业中建构共同体的成份"。①法国成为 20 世纪 50 年代欧洲防务共同体失败和 60 年代多数表决危机的始作俑者也就不难理解了。即便在关于《马斯特里赫特条约》的全民公决中,法国选民也仅以 51% 的微弱优势批准了这一法国主导的条约改革。在制宪进程中,许多欧洲一体化的坚定支持者不惜以否决《宪法条约》为代价,坚持在欧盟中推进法国的社会模式也可以说是该传统的体现。

虽然在一体化的长期实践中法国政治精英已在很大程度上逐步克服了这一政治文化的影响,并将欧洲一体化视为促进法国经济发展和扩大国际影响的重要途径,但由于近年来法国经济社会发展相对迟缓,普通民众开始质疑政治精英的欧洲一体化方案是否符合法国利益,能否给自身带来福祉。特别是在全民公决这一公民直接表达政治意愿的民主形式下,部分中下层选民对法国社会模式与欧洲社会模式的关系的质疑成为影响《宪法条约》命运的重要因素之一。

（一）法国的欧盟宪法辩论与全民公决

法国在《宪法条约》的制定过程中发挥了重要影响,在制宪会议的 105 名代表中法国占 15 人,居各成员国之首,分别比德国、意大利多 2 人,比英国多 3 人,法国前总统德斯坦担任了会议主席团主席,因而,有记者甚至称《宪法条约》草案为"德斯坦宪法"或"德斯坦起草的宪法",②但实际上无论作为戴高乐传人的德斯坦还是希拉克在欧盟制宪过程中并未提出过多激进的主张。针对菲舍尔的洪堡大学演讲,2000 年 6 月希拉克在德国联邦议会讲话时就曾表示,法国反对建立一个"超国家的欧洲",而是主张建立一个

①　Stanley Hoffmann, "Obstinate or Obsolete? The Fate of the Nation-State and the Case of Western Europe", p. 891.

②　Jacques Ziller, "French Reactions to the Treaty Establishing a Constitution for Europe: From Constitutional Welcome to Popular Rejection", in Anneli Albi and Jacques Ziller, eds., *The European Constitution and National Constitutions: Ratification and Beyond*, p. 104.

既能保持民族国家的特性,又能使欧洲联合为一体的国家组成的欧洲。①同时,由于英国等国的反对,法、德两国最初提出的在税收、社会政策等领域引入有效多数表决机制的主张也未能写入《宪法条约》,因而,有法国学者认为《宪法条约》事实上是一部英国版的欧盟宪法,从而为法国左派反对《宪法条约》埋下了伏笔。

在 2003 至 2004 年关于《宪法条约》的政府间会议上,法国政府的基本立场是尽可能维持制宪会议制定的《宪法条约》文本。在表决机制问题上,法国坚持采用双重多数的不妥协立场,与波兰、西班牙等国发生冲突,在一定程度上导致了 2003 年 2 月欧盟峰会未能就签署《宪法条约》达成一致。法国在政府间会议期间对《宪法条约》草案做出的一个重要修正是在《宪法条约》第三部分"欧盟政策和运行"的一般条款中加入了第 117 条②。从内容看,该条款只是重申了条约关于联盟目标的第 3 条第 3 款的规定。法国政府希望通过增加该条款缓解国内左派对《宪法条约》第三部分联盟政策自由化倾向过于强烈的批评。

法国宪法中并无批准欧盟条约必须举行全民公决的规定,但希拉克总统在 2004 年 7 月 4 日法国国庆日宣布,因《宪法条约》直接关乎人民的福祉,需要问政于民,从而开启了在很大程度上决定整个制宪走向的法国全民公决进程。促使希拉克总统做出这一决定的原因是多方面的。第一,因已有 1992 年《马斯特里赫特条约》公决的先例,法国国内,包括执政党人民运动联盟内部,都存在要求举行全民公决的强烈呼声。第二,法国总统希拉克希望利用社会党左翼反对《宪法条约》的机会,通过全民公决分裂左派对手,为自己在两年后的大选连任创造条件。第三,英国首相布莱尔宣布就

---

①　*Financial Times*,8 June 2000.

②　该条款的内容为:欧盟在制定和实施本部分所指的政策和行动时,应照顾到与以下各个方面有关的要求:促进高水平的就业、保证适当的社会保护、与社会排斥现象作斗争、高水平的教育和职业培训以及高水平的人类健康保护。参见欧共体官方出版局:《欧洲联盟法典》第三卷,第 53 页。

《宪法条约》举行全民公决对法国政府构成了压力。① 此外,2004 年下半年多项民调结果显示,《宪法条约》在法国的支持率一直维持在 60%—65% 之间,导致希拉克总统对《宪法条约》遭否决的前景估计不足。

法国举行全民公决的决定在法国社会内部引发了规模空前的欧洲辩论。在法国政党政治的版图中,维持了传统主流政党支持一体化而中小政党大多持欧洲怀疑立场的格局。人民运动联盟在公决中坚定支持《宪法条约》:2005 年 3 月 5 日该党全国委员会表决中《宪法条约》的支持率达91%。同属中右翼的法国民主联盟也持类似立场。左派阵营中,法国社会党和绿党内部主流派别仍支持《宪法条约》,但党内不同声音不断增强,最终成为左右公决结果的关键因素。而法国共产党等左翼政党和国民阵线、保卫法兰西联盟等右翼政党则坚决反对《宪法条约》。

然而,制宪进程的一个重要变化则在于,法国民众对《宪法条约》的关注远远超过了以往历次欧盟条约改革。尽管有学者认为,《宪法条约》在法国的失败很大程度上是由于民众对共和国总统和法国政府政策不满所致,而且《宪法条约》的冗长晦涩也给民众理解其内容构成了困难,但从法国媒体、互联网等公共领域中关于欧盟宪法的辩论看,法国民众就《宪法条约》性质、内容及影响所进行辩论的深度、广度空前。在法国书店中充斥着大量解析《宪法条约》的书刊;法国主要媒体除对各方宣传活动、民调结果进行连篇累牍的报道外,还开辟了专版对《宪法条约》逐条分析。法国有关法律规定,在议会拥有 5% 以上席位的政党可以利用广播、电视等渠道进行宣传活动。这一规定对支持《宪法条约》的主流政党更为有利,但《宪法条约》的反对派充分利用论坛、博客、e-mail 等互联网手段进行宣传活动取得了很好的效果。到 5 月 29 日投票前,《欧盟宪法条约》已成为法国民众街谈巷议的热门话题。②

---

① Paul Taggart, "Keynote Article: Questions of Europe—The Domestic Politics of the 2005 French and Dutch Referendums and Their Challenge for the Study of European Integration", p. 15.

② Paul Hainsworth, "France Says No: The 29 May 2005 Referendum on the European Constitution", pp. 102 – 103.

　　自法国政府决定举行全民公决后,《宪法条约》的支持率开始出现下降趋势,但希拉克总统再一次错误地估计了形势,在 2005 年西班牙公决《宪法条约》顺利通过的情况下,于 2005 年 3 月 4 日宣布将原定 2005 年下半年举行的法国公决提前至 5 月 29 日。然而,此后,《宪法条约》的民众支持率急转直下。尽管希拉克总统在四、五月间先后三次发表电视讲话,呼吁民众支持关乎法国和欧洲未来的《宪法条约》;欧盟机构领导人和各成员国政府首脑也纷纷访问法国或发表谈话,希望影响法国选民的立场,但自 2005 年 3 月民调结果显示《宪法条约》的反对者首次超过支持者后,反对《宪法条约》民众的比例一直维持在 53%—55% 之间。①

　　影响法国选民投票行为的原因是多方面的。其中既有左派对欧洲一体化所代表的自由主义取向的担忧,也有传统右翼对国家主权和民族认同的关注。此外,法国经济低迷、就业形势不佳、选民对法国政府和主要政党政策的不满、东扩及未来土耳其入盟可能出现的移民潮等因素都成为宪法辩论中的关键议题。正如公决前夕,英国《卫报》的一篇社论中所说,笼罩法国民众的是种种恐惧:"其中有对外国人的恐惧、对变革的恐惧、对波兰水管工抢走饭碗的恐惧、对随着欧盟扩大法国失去领导地位的恐惧、对英美自由主义主导世界前景的恐惧。"②这些恐惧中既包含了个人经济利益考虑,也有左、右派截然相反的意识形态因素的作用。各种因素的叠加效应,使欧盟《宪法条约》在投票率高达 69.74% 的情况下遭到否决。

　　(二)法国宪法辩论中的欧洲社会模式问题

　　在影响法国公决结果的多种因素中,《宪法条约》对欧洲社会模式影响的辩论使支持一体化的社会党发生分裂,部分工会和左翼选民倒向反对《宪法条约》的阵营,打破了法国社会亲欧和疑欧派之间的脆弱平衡,在很大程度上左右了公决的结果。

---

　　①　Paul Hainsworth,"France Says No:The 29 May 2005 Referendum on the European Constitution",p.105.

　　②　*Guardian*,26 May 2005.

20 世纪 80 年代中期,法国社会党人密特朗和德洛尔分别担任法国总统和欧共体委员会主席,他们密切配合,在传统以贸易自由化和市场开放为主导思想的欧洲一体化方案中引入了"社会欧洲"的理念,并在《马斯特里赫特条约》中纳入了保障工人权利的《社会宪章》,因而,法国和欧洲其他国家左派开始寄希望于通过支持一体化的发展实现保障社会公正、工人权利、充分就业的目标。然而,90 年代后,随着全球化的深入发展,国际竞争加剧,加之成员国间政策协调的困难,欧盟虽强调欧洲社会模式,但具体进展主要停留在原则和价值观层面,推出的推进社会欧洲的具体可行的措施有限。在此过程中,一方面,法国左派出于其根深蒂固的优越感,认为法国对欧洲社会模式的发展负有特殊使命;另一方面,由于欧盟推行的社会市场经济模式给蓝领阶层带来的好处有限,法国左派与欧盟关系的蜜月期也逐渐终结,失望感上升。

制宪进程启动后,法国中右政府的自由主义经济理念与英国等国的政府间主义相互妥协,决定了《宪法条约》在欧盟社会模式方面只能维持现状,与法国左派的预期进一步拉大。这首先反映在法国主流中左政党社会党内部关于《宪法条约》的辩论之中。面对社会党左派反对《宪法条约》的呼声,2004 年 8 月,社会党领导人霍兰德决定于同年 12 月 1 日就《宪法条约》在党内先行举行公决,以便统一立场,约束党内反对派。在 78% 党员参加的内部表决中,58% 的社会党党员支持领导层的立场。但这一表决结果并未能平息党内争论,社会党二号人物前总理法比尤斯在许多场合公开表示反对批准《宪法条约》。

在宪法辩论中,法国左派首先对《宪法条约》草案关于联盟目标的第 3 条提出异议。虽然该条第 1 款和第 3 款对联盟促进就业和社会公正、反对社会排斥的目标有充分的表述,但其第 2 款又规定,"欧盟应……向联盟人民提供一个实行自由和非扭曲性竞争的内部市场"。对于寄希望于通过超国家社会政策的发展抵御新自由主义全球扩张的法国左派而言,这一限定无疑是令人失望的:在欧洲社会政策的实质性措施进展有限的情况下,这在一定程度上意味新自由主义的胜利 —— 欧洲仍是一个"没有国家的市场"。与此紧密相联的是,社会党左派意识到,《宪法条约》关于欧盟政策的第三部分并未能给出实现宪法总纲所列原则的有效途径,其在预算、交通、环境、能源等领域的政策规定都是在自由竞争框架下设计出来的。①

在关于欧洲社会模式规范价值的讨论中,法国左派也并未掩饰对新自由主义全球扩张威胁其经济利益的担忧。法比尤斯在阐述反对《宪法条约》的理由时曾谈到,由于欧盟内部缺少在财政政策和劳工标准方面的协调,出于成本原因,许多工厂会从法国迁往东欧国家;此外,在全球化背景下,法国企业向北美、东亚等欧洲之外地区的迁移也对法国工人的就业构成了威胁。②

同时,一些反对一体化的右翼政党也利用这一机会,争取工人阶层的民众。国民阵线领导人勒庞就宣称:"欧洲宪法体现的极端自由化、极端自由贸易的教条将会导致经济社会灾难,影响大多数法国人民的生活。"③而保卫法兰西运动领导人维利尔斯则一改其一贯主张全球化的新自由主义立场,宣称《宪法条约》如获通过,法国将会面临另一版本的 D 计划,即法国将不得不面对产业向外转移、政府市场管理职能弱化和大规模移民潮涌现的局面。④ 在反对欧盟宪法的问题上,极右势力和左派在民粹主义和贸易保护主义等诉求方面出现了趋同的趋势。

制宪进程中两个与制宪本身无关的欧盟政策也在法国引发了激烈辩论,其一为土耳其的入盟问题。法国左派担心土耳其入盟会导致就业机会的丧失,而极右派则以土穆斯林文化传统为由,反对其加入欧盟。虽然希拉克总统提出准备修改法国宪法相关规定,要求未来欧盟进一步扩大时法国

---

①　殷叙彝:《法比尤斯谈欧盟宪法公决和欧洲左翼政策》,载《国外理论动态》2005 年第 8 期。

②　Axel Queval, "The Yes Men and the No Vote", *Inroads*, Vol. 18, Winter 2006, p. 87.

③　FN National Convention, 9 April 2005, quoted in Gilles Ivaldi, "Beyond France's 2005 Referendum on the European Constitutional Treaty", *West European Politics*, Vol. 29, No. 1, 2006, p. 61

④　欧盟委员会曾提出以民主、对话、辩论为内容的所谓 D 计划,三字的英文首字母均为 D;而这里的产业转移(*délocalization*)、政府市场管理职能弱化(*dérégulation*)和大规模移民潮(*déferlante migratoire*)的法文首字母也为 D。

必须就此举行全民公决,但仍未能平息国内争论。一些右翼政党提出了
"对欧盟宪法说不,对土耳其说不"的口号。

其二是2005年关于博尔克斯坦指令(Bolkestein Directive)的争论。该
指令旨在协调欧盟各国关于服务业的法规,取消各国间阻碍服务业自由流
动的壁垒。按照该指令,如一波兰水管工到法国工作,法国雇主只需按波兰
劳工法向其支付工资和福利即可。欧盟发达成员国左派对此反应激烈——
多国工会在2005年3月组织了大规模示威游行。他们认为该法令将加剧
欧盟各国工人间的竞争,迫使发达国家工人的收入和福利水平向下看齐。
"波兰水管工"成为这场辩论中的一个时髦词汇,意指波兰水管工借助该指
令将垄断法国的相关工作机会。这一辩论也促使许多左派将该指令与欧盟
宪法联系起来,强化了蓝领阶层反对《宪法条约》的立场。尽管希拉克总统
向欧盟委员会提出修改博尔克斯坦指令的要求,并在2005年5月3日的电
视讲话中称赞欧洲宪法是"1789年法国大革命的女儿",认为该文件体现了
法国价值观和法国社会模式的精神,①但这些努力均未能逆转公决的最终
结果。

多项关于法国民众在公决中投票行为的研究表明,左翼选民的倒戈成
为《宪法条约》遭到否决的关键因素。益普索(IPSOS)民调结果显示,56%
左右的社会党支持者并未按照该党领导层的要求投票支持《宪法条约》,而
在《马斯特里赫特条约》公决中社会党支持者投出的赞成票比例高达78%
左右。左翼阵营中绿党的领导层也公开支持《宪法条约》,但该党支持者中
64%投票反对该条约。总体上看,蓝领工人和白领工人反对《宪法条约》的
比例远远高于专业人士和经理人员。②

(三)全民公决的影响及后续发展

英格哈特、加贝尔等学者提出,在选民关于欧洲一体化的投票行为中起

---

① Paul Hainsworth, "France Says No: The 29 May 2005 Referendum on the European Consti-
tution", p. 105.

② Paul Hainsworth, "France Says No: The 29 May 2005 Referendum on the European Consti-
tution", pp. 105 – 108.

作用的包括民众对欧洲一体化的总体支持程度和自身经济利益考虑等因素。①从法国全民公决进程看,除这些因素外,左右翼选民还分别明确提出了欧洲社会模式、国家主权、民族身份等包含意识形态因素的目标诉求。

欧洲晴雨表在公决后公布的调查结果显示,②法国民众对《宪法条约》投否决票的理由大多与经济、社会政策方面的因素有关。排在前五位的理由分别是:对就业的负面影响(31%);法国经济形势不佳(26%);宪法文本在经济方面过于自由化(19%);反对共和国总统、政府和某些政党的政策(18%);社会欧洲的建设不够充分(16%)。而选择主权问题(5%)、宪法草案内容走得过远(3%)、反对欧盟扩大(3%)、反对欧洲政治联盟或欧洲合众国(2%)的则少得多。值得注意的是,法国民众关于经济利益的算计在反对《宪法条约》的动因中占主导地位,而反对《宪法条约》包含的自由主义因素等规范考虑也占一定比例。因而,可以说,法国欧盟宪法辩论中的欧洲社会模式之争虽提出了保护工人权利的诉求,但也带有一定的迎合民粹主义、主张限制外来劳动力和产品竞争的贸易保护主义色彩。在全球化深入发展和欧盟成员国间在文化传统和利益诉求上存有广泛差异的情况下,法国左派能否通过否决《宪法条约》实现自身目标仍是有待观察的问题。

事实上,在许多法国左派看来,否决《宪法条约》并不意味制宪进程的终结。公决后的欧洲晴雨表数据显示,法国75%的民众认为欧盟宪法对欧洲一体化而言不可或缺,62%的民众认为应对《宪法条约》文本重新进行谈判,以增强其应对欧洲社会问题的能力。③法比尤斯也提出,否决《宪法条约》给欧洲提供了"保留其积极因素,修改消极因素"的机会,从而可最终对新自由主义模式说不,建立一个"更加强大、更加团结、更加进步和更能保护人的欧洲"。④

---

① Claes H. de Vreese,"Why European Citizens will Reject the EU Constitution",pp. 2 - 7.

② 有关法国公决的民意调查数据,参见 European Commission,*Eurobarometer*:*The European Constitution*:*Post-referendum Survey in France*, Brussels:Directorate-General Press,June 2005.

③ European Commission,*Eurobarometer*:*The European Constitution*:*Post-referendum Survey in France*.

④ 殷叙彝:《法比尤斯谈欧盟宪法公决和欧洲左翼政策》,第8页。

然而,制宪进程的后续进展表明,这一全民公决的影响并未按照法国左派的逻辑发展下去。从欧盟层面看,法国公决在随后进行的荷兰全民公决中加强了反对《宪法条约》力量的地位,令《宪法条约》在荷兰再遭否决,也使英、波、捷等国的欧洲怀疑主义者受到鼓舞,成员国间矛盾进一步显现,不仅使制宪进程,也使整个欧洲一体化发展陷于深刻危机。

从法国国内政治层面看,在法国国内,否决《宪法条约》的激情过后,包括中产阶级下层的部分民众也在反思,这一界定模糊的法国社会模式当前在法国和欧盟是否具有可行性? 民众提出了这样的疑问:法国的社会模式到底包含哪些内容? —— 他们所推崇的这一社会模式是否就是今天高失业、低增长、巨额预算赤字与国债、精英阶层和民众间巨大鸿沟的罪魁祸首?[1] 在 2007 年法国大选中,主张在法国和欧盟实行经济自由化、私有化和劳动力市场改革的萨科齐获胜,社会党进一步受到削弱,左派社会欧洲的构想更加渺茫。

法国公决虽在一定程度上从正反两个方面促进了统一欧洲公共领域的形成,但欧盟决策却出现了向传统政府间主义和精英政治回归的趋势。法国公决过程中,欧盟机构领导人,欧洲左翼政党和知识分子纷纷访法,发表文章和谈话,希望逆转公决结果。欧盟委员会主席巴罗佐强调否决《宪法条约》会给欧洲和法国带来不利影响。2005 年 5 月 18 日,在社会党支持《宪法条约》的集会上,包括菲舍尔和欧洲议会主席博雷利(Joseph Borrell)在内的欧洲多国左派政党代表共 27 人发言力促法国支持《宪法条约》。哈贝马斯也多次撰文呼吁法国民众接受欧洲宪法以增强欧盟的行动能力。[2]但这些呼吁并未得到响应,反而遭到法国左派的激烈批评。正如 Sharpener 网站的一篇评论所说:"在工人权利、社会问题、环境、性别平等方面,欧盟政策的内容并无改善。

---

[1]　Paul Hainsworth, "France Says No:The 29 May 2005 Referendum on the European Constitution", p. 114.

[2]　J. Habermas, "The Illusionary Leftish No", http://print. signandsight. com/features/163. html, last accessed on 10 July 2005. 另参见哈贝马斯等 11 位德国知识分子对法国人民发表的公开信, "Europe Demands Courage", *Le Monde*, 2 May 2005.

那里只有一些美丽的词藻,并无实现进步政治目标的手段和义务。"①

法国大选后,萨科齐主张采用简化版的欧盟条约,这一主张与英国的立场趋于一致。萨科齐为安抚左派,提议在《里斯本条约》中取消在法国引发广泛争议的欧盟应"实行自由竞争不受扭曲的内部市场"这一表述,并宣称,"我们实现了对联盟目标的重新定位"。② 但事实上,虽然《里斯本条约》取消了鼓励"自由竞争不受扭曲"的说法,但在相关附加议定书中则仍保留了相关用语。正如欧盟竞争事务委员内莉·克勒斯所说,"在关于内部市场的议定书中仍保留这一说法表明,欧盟离不开自由竞争,……该议定书具有与欧盟条约相同的地位"。③

《里斯本条约》通过后,在法国并未引发深入的辩论。2008年2月7日法国国民议会以336对52票的压倒优势通过了《里斯本条约》。随后法国参议院也顺利通过该条约,并经总统萨科齐签署后完成了批准程序。社会党领导层虽主张通过全民公决决定《里斯本条约》的命运,但在议会表决中仍采取了支持《里斯本条约》的立场。④ 总统萨科齐在2月10日的电视讲话中强调,《里斯本条约》将恢复法国的影响力和传播其观念与价值观的能力,同时确保未来欧盟运作更加民主,更加负责。他承诺法国政府将在欧盟理事会中讨论贸易政策、劳资关系、金融监管等问题,但他也强调法国的重点在于实施可持续发展战略、建立欧盟共同移民政策及防务一体化等方面。⑤这些设想由于爱尔兰首次公决否决《里斯本条约》和金融危机加剧,目前大多尚未提上欧盟的议事日程。

---

① Sharpener, "Another Europe is Possible: Jurgen Habermas and the EU Constitution", http://www.thesharpener.net/? p=61,last accessed on 18 July 2005.

② "France's Hyperactive President, Nicolas Sarkozy in Brussels", *The Economist*, 28 June 2007.

③ Euractiv, "Brussels Plays down EU Competition Fears", http://www.euractiv.com/en/competition/brussels-plays-eu-treaty-competition-fears/article-164974,last accessed on 10 June 2009.

④ 社会党议员中支持、反对和弃权的票数分别为121、25和59。

⑤ Euractiv, "Sarkozy Vows to Put Politics Back into Europe", http://www.euractiv.com/en/future-eu/sarkozy-vows-put-politics-back-europe/article-170218,last accessed on 29 June 2008.

三、德国与制宪进程

尽管德国是欧盟最大的净出资国,在制宪进程启动前后也面临经济发展放缓①、失业率居高不下等国内问题,但在欧盟三大国中,其有关制宪进程的国内讨论最为平稳、波折较少。这一方面得益于德国是欧盟理事会双重表决新机制的最大受益者;另一方面,德国战后的历史经历和政治结构使德国政治精英和民众在支持欧洲一体化问题上达成了广泛共识。

德国政治精英和民众欧洲认同的发展是与其战后在《基本法》框架内新的国家身份的建构过程几乎同步完成的。哈贝马斯所说的宪法爱国主义模式即在一定程度上是对战后德国的这一双重认同建构过程的理论总结。德国统一的民族国家形成较晚,又长期缺乏民主政治传统,在二战后面临如何从其灾难性的历史中吸取教训,克服民族主义、军国主义的羁绊,以宪法为工具,实现公民对民族认同、普世价值的认同与政治共同体认同的统一的问题。此外,虽然人们普遍将法、德两国视为欧洲一体化的发动机,鉴于统一前德国不正常的国家地位,在一体化进程中出现分歧时,联邦德国更易于向法国和其他成员国做出妥协,采取灵活立场。

战后德国历任政治家都将积极参与欧洲一体化视为德国的核心利益所在,同时将德国需要"欧洲的德国,而非德国的欧洲"作为处理对欧关系的基本原则。② 联邦德国首任总理阿登纳认为,克服德国背负的历史包袱实现多边外交的最佳途径是尽快融入欧洲一体化进程。战后成立的主要中右政党基民盟将反纳粹、基督教价值观和支持欧洲统一作为其政治纲领的核心内容。而左翼主流政党社民党历史上出于其工人阶级改良主义政党的意识形态曾提出无产阶级联合的欧洲合众国理念。虽然在一体化之初,社民党曾指责欧洲煤钢联营是保守资本主义的产物,但随着社民党在 20 世纪 50 年代逐

---

① 《宪法条约》草案出台前 7 年(1996—2003 年),德国的年均 GDP 增长率只有 1.3%(Eurostat 2004)。

② Martin Marcussen,et al.,"Constructing Europe? The Evolution of French,British and German Nation State Identities",p.622.

步接受德国福利资本主义国家模式和社会市场经济观念,该党也实现了亲欧转变。从而使德国主流政治文化与欧洲一体化发展进程中的民主取向和社会市场经济的理念逐步契合,并转化为对欧洲一体化的坚定、持久的支持。

德国政治结构中另一有利于欧洲一体化深入发展的因素在于,德国历史上长期存在联邦主义安排,当前也实行联邦制政体,有着分权和共识型民主的传统。早在 20 世纪 60 年代,德国就形成了所谓"联邦主义共识",各主要党派都支持为实现欧洲"不断聚合的联盟"而采取深化一体化进程的步骤。冷战结束、两德统一的结构性变化,并未从根本上改变这一共识。尽管放弃坚挺的马克给德国经济发展带来了不确定因素的风险,但在《马斯特里赫特条约》谈判中最终支持欧洲货币统一也在一定程度上反映了德国对欧洲一体化发展的坚定支持。①

德国是此次欧盟制宪进程的主要推动者。如前文所述,时任德国外长的绿党领袖菲舍尔的洪堡大学演讲触发了欧盟宪法辩论。在比利时任轮值国主席期间,德国积极支持启动制宪进程及制宪会议机制的制度创新。德国在制宪会议初期对这一新机制的重视程度不足,其谈判代表处于相对被动地位,整个制宪会议进展缓慢。为此,德国政府于 2002 年下半年以外长菲舍尔取代了政治上无足轻重格罗茨(Glotz)出任会议代表。作为回应,法国也派出了外长德维尔潘参加制宪会议。2002 年 11 月和 2003 年 1 月,德、法两国外长向制宪会议联合提出了关于欧洲安全与防务政策、司法与内务合作、经济治理和机构改革的四项建议,在推动各国形成《宪法条约》草案文本过程中发挥了重要作用。② 在政府间会议开始前,德国政府就宣称准备签署《宪法条约》草案,反对就制宪会议提出的文本进行过多修改。但由于波、西两国坚持维护本国利益,使 2003 年底的欧盟峰会未能就《宪法条约》草案达成一致。随后德、法两国也做出了一定妥协:在坚持双重多数表决机制的同时,同意适当

---

① 当然也有学者认为,德国同意放弃马克主要是为换取法国支持两德统一而做出的妥协。

② A. Moller, Chapter 7, "From Idealism to Pragmatism: Germany and the Constitutional Treaty", in F. Laursen, ed. , *The Rise and Fall of the EU's Constitutional Treaty*, p. 148.

提高多数表决门槛。

根据《基本法》第 23 条第 1 款的规定，德国主要实行代议制民主，如欧盟条约对联邦宪法构成实质性修正，需由议会两院 2/3 多数批准，一般不举行全民公决。这一制度设计吸取了德国纳粹统治时期的历史教训，其主导思想是民选代表在某些情况下比普通民众更为理性，可防止因民众受到政客的煽动，重蹈民族主义、军国主义的覆辙。① 在关于《欧盟宪法条约》的辩论中，自由党等右翼政党曾提出修改德国联邦宪法第 23 条的建议，即在德国宪法体系内引入全民公决机制，至少在向欧盟转移主权时应启用该机制。但这一建议在德国联邦议会未能获得通过。近年来，德国民众对欧洲一体化的满意度虽有所下降，但对《宪法条约》的支持率仍高达 80% 以上，②因而，全民公决问题在德国并未引发过多争论。

在德国议会中，基民盟、社民党、绿党等主要政党均支持《宪法条约》；仅民社党和巴伐利亚州地区性政党基社盟对该条约持有异议，但这些政党在议会中掌握的票数有限。此外，在联邦制下，德国各州担心过多权力转移到欧盟层面及有效多数表决机制的广泛使用会使自身的行为能力受到削弱，因而提出《宪法条约》中需改进两个问题：其一，强化辅助性原则的实施；其二，要求在《宪法条约》序言中明确提出基督教价值观作为欧盟的基本原则。德国联邦政府在前一个问题上支持了各州的要求，而在后者上，因各州意见不一而未采取行动。2005 年 5 月 12 日，德国联邦议会下院以 569 票赞成、23 票反对、2 票弃权的结果通过了《欧盟宪法条约》，在随后的议会上院表决中，德国 16 个州中有 15 个支持《宪法条约》，也顺利达到了 2/3 多数，完成了批准程序。

法、荷否决《宪法条约》后，德国也正处于由红绿联盟组成的施罗德政府

---

① Rainer Arnold, "Germany and the EU Constitutional Treaty", in Anneli Albi and Jacques Ziller, eds., *The European Constitution and National Constitutions:Ratification and Beyond*, p. 58.

② European Commission,*Eurobarometer*, The Future European Constitution,Flash EB No. 159, January 2004,p. 21,http://ec. europa. eu/public_opinion/flash/fl159_fut_const. pdf, last accessed on 1 March 2009.

向中右派为主的默克尔政府过渡时期,两届政府都坚定又不失灵活地支持欧盟制宪进程,在《里斯本条约》的签署过程中发挥了重要作用。默克尔领导的基民盟/基社盟和社民党大联合政府上任伊始便明确表示,德国"坚持《欧盟宪法条约》,因为它所包含的改革能使欧盟更加民主、更有行动能力、更加高效和更具透明度。因此,德国政府赞成在 2006 年及以后的时间继续《欧盟宪法条约》的批准过程,并在 2007 年上半年德国担任欧盟轮值国主席期间给与新的推动"。①默克尔总理出任欧盟理事会轮值主席后强调,《宪法条约》的精髓不应改变,不应因个别国家的否决而放弃。

虽然德国政府希望欧盟能够最终采用《宪法条约》,甚至进一步增加欧盟在社会政策等领域的权限,但它也意识到,在法、荷公决后的欧洲政治现实下,完全保留《宪法条约》内容已非常困难,因而也采取了一定的灵活立场。在反思期内,德国积极寻求通过增强《欧盟宪法条约》社会维度的内容以期在可能出现的法国二次公决中获得民众支持。2005 年 12 月默克尔与欧盟各国领导人积极接触,希望在《宪法条约》后附加关于社会维度的议定书,要求欧盟机构在制定政策时充分考虑其在社会政策领域的影响。② 2007 年 3 月在起草庆祝《罗马条约》50 周年的《柏林宣言》时,德国外长施泰因迈尔强调该宣言将重视欧洲的社会维度:"欧盟代表一种基于经济竞争的社会模式,但同时需要实现经济竞争与社会、生态责任的平衡。"③然而,随着萨科齐在法国大选中获胜,在英、法都主张采用简化版欧盟条约的情况下,德国做出了妥协,重新与法国协调立场,希望通过避免全民公决使欧盟尽快走出危机。2008 年 4 月和 5 月德国议会两院顺利通过了《里斯本条约》,完成了批准程序。

---

① 郑春荣:《欧盟轮值主席国德国与欧盟制宪危机:敢问路在何方》,载《德国研究》2007 年第 1 期。

② 郑春荣:《欧盟轮值主席国德国与欧盟制宪危机:敢问路在何方》。

③ EurActiv," Presidency Stresses ' Social Face' in Berlin Declaration", http://www.euractiv. com/en/future-eu/presidency-stresses-social-face-berlin-declaration/article-162480, last accessed on 14 August 2008.

第二节　英国与欧盟制宪进程

英国既是欧盟大国又是欧洲怀疑主义传统最强烈的国家之一,其政府与国内社会在欧盟制宪进程中的互动对该进程产生了重要影响。

一、英国与欧盟条约改革:历史与逻辑

欧洲一体化之初,在丘吉尔提出的"三环外交"战略中,欧洲战略虽是其中重要一环,但对英国政治精英而言,在欧洲大陆谋求均势的隔岸制衡仍是其追求的主要战略目标,加之英国在经济结构上与德、法等国存有明显差异,英国并未参与欧洲煤钢联营和欧共体的建立等早期的一体化行动。[①] 到 20世纪 60 年代随着其国力日趋衰落,英国政府对欧洲政策做出调整,开始申请加入欧共体,但由于法国总统戴高乐的两次否决,在最终谈判加入欧共体的过程中,英国缺乏讨价还价的余地,被迫接受了包括欧洲共同农业政策在内的《欧共体条约》,1973 年最终加入欧共体。成为欧共体一员后,英国一直被其他成员国称为"半心半意的伙伴"[②]。保守党和工党在欧洲问题上分歧明显:加入欧共体之初,工党持强烈的疑欧情绪,但自 20 世纪 80 年代中后期开始,特别是 1997 年执政后,该党已成为英国相对亲欧的主流政党。而领导英国加入欧共体的保守党则在撒切尔夫人执政后经历了相反方向的演变,沦为疑欧政党。目前,保守党主张英国重新就其在欧盟内部的权利和义务进行谈判,部分领导人甚至主张退出欧盟。[③]

在英欧关系的历史上,无论是工党还是保守党当政,其政策都受到民众

---

① 潘琪昌:《欧洲国际关系》,经济科学出版社 2000 年版,第 280—283 页。

② 这一说法最初由斯蒂芬·乔治提出。参见 Stephen George, *An Awkward Partner: Britain in the European Community*, Oxford: Oxford University Press, 1998.

③ Charles Grant, "What if the British Vote No?", *Foreign Affairs*, Vol. 84, Issue 3, 2005, p. 87.

强烈的欧洲怀疑主义和英国政治经济结构因素的制约。英国民众怀有昔日大英帝国情结,对欧洲一体化可能带来的主权丧失格外关注。此外,英国政治、经济结构的特殊性及其在欧盟中的净出资国地位也成为欧洲怀疑主义的根源之一。希克斯曾评论道:"无论哪一届政府执政,英国经济相对于欧盟其他核心国家都有其特殊性。英国的福利支出、劳工保护水平较低,更多地采用自由市场政策……面向全球市场更为开放,在某些经济领域(如金融业)更有优势。"①英国民众对欧盟的支持率一直偏低。欧洲晴雨表的民调结果显示,针对反映民众欧盟整体支持度的"欧盟成员资格对自己国家是否是一桩好事情"这一问题,英国人近三年(2006—2008年)认同这一说法的比例分别为42%、38%和30%,呈逐年递减之势,远低于同期欧盟成员国的平均值(三年分别为55%、58%和52%),在欧盟各国中排名第22—26位。②

从加入欧共体到参与制宪,英国先后经历了《单一欧洲法令》、《马斯特里赫特条约》、《阿姆斯特丹条约》、《尼斯条约》等条约制定和修改进程。在《单一欧洲法令》谈判中,撒切尔夫人政府认为,该法令提出的统一大市场时间表符合英国的市场自由化目标,因而,积极支持其通过。除此之外,在随后的谈判中,英国政府秉持坚定的政府间主义立场,往往对欧盟条约的激进改革产生掣肘效应。例如,在《马斯特里赫特条约》谈判中,英国坚持其在欧元和社会宪章问题上的"例外"地位;在《阿姆斯特丹条约》、《尼斯条约》谈判中,在司法和警务合作领域持保留态度,反对将有效多数表决扩大到防务、税收、社会政策等领域。

1997年工党政府上台后,当时有英国最亲欧首相之称的布莱尔希望在对欧关系上推行建设性接触政策,在欧洲发挥领导作用。工党上任伊始就结束了英国在社会宪章问题上的"例外"地位。1998年12月英国一反其在

---

① S. Hix,"Britain,the EU and the Euro",in P. Dunleavy,ed. ,*Developments in British Politics* 6,London:Macmillan,2000,p. 50.

② 2006—2009年标准报告数据,参见"欧洲晴雨表"民调网站,http://ec. europa. eu/public_opinion/archives/eb/。

建立欧盟共同防务问题上的谨慎立场,在圣·马洛峰会上与法国一道建议欧盟在北约框架内建立更加明确、强大的共同安全能力,为随后欧盟在共同安全与防务政策上的一系列进展开辟了道路。但工党政府上任初期与欧盟的蜜月期结束后,英国与欧盟间的结构性矛盾日益显现。以英国加入欧元区问题为例,工党政府执政之初就提出准备讨论英国加入的可行性并拟就此问题举行全民公决。但在 1999 年欧洲议会选举前,相关民意测验结果显示,反对加入欧元区民众的比例高达 61%,支持者仅为 27%,且主张保留欧盟成员国资格的民众数量仅略高于支持退出的民众。① 因而,工党政府不得不暂时搁置这一问题,留待第二、三任期解决,但由于此后英国民众的态度并未发生明显转变,出于国内政治考虑,工党政府在长达 12 年的任期内始终未能就此举行全民公决。随后的伊拉克战争也暴露了英国与德、法等国之间在欧洲共同安全与外交政策上的分歧。

在欧盟条约改革问题上,虽然英国各主要政党态度不一,但一个基本立场是一致的,即无论欧洲一体化发展到何种程度,欧盟都应是一个国家间的联合。② 英国首相布莱尔 2000 年在波兰证交所的演讲阐明了工党政府欧洲政策的原则。他提出,英国应改变过去犹豫不定的传统,建设性地参与一体化进程,但同时强调,"欧洲是一个由自由、独立的主权国家组成的欧洲,这些国家选择共享主权的目的在于更好地实现本国利益和共同利益"。③ 这意味着,在英国的国家战略中,欧盟应是一个超级力量,而非超级国家。对英国政府而言,欧盟机构改革应坚持政府间主义取向,其民主合法性主要来源于成员国的间接民主授权,因而,对通过扩大欧洲议会权力和民众参与增强欧盟合法性的建议持谨慎态度。

尽管如此,作为欧盟大国的英国在欧盟条约改革中的作用日益显现,有

---

① Guardian/ICM, *Guardian*, 8 June 1999.

② Philippa Sherrington, "Confronting Europe: UK Political Parties and the EU 2000–2005", *British Journal of Politics and International Relations*, Vol. 8, No. 1, 2006, p. 76.

③ T. Blair, "Speech by the British Prime Minister, Tony Blair, to the Polish Stock Exchange", 6 October 2000, http://www.ena.lu, last accessed on 3 March 2009.

学者甚至认为,法、德、英三国正在取代传统的德法轴心,成为欧盟条约改革的议程设定者。英国的重要性主要表现在,由于其不妥协立场,德、法两国提出的改革方案在得不到另一欧盟大国英国首肯的情况下很难获得通过,因而,虽然英国所扮演的不是一体化深入发展的主动推动者的角色,但其可以对欧盟的激进变革方案行使否决权。法、德两国也意识到,只有得到英国的支持,有关建议成功的机会才能大大增加,因而加强了与英国的磋商。2003 年至 2004 年中期,在《欧盟宪法条约》谈判的关键阶段,欧盟三大国先后举行了三次单独会谈,这一举动也招致一些中小成员国的不满。①

二、英国与欧盟制宪进程

法国宪法学者将《欧盟宪法条约》草案称为"英国版的欧洲宪法",②其中既包含了对欧盟向英国做出过多让步的不满,也凸显了英国在《宪法条约》谈判中所起的重要作用。事实上,英国最初对制宪进程并不感兴趣,特别是《莱肯宣言》拟以特别大会(制宪会议)形式提出《宪法条约》草案,这一安排对英国主张的政府间主义模式构成了威胁,但在莱肯峰会上,比利时、意大利等大多数成员国将制宪进程与增加欧盟治理的透明、民主等目标联系起来,使英国处于两难境地,因为在布莱尔政府看来,明确反对使欧盟贴近民众、加强民主的建议在政治上存在困难;加之工党政府也希望利用制宪进程,引发公众关于欧洲问题的讨论,增加其对欧元的支持。③ 在此背景下,英国政府在为条约改革设置了明确底线的前提下,勉强同意启动制宪进程。

---

① Josef Janning,"Leadership Coalitions and Change:The Role of States in the European U-nion",pp. 831 - 833.

② H. Kassim,"The United Kingdom and the Future of Europe:Winning the Battle,Losing the War",*Comparative European Politics*,Vol. 2,Issue 2,2004,p. 268. 原文见 Robert Badinter,*Nouvel Observateur*,19 June 2003.

③ Anand Menon,"Britain and the Convention on the Future of Europe",*International Affairs*,Vol 79,Issue5,2003,p. 964.

（一）《宪法条约》的制定阶段

英国的立场在莱肯宣言主席声明授权建立制宪会议的表述中就得到了充分体现。该声明提出，通过欧盟制宪，公民希望得到的是"更多的结果，更好地应对实际问题，而不是建立一个欧洲超级国家"。①在制宪会议的授权问题上，《莱肯宣言》也明确了制宪会议产生的《宪法条约》草案的法律地位，即该草案只是建议性的，并无约束力，最终仍需经政府间会议批准。

在制宪会议阶段，与德斯坦所说的会议成员独立就欧洲未来蓝图进行协商不同，英国代表积极游说，努力劝说其他会议成员接受英国政府的立场，并不时威胁动用否决权。首先，英国宪法的基本原则"议会主权"强调英国议会具有至高无上的立法权，因而，对条约中写入"欧盟法至上"原则持有异议。其次，英国最初反对将《欧盟权利宪章》纳入《宪法条约》。最终的妥协方案是，在纳入该宪章的同时，加入一些限定条件，确保宪章主要用于规范欧盟机构的行为，而非赋予其新的权力，特别是防止欧盟借助该宪章影响英国劳工法和社会保障立法的实施。第三，在税收、社会政策和防务等领域英国不顾其他成员国反对，坚持反对将有效多数表决机制引入这些领域的立场。而在增加国家议会在欧盟决策中的作用问题上，英国积极主张欧盟应设立两院制议会，并由各国议会代表构成欧洲议会上院。这一建议未能获得大多数会议代表的支持，但《宪法条约》对成员国议会在增强欧盟民主合法性和确保辅助性原则实施方面的作用作了明确规定。②

在随后的政府间会议上，各国领导人面临巨大压力，一些成员国政府要求对制宪会议通过民主协商提出的条约文本不加修改地全部接受，但英国政府仍在《基本权利宪章》、社会政策和共同安全与外交政策等领域和有效多数的使用范围问题上提出了异议。尽管如此，工党政府对《宪法条约》谈判的成果感到满意。英国外长斯特劳在议会辩论中宣称："我们现在得到

---

① European Council, *Laeken Declaration on the Future of the European Union*, http://european-convention. eu. int/pdf/LKNEN. pdf,2001.

② H. Kassim, "The United Kingdom and the Future of Europe: Winning the Battle, Losing the War", p. 271.

的欧盟新条约,实现了我们在这一(制宪)进程开始时设定的全部目标。"英国外交部发表的白皮书也提出,"我们为英国在此次条约文本形成过程中发挥的重要作用感到骄傲"。①

　　然而,英国民众反对《宪法条约》的立场并未改变,英国内要求就《宪法条约》举行全民公决的呼声日益高涨。英国媒体就欧盟制宪展开了激烈辩论,大多数媒体对英国加入《宪法条约》持反对态度。许多报道不惜夸大《宪法条约》的缺陷及其对英国主权的影响,以争取民众支持。例如,一些评论提出,欧盟宪法会迫使英国放弃联合国安理会席位,布鲁塞尔的官僚将能对英国的军队发号施令,而事实上《宪法条约》中并未包含相关内容。英国《太阳报》的一篇文章的标题是《最后的仪式:罪犯布莱尔将要埋葬我们的国家》。② 这些媒体将欧盟宪法描绘成法、德为实现自身利益针对英国实施的新阴谋。具有讽刺意味的是,法国左派在公决过程中反对《宪法条约》的一个重要理由则是《宪法条约》过于英国化。他们认为,"《宪法条约》是一个英国制造的盎格鲁—撒克逊阴谋,旨在将邪恶、冷酷的美国式资本主义强加到幸福、快乐的法国人民头上"。③

　　在英国宪法辩论过程中,《宪法条约》的民众支持率一直低于50%。2004年初外交政策中心进行的一项莫里(Mori)民调结果显示,虽然近半数的受访者支持英国留在欧盟之中,但赞同《宪法条约》和支持加入欧元区的民众都仅有三分之一左右。有关数据见下图:

　　保守党和英国独立党指责《宪法条约》联邦主义色彩过于浓厚,要求举行全民公决,而亲欧的自由民主党出于增强欧盟条约合法性的考虑也主张举行全民公决。工党内部同样出现了支持全民公决的呼声。尽管在英国宪政传统中议会具有至高无上的权威,直至1975年才在是否退出欧共体问题上首次举行全民公决,但就《宪法条约》直接问政于民的要求仍对工党政府

---

① House of Commons, "White Paper on the Treaty for a European Constitution", http://www. fco. gov. uk/Files/kfile/White%20Paper_Treaty, last accessed on 9 September 2006.

② *Sun*, 10 September 2003.

③ *Observer*, 15 May 2005.

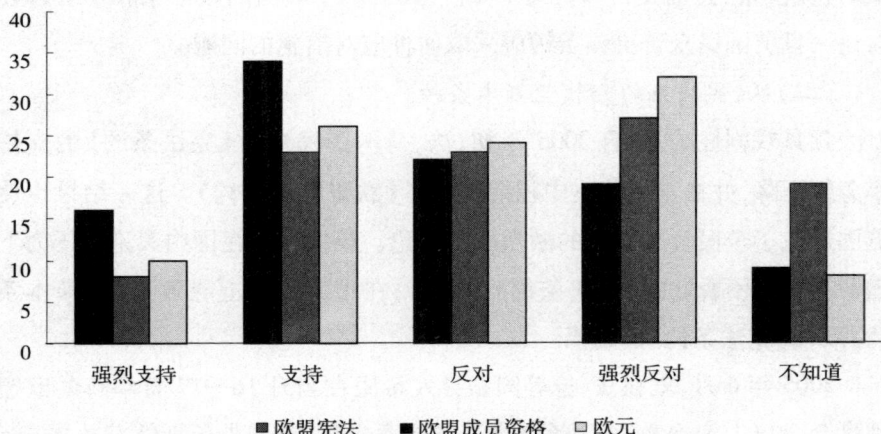

图 5.1　英国民众对欧盟的态度

资料来源：M. Gill, et al. , *The Referendum Battle*, FPC？MORI, 2004, 转引自 S. Hobolt and P. Riseborough,
"How to Win the UK Referendum on the European Constitution", *The Political Quarterly*,
Vol. 76, 2005, p. 244.

形成了巨大压力。布莱尔政府最初坚持以议会表决方式批准《宪法条约》，认为全民公决不符合英国的国家利益和宪政传统。然而，在各方压力下，特别是伊拉克战争爆发后工党政府的政策遭到民众激烈批评，鉴于 2005 年大选临近，出于国内政治考虑，布莱尔政府在公决问题上的态度发生了逆转。2004 年 4 月 20 日布莱尔宣布将由人民来决定《宪法条约》的命运。这一决定一方面是为缓解工党政府在大选中的政治压力；另一方面是利用英国疑欧民意向其他成员国施加压力，使英国在《宪法条约》最后阶段的政府间谈判中处于更有利地位。

　　2004 年 2 月英国议会二读通过了拟就《宪法条约》进行全民公决的欧盟法案。工党政府主张批准该条约，其理由在于该条约将提高欧盟效率，增强辅助性原则的地位，从而可以加强而非削弱成员国在欧盟治理中的作用。而保守党则认为，《宪法条约》中欧盟法至上的原则和欧盟机构获得的新权力将使欧盟法成为凌驾于英国宪法之上的新的宪法秩序，削弱了英国民主的基石——议会主权原则。2004 年底《宪法条约》批准进程开始后，英国民众对《宪法条约》的支持率持续下降。当时,整个欧洲的政治家和学者都在讨论一旦英国民众否决该条约应采取何种应对措施的问题。

(二)从《宪法条约》到《里斯本条约》

颇具戏剧性的是,自 2005 年初,法、荷两国民众对《宪法条约》的支持率急剧下降,并在全民公决中相继否决了《欧盟宪法条约》。这一结果也使英国避免了全民公决引发的激烈国内辩论。英国政府在国内舆论的压力下撤回了对本不看好的《宪法条约》的支持,在很大程度上导致了《里斯本条约》取代《宪法条约》的结果。

2005 年 6 月,就在法、德等国领导人希望在当月 16—17 日举行的欧盟理事会会议上为挽救《宪法条约》进行磋商之际,英国外长斯特劳抢先于 6 月 6 日在议会下院宣布无限期中止拟就《宪法条约》举行全民公决的计划,因为英国政府和许多民众都认为欧盟宪法已经死亡。民意测验表明,如此刻举行全民公决,投反对票的选民将达 50% 以上,而支持者仅有 18%。①

在随后的反思期和 2007 年制宪进程重启后,英国政府的基本立场是主张以简化版的新欧盟条约取代《宪法条约》,从而避免在 2009 年大选前重新启动全民公决程序。布莱尔也在自己上任之初的亲欧立场上进一步后退——他强调欧盟将政治意愿置于经济利益之上,在欧元、欧洲宪法等问题上都已走得过远,是行不通的;当前欧盟只需完成必要的机构改革即可。② 英国议会也认为,欧盟当前亟待解决的是"运行赤字"、效率低下等问题,而非"民主赤字"和宪法机制问题。③ 同时,英国在《里斯本条约》谈判中进一步强化了其所设定的底线:明确要求取消"欧盟法至上"条款;④在合并理事会和委员会相关职位设立欧盟外长职务问题上,坚持将拟议中的"欧盟外

---

① *The Times*,7 June 2005.

② Lord Windlesham,"Britain and the European Constitution",p. 109.

③ UK House of Commons, *Third Report of the Select Committee on Foreign Affairs*,January 2008,http://www. publications. parliament. uk/pa/cm200708/cmselect/cmfaff/120/12002. htm.

④ 《里斯本条约》取消了该条款。但作为平衡,以附加声明的形式对"欧盟法至上"原则作了表述。

长"改称"欧盟外交与安全政策高级代表",并重申保持英国独立的外交和防务政策是谈判的底线。

在《欧盟基本权利宪章》问题上,尽管原《宪法条约》已明确该宪章不会赋予欧盟机构新的权力,也不会干涉英国国内法院的有关判决,但英国最终要求通过附加议定书的形式明确其在该问题以及共同司法和警务领域的"例外"地位,以避免因对条约的不同解释而引发的争议。由于英国政治和法律传统中实行对经济和社会权利的被动保护,英国政府对宪章规定的经济、社会权利在成员国内部潜在的直接效力表示担忧。特别是宪章第 28 条规定了劳动者具有包括罢工在内的谈判权和集体行动权,而在英国不成文宪法体系中没有"罢工权"的明确规定,且自撒切尔夫人执政以来历届政府都对工会组织罢工的能力做出了诸多限制。此外,英国企业界担心宪章第 30 条防止工人被无端解雇的规定会对其国际竞争力带来不利影响。

事实上,英国国内法中也有保护工人权利的类似规定,但英国政府在权利宪章和移民司法问题上仍坚持本国立场并签署了附加议定书在一定程度上是出于国内政治博弈的考虑。① 英国政府希望利用这一附加议定书消解欧洲怀疑派提出的举行全民公决的压力。布莱尔宣称他 2000 年"签署该宪章的用意只是接受其所包含的原则,但同时要确保英国的例外地位,这意味着该宪章并不能在英国直接实施"。②但随后英国工党政府为平息工会等左派政治力量的不满,立场发生了微妙变化。有关官员在向议会作证时强调,"英国的这一议定书并未构成'例外'地位。其作用只是明确该宪章的法律地位,确保其不得产生新的权利,也不得使任何法院获得宣布英国法律无效的权力"。③

---

① C. Barnard, "The 'Opt-Out for the UK and Poland from the Charter of Fundamental Rights: Triumph of Rhetoric over Reality?", in S. Griller and J. Ziller, eds., *The Lisbon Treaty: EU Constitutionalism Without a Constitutional Treaty?*, p. 277.

② Q&A, *Sunday Express*, 24 June 2007.

③ House of Lords EU Select Committee, *The Treaty of Lisbon: An Impact Assessment*, 10th Report, 2007 - 2008, HL Paper 62, para. 5. 86. 网址见 http://www.publications.parliament.uk/pa/ld200708/ldselect/ldeucom/62/62.pdf, last accessed on 1 May 2009.

在欧盟宪法危机中,德、意等国的一些官员提出,欧盟应在欧洲层面加强社会保障,减少失业和竞争,以争取选民支持。然而,英国政府却反其道而行之,要求利用法国否决《宪法条约》的机会,以英国的欧洲观重新定义欧盟经济社会模式。由于 20 世纪 90 年代以来英国经济表现总体好于欧元区国家,因而,英国提出应将其自由主义模式推广到整个欧盟经济区。2005年欧盟出现预算争论时,法、德以英国经济形势较好为由要求其放弃撒切尔夫人时期争取到的净出资国返还款待遇,而英国则坚持放弃这一待遇的条件是欧盟须进一步大幅修改与自由贸易原则相悖的共同农业政策,导致了其与主张进一步扩大欧盟权限的成员国间分歧加大。主张采用简化版欧盟条约避免二次公决的萨科齐在 2007 年法国大选中获胜后,英法协调立场,促使欧盟各国最终达成妥协,以《里斯本条约》取代了《欧盟宪法条约》。

《里斯本条约》签署后,刚刚取代布莱尔上任的布朗政府面临来自保守党和欧洲怀疑派的压力,他们要求工党政府信守《宪法条约》进程中做出的承诺,就《里斯本条约》举行全民公决。工党政府强调,《里斯本条约》与现行欧盟条约相比变化有限,在一些敏感问题上,已通过给予英国"例外"地位的附加议定书形式确保了英国利益,因而不再需要举行公决。而保守党则认为,《里斯本条约》只是《宪法条约》改换了名称而已,它不仅改变了欧盟内部的工作方式,而且会进一步侵蚀英国议会的权力,对英国议会主权传统构成了威胁。2008 年 3 月,英国议会下院经过长达 14 天的辩论,以 311票对 248 票否决了保守党和少数工党议员提出的就《里斯本条约》举行全民公决的动议,并顺利通过该条约。此后,保守党继续坚持应通过全民公决获得人民民主授权的立场,并在爱尔兰第一次公决后,以"《里斯本条约》已经死亡"为由要求暂时中止上院审议该法案的程序。尽管如此,英国议会上院仍于 2008 年 6 月通过了《里斯本条约》,经女王批准后于 7 月 16 日完成了条约批准程序。

《里斯本条约》在爱尔兰首次公决中遭否决后,保守党宣称,如该党在2010 年举行的大选中获胜,届时一旦《里斯本条约》仍未生效,保守党政府将重新启动全民公决程序。随着 2009 年 10 月爱尔兰二次公决顺利批准

《里斯本条约》，英国再次成为决定《里斯本条约》命运的关键。保守党甚至寄希望于捷克具有欧洲怀疑倾向的总统克劳斯能够尽量拖延签署这一欧盟条约，以便在 2010 年英国大选后重新就条约内容讨价还价。保守党右翼甚至提出，该党执政后即便《里斯本条约》已生效，英国也应举行全民公决决定是否重新开启欧盟条约谈判。保守党网站在 2009 年 10 月所做的有 2205 名党员参加的民调中，近 80% 支持这一立场。① 目前，在《里斯本条约》已生效的情况下，英国重启条约谈判的机会已微乎其微。

受本国国内政治因素和民众情绪的影响，英国政府在欧盟制宪进程中的基本立场是强调维护本国利益，并尽可能利用自身的大国地位影响这一进程，避免欧盟在民主、主权、公民认同等问题上走得过远而引发国内争论。在此过程中，欧洲范围内关于制宪与欧盟民主、欧洲认同之间关系的讨论都引发了英国国内主要政治行为体和普通民众的强烈反应，虽然法、荷公决结果避免了由英国否决欧盟条约的尴尬局面，但英国因素始终是欧盟制宪中激进主义的主要制约力量。

英国民众与政府之间关于英国利益与偏好的互动在很大程度上制约着英国对欧盟条约改革的态度。在这一过程中，围绕主权、民主等基于观念因素的讨论明显多于关于经济利益的考虑。② 对此，英国政府和支持一体化的学者的立场是，无论《宪法条约》还是《里斯本条约》都不会对英国主权产生进一步影响，欧洲怀疑派所说的退出欧盟的方案在全球化时代只会使国家行动能力受到进一步限制，事实上会导致更大的主权丧失。然而，《宪法条约》的反对派则认为，制宪进程中跨国民主的发展会对民族国家的民主治理结构构成威胁。英国民众对于以议会主权为基础的英国政治制度的优越性怀有根深蒂固的信念，促使一部分民众将欧盟跨国民主的发展与本国民主传统对立起来。因而，与法、德等国不同，英国政府和支持欧盟条约改

---

　　① "Cameron Promised Lisbon Referendum", http://www. ireland. com/home/Cameron _ promises_Lisbon_referendum/maxi/fast/news/irnews/239801, last accessed on 15 October 2009.

　　② Kathrin Packham, "From the Contentious Constitution to the Awkward Other … Social Model", *Perspectives on European Politics and Society*, Vol. 8, No. 3, 2007.

革的政治精英在宪法辩论中往往有意回避关于制宪进程在促进欧盟超国家民主发展方面的作用。在有关辩论中,欧洲认同的缺乏仍制约着英国民众对欧盟宪法的支持,支持一体化的政治精英因此批评民众未能建立对欧洲的"忠诚",而欧洲怀疑派则反过来指责这些政治精英将欧洲一体化的发展看得比国家的民主传统更为重要,缺乏对国家的忠诚。①

可以说,英国民众关于欧洲一体化与民族国家认同、主权、民主间关系的认知与英国历史经验息息相关。作为西方议会民主的发源地,英国近三百年来政府体制稳定发展使具有强烈经验主义传统的英国人难以接受新的欧洲宪法秩序。而作为二战中欧洲从未沦陷的战胜国之一,后民族国家身份建构的影响力在战后英国远不如其他欧洲国家强烈。英国人认为是自己阻止了纳粹第三帝国称霸欧洲,并为此深深自豪,因而对欧洲超国家民主的发展持强烈排斥态度。《泰晤士报》的一篇社论甚至将《宪法条约》与希特勒独霸欧洲的企图相提并论:"1940 年(的第三帝国)使英国面对与《宪法条约》相同的问题,是保持自身独立、民主、自治的地位,还是成为欧洲超级国家的一部分?"②在英国参与欧洲一体化过程中存在与其他成员国经济利益上的差异,一些社会阶层担心一体化深入发展会加剧竞争,成为英国民粹主义发展背后的重要根源之一,但从制宪进程看,英国公共领域中关于移民、贸易的辩论相对较少,其影响更多地借助主权、民主传统等基于意识形态和价值观的民族主义形式表现出来。由于欧盟在基本条约改革问题上需全体成员国一致批准,加之英国的大国地位,其国内的欧洲辩论在未来很长一段时间内都将成为塑造欧洲一体化走向的重要力量。

---

① G. Delanty and C. Rumford, *Rethinking Europe: Social Theory and the Implications of Europeanization*, London: Routledge, 2005, p. 84.

② *The Times*, 25 April 2005.

第六章 中小成员国①与欧盟制宪进程：
以爱尔兰为例

在国际关系中，人们往往依据人口的多寡来界定小国。② 在欧洲以荷兰人口（1600万）为基准，除德国、法国、英国、意大利等大国和波兰、西班牙、罗马尼亚等中等国家外，欧盟成员国大多属小国之列。由于此次欧盟制宪进程在实质内容上的变革主要体现在机构改革方面，大小成员国围绕机构问题的博弈成为制宪进程的关键，在欧盟条约改革的历史上，首次出现了国家大小成为影响成员国间连横合纵的重要因素的局面。因而，探讨中小成员国在制宪进程中的偏好、行为和影响，不仅对于理解欧盟制宪进程的现实，也对于认识欧盟民主治理的未来走向有重要意义。

---

① 为在讨论欧盟中小成员国的一些共性特征时便于分析，本章将除德、法、英、意四大国之外的成员国归于中小成员国的范畴，第7章则讨论中东欧新成员国在制宪进程中的特点，两章内容有一些交叉，后者侧重中东欧成员国由于历史经历和地缘政治特点而产生的一些问题。也有学者将西班牙、波兰等国归入大国之列。

② 也有学者采用领土面积或 GDP 的标准定义小国。参见 Iver Neumann and Sieglinde Gstöhl, "Introduction", in Christine Ingerbritsen and Iver Neumann, eds. , *Small States in International Relations*, Seattle: University of Washington Press, 2006, pp. 5 - 6.

第一节　中小成员国与欧盟制宪进程

自欧洲一体化之初,成员国的大小与地区性机构内部的权力分配之间的关系就是各国关注的焦点之一。在欧洲煤钢联营和欧共体的权力结构中,理事会通过全体一致的表决机制,赋予小国否决权。同时,在咨询委员会(后称"欧洲议会")等机构中,法、德、意三大国获得更多的代表名额,体现了各国人口数量上的差异。但总体来看,欧盟早期的正式制度安排较好地体现了主权平等的原则。然而,随着欧洲一体化的不断扩大和深化,欧盟在理事会二级立法中越来越多地引入有效多数表决机制,加之欧洲议会立法权的扩大,机构问题成为《阿姆斯特丹条约》以来欧盟历次条约改革的重点。一方面,小国批评欧盟在有效多数表决机制及欧洲议会中给予大国更多的加权表决票,未能体现平等原则;另一方面,大国抱怨按人口计算在欧盟机构(特别是理事会)中小国人均比大国获得了更多的代表权。正是由于这一分歧,《阿姆斯特丹条约》和《尼斯条约》都未能很好地解决欧盟机构问题,迫使欧盟不断启动新的条约改革程序。

在欧盟制宪会议上,机构改革问题再次成为大国与小国争论的焦点,其核心是如何在成员国平等原则和民主代表性之间达致平衡。[①] 在《宪法条约》的具体机构安排中,这一分歧主要体现在有效多数门槛的确定、理事会主席职位的设立、委员会委员数量的改革等方面。有效多数门槛的设定在《尼斯条约》中就曾引发大小成员国间的矛盾。制宪会议上,大小成员国主要关注本国相对表决权较之尼斯安排是否得到加强。如前文所述,在德、法两国的推动下,欧盟委员会提议,在《宪法条约》中采用以人口和成员国数的50%作为门槛的双重有效多数机制,但考虑到东扩后中小成员国数量已

占绝对多数,50%的人口门槛增加了大国在决策中的影响力,各方最终达成妥协,将人口门槛提高到60%。但在2003年底的欧盟首脑会议上,中等成员西、波因新机制下表决权相对下降提出异议,一些中小成员国也提议保留尼斯表决机制。①

在此背景下,2004年政府间会议中有效多数表决机制的改革引发了欧盟大国、中等成员国和小国不同利益偏好间的激烈博弈。德、法等大国主张简化理事会表决机制,实行双重多数,而波、西等国坚持维护本国《尼斯条约》中获得的权益。双方达成的妥协方案是通过提高人口多数的门槛,给波、西等国以补偿——这样虽不能直接增加波、西等国的表决权,但可使其阻止欧盟法案通过的能力与《尼斯条约》中基本相当。经测算,为达此目的,需将人口多数门槛提高至65%—70%之间。70%的门槛无疑使欧盟立法获得通过的难度过大,不利于一体化的深入发展,最终65%成为各方可接受的结果。由于德、法、英三国人口之和已超欧盟总人口的35%,为安抚中小成员国,条约还规定,使用人口门槛否决欧盟法规时,至少要有四个成员国投反对票。

在欧盟理事会主席职位和削减委员会委员数量的问题上,中小成员国也表现出复杂心态。在制宪会议上,英、法、西首先提出设立选举产生的欧盟理事会常任主席的建议,该建议得到了德国的支持。但中小成员国则普遍持反对态度。在欧盟委员会委员数量改革问题上,小国希望保留每国一名委员会委员的安排,大国则不愿放弃其原来拥有两名委员的待遇。2002年4月除欧盟四大国、波兰、西班牙、罗马利亚等中等大国及希腊之外的所有中小国家自发成立了“欧共体方法之友”的组织,定期会晤,协调在机构问题上的立场。该组织于2002年12月发表的备忘录强调,欧盟在立法领域的改革要加强而不是削弱欧共体传统,即强调欧盟委员会的作用——由欧盟委员会独享立法提议权;通过欧洲议会选举委员会主席,增强其民主合

---

① Guy Milton and Jacques Keller-Noëllet,*The European Constitution:Its Origins,Negotiations and Meaning*,p.74.

法性；加强欧盟委员会在经济政策领域的管理、监督、协调等行政职能。同时他们提出，如出于提高欧盟机构运作效率的目的而必须削减欧盟委员会委员数量，必须坚持平等原则由各国轮流担任欧盟委员会委员。①

在制宪会议和随后政府间会议阶段，大小成员国在欧盟机构问题上进行了艰苦的讨价还价。2003 年初，德国和法国首先提出，理事会主席由欧盟理事会按有效多数选举产生，同时由欧洲议会直选欧盟委员会主席，然后委员会主席提名欧盟委员会组成。该方案得到了德斯坦的支持，但大多数中小成员国代表持反对意见。在一次讨论机构问题的全会上，共有 64 位代表发言，反对者达 38 人，持中立意见的有 15 人，支持者仅有 11 人。来自比利时、荷兰、爱尔兰、芬兰、葡萄牙、希腊等国的代表强烈反对这一建议。②

德斯坦在讨论中曾提出，按人口计算，包括波兰在内人口 4000 万以上的六大国占欧盟总人口的 74% 左右，而其他中小成员国仅占 26%，除波兰在设立理事会常任主席问题上态度暧昧外，其他五大国均支持这一方案，反对者仅代表欧盟总人口的四分之一左右，因而，不应阻碍制宪会议内共识的形成。欧盟中小成员国对此反应强烈。它们除重申此前的立场外，尤其强调，在欧盟事务中成员国不应有"等级之分"，在参与欧盟机构改革问题上不应区别对待。③ 最后，经会议主席团斡旋，大小成员国勉强达成妥协——同意设立理事会常任主席，但任期由拟议中的五年缩短为两年半，选举仍由欧盟理事会而非欧洲议会负责；欧盟委员会主席的产生办法则维持现状。

中小成员国反对设立欧盟理事会常任主席，主张加强欧盟委员会在联盟事务中作用的立场主要出于以下考虑。首先，中小成员国担心如设立理事会常任主席会使自身失去担任轮值主席国的机会，该职位可能由大国退

---

① Paul Magnette and Kalypso Nicolaïdis, "Coping with the Lilliput Syndrome: Large vs. Small Member States in the European Convention", p. 93.

② Paul Magnette and Kalypso Nicolaïdis, "Coping with the Lilliput Syndrome: Large vs. Small Member States in the European Convention", p. 94.

③ Paul Magnette and Kalypso Nicolaïdis, "Coping with the Lilliput Syndrome: Large vs. Small Member States in the European Convention", pp. 98 – 99.

休领导人把持，即便主席人选并非来自大国，也难免受到大国控制，使小国地位边缘化。其次，在欧洲一体化的传统中，欧盟委员会被视为代表欧盟整体利益的机构，且往往能采取措施保护中小成员国利益。[1] 如理事会主席由欧洲议会选举产生，可能因其民主合法性的增强进一步扩大理事会权力，使委员会权力相对下降，甚至沦为理事会主席秘书处的地位。再次，尽管由欧洲议会同时直接选举欧盟理事会和委员会主席的方案可加强欧盟机构的民主合法性，但在四大国占欧洲议员总数 40% 以上的情况下，小国对选举结果的影响力相对下降。因而，保留理事会选举其常任主席和推选委员会主席候选人的权力，可以加强小国对欧盟机构人事安排的影响力。最后，同时加强理事会和委员会主席的权威则可能导致机构间职责不清、竞争扯皮的弊端。

在扩大有效多数使用范围等问题上，大小成员国间的界限虽并非如此泾渭分明，但大多数中小成员国出于主权等因素考虑，对在共同安全外交、社会、税收政策中采用新的表决机制持审慎态度。例如，在制宪会议和意大利任主席国期间，意大利、比利时等国提出在理事会表决机制中取消全体一致同意的方式，法、德两国也提议将有效多数扩大到社会、税收等领域。这些建议遭到英国和一些中小成员国的反对，他们甚至提出，鉴于新条约中有效多数表决机制的改变，《尼斯条约》中已实行有效多数的领域应恢复全体一致表决方式。除一般意义的主权考虑外，一些小国也将全体一致表决视为维护欧盟内部主权平等原则、保护自身利益的手段。例如，瑞典、爱尔兰、奥地利等小国担心共同安全与外交政策的新进展将影响其中立地位；荷兰则强调欧盟预算和财政领域必须坚持全体一致同意的原则，这一立场反映在《宪法条约》关于欧盟自有财源的 54 条第 3 款中。[2] 为此，它们大多站在英国一边，使德、法、意、比等国处于少数地位，最终在有效多数适用领域方

---

① Clive Archer and Neill Nugent, "Introduction: Does the Size of Member States Matter in the European Union?", *Journal of European Integration*, Vol. 28, No. 1, 2006, p. 4.

② 该款规定，理事会同欧洲议会磋商后将以全体一致方式制定一项旨在设立联盟自有财源适用规则的欧洲法律。参见欧共体官方出版局：《欧洲联盟法典》第三卷，第 35 页。

面只能进行微调,在敏感领域基本维持了《尼斯条约》的规定。此外,中小成员国大多主张维护欧盟辅助性和均衡性原则的权威,但在是否扩大有效多数使用范围和加强欧盟对外行为能力方面则意见不一。在《里斯本条约》谈判过程中,除波、捷等中东欧国家在机构问题上提出异议外,其他中小成员国积极配合德、英、法提出的改革条约方案,顺利签署了《里斯本条约》。

欧盟中小成员国在批准《宪法条约》和《里斯本条约》过程中,批准程序和国内辩论情况也不尽相同。在《宪法条约》进程中,除卢森堡外,欧洲怀疑主义传统较强或国内辩论激烈的成员国大多采取了全民公决方式。以议会表决方式批准《宪法条约》的国家中,国内社会对欧洲一体化支持率一般较高,大多未引发激烈的宪法辩论,各国议会均以明显多数批准了该条约。在采用全民公决的国家中,西班牙民众于 2005 年 2 月 20 日以 76.73% 的高票批准了《宪法条约》,但民众的投票率只有 42.32% 。在法、荷公决后,只有卢森堡顺利完成了全民公决,其余捷克、丹麦、爱尔兰、波兰、葡萄牙等国都推迟并最终取消了拟议中的全民公决。

荷兰是欧共体的六个创始国之一,历史上曾是欧洲联合的积极支持者。但自 20 世纪 90 年代以来,荷兰成为欧盟人均净出资额最高的成员国,欧洲怀疑主义倾向有所加强。在关于《宪法条约》的制宪会议和政府间会议阶段,如同大多数欧盟中小成员国一样,荷兰政府认为欧盟应坚持莫内的欧共体方法,即强调欧盟机构之间的权力平衡,注重加强欧盟委员会的权力并保留理事会轮值主席国制,但在社会政策、共同安全与外交领域深化合作的问题上则支持德、法的立场。此外,荷兰中右翼政府还主张加强《稳定增长公约》的有效性。总体来看,荷兰政府对《欧盟宪法条约》草案的谈判结果表示满意:在其 2003—2004 年度《欧盟状况》报告中,荷兰政府认为卢、比、荷三国在制宪会议中发挥了积极的建设性作用,并对《宪法条约》草案中就机构问题达成的妥协表示满意。①荷主要政党基督教民主联盟、自由党和六六

---

① S. Wolinetz, Chapter 9, "Trimming the Sails: The Dutch and the EU Constitution After the Referendum", in Finn Laursen, ed., *The Rise and Fall of the EU's Constitutional Treaty*, p. 185.

民主党组成的中右联合政府支持《欧盟宪法条约》；极右和极左政党出于排外的意识形态和对工人经济社会地位受到损害的担忧都反对向欧盟进一步出让主权，提出了保卫民族国家自主性的口号。当然，对于部分选民而言，在保护国家主权的口号下，也包含了对丧失工作机会和社会福利的担心。① 2005 年 6 月举行的全民公决中，投票率高达 63%，荷兰民众以 62% 的压倒优势否决了《欧盟宪法条约》。

荷兰全民公决结果出乎大多数人预料，其反映出的信息是多方面的。即便对于一直支持一体化的欧盟"老"成员国而言，民众对政治精英做出的宪政安排的支持并非想当然和不可逆转。在导致这一结果的多种因素中，包含了民众对《宪法条约》缺乏了解、国内政治、民众经济利益考虑等诸多因素，但对照法国公决结果，可发现一个显著不同是，荷兰民众对欧盟制宪可能导致的主权丧失的关注度明显高于法国。② 这也在一定程度上反映出中小成员国民众更加担心制宪进程对国家主权和民族身份带来的负面影响。此外，近 80% 的荷兰民众认为这一宪法辩论很有必要，其中 67% 认为这一辩论来得过迟，这也反映了民众参与欧盟制宪进程的愿望。事实上在大多数以议会方式批准《宪法条约》的成员国中，民众并未得到适当渠道使类似意愿充分表达出来。

在《里斯本条约》批准过程中，避免全民公决成为各国领导人的共识，欧盟大多数中小成员国均通过议会表决方式通过了《里斯本条约》。只有爱尔兰因既有宪法惯例成为欧盟唯一举行全民公决的国家。其两次里斯本公决迥然不同的结果反映了中小成员国民众在欧洲观念形成中的复杂心态。

---

① 　B. van Apeldoorn, et al. , *Contradictions and Limits of Neoliberal European Governance*: *From Lisbon to Lisbon*, pp. 227 - 228.

② 　有关荷兰公决民意调查的数据参见 European Commission, *Eurobarometer*: *The European Constitution*: *Post-referendum Survey in Netherlands*, June 2005. 该报告显示，投反对票的选民中，有 31% 是因对《宪法条约》缺乏了解，19% 出于对国家主权的担忧，排在投否决票理由的前两位。而同一机构所作的民调结果显示，只有 5% 的法国公民将主权问题列为其反对《宪法条约》的原因。

　　总之,我们在讨论欧盟内部大小成员国关系时,不应将其简化为一个简单的人口多寡或领土面积大小的问题,文化传统、国家战略等观念在塑造其国家行为过程中起着重要作用。此外,成员国大小只是影响成员国在欧盟内部的行为和作用的一个因素,其影响力的发挥是在与国家的历史、文化、地缘政治和各种资源因素的相互作用的过程中实现的。[①]小国在机构改革、国家主权、民族身份问题上虽表现出一定共性特征,但各国在利益算计、文化传统方面的多样性是显而易见的,例如爱尔兰、荷兰近年来欧洲怀疑主义上升,而比利时、卢森堡等国则一直坚定地支持欧盟制宪进程。一些小国反对加强欧盟共同防务政策,但其背后的逻辑也并不一致:爱尔兰、奥地利等国主要从维护自身中立地位出发;而挪威、芬兰等北欧成员国则强调欧盟应注重发展其民事力量,提高软实力,实现自身目标,而不应过分倚重军事实力。因而,认识欧盟中小成员国在制宪进程中的地位和作用时不能一概而论,需要避免简单化倾向,根据各国特点作具体分析。

第二节　爱尔兰与欧盟制宪进程的案例分析

　　《里斯本条约》在爱尔兰全民公决中的波折,其与欧盟制宪进程的互动引起了广泛关注。小国爱尔兰参与欧盟制宪进程的案例对于认识中小成员国在欧盟宪政发展中的利益与偏好及民众参与对一体化进程的影响有重要意义。

一、欧洲小国爱尔兰参与欧盟条约改革的历史与逻辑

　　爱尔兰历史上长期遭受英国殖民统治,1921 年建国后一直将维护国家主权和独立作为外交政策的基石,将中立政策视为维护自身安全的主要途

---

　　① 　Clive Archer and Neill Nugent,"Introduction:Does the Size of Member States Matter in the European Union?",p.6.

径。二战期间，爱尔兰坚持这一政策，拒绝与英联邦国家一道对德宣战，而广为世人诟病。1949 年后爱尔兰也未加入北约等西方国家安全共同体。与其他欧洲小国（如瑞典、芬兰）一样，爱尔兰在参与全球与地区合作过程中表现出两重性：一方面重视联合国与欧盟等国际制度的作用，主张加强国际法、国际规范等机制建设；另一方面随着合作的深入，更加警惕主权受到侵蚀的危险。①

20 世纪 50 年代初，有英国学者评述道："在这个大多数国家日益意识到相互依赖重要性的时代……也许只有爱尔兰坚守'孤立主义'政策。"②参与欧洲一体化带来的经济利益和社会进步使爱尔兰在一定程度上克服了民族主义与孤立主义传统的羁绊，采取了实用主义立场，实现了从"强调独立到相互依赖"的转变。其间，爱尔兰关于国家偏好和利益的认知经历了逐渐演变的建构过程。欧洲一体化之初，爱尔兰政治家开始意识到，参与欧洲建设可减轻在对外关系和出口市场方面对英国的依赖，促进自身发展，但由于当时爱尔兰仍受制于英国直至 1973 年才成为欧共体成员。③

加入欧共体后，爱尔兰作为当时九国中人均 GDP 最低的成员国受惠于市场扩大、农业补贴和结构基金净流入带来的三重好处，其政治精英和普通民众的利益算计结果是基本一致的：1972 年全民公决中高达 83% 的选民支持加入欧共体。其后爱尔兰经济发展的历史也证明这一选择的正确性：20 世纪 90 年代以来，爱尔兰出现了"凯尔特虎奇迹"，经济持续高速增长，按人均国民生产总值计算一跃成为欧盟第二富国。④

但即便这一时期爱尔兰在欧共体/欧盟条约改革对本国宪法主权的潜在威胁问题上也持谨慎态度。1937 年爱尔兰宪法规定，宪法修正案除议会

---

① Clive Archer and Neill Nugent，"Introduction：Does the Size of Member States Matter in the European Union？"，pp. 20 – 21.

② Geoffrey Tayler，*The Emerald Isle*，London：Evans Brothers，1952，p. 141.

③ Garret FitzGerald，*Reflections on the Irish State*，Dublin，Portland，OR：Irish Academic Press，2003，pp. 155 – 157.

④ 1987 年时爱尔兰人均 GNP 相当于欧盟平均值的 69%，到 2007 年已升至 146%。

审议外,还须经全民公决批准。1987 年爱尔兰最高法院在"克罗蒂诉共和国总理"一案的判决中,明确提出,《单一欧洲法令》对欧共体条约的修改构成了对爱尔兰宪法的实质性修正,须经全民公决批准,从而使以全民公决方式批准欧盟条约事实上成为宪法惯例。① 从加入欧共体到批准《阿姆斯特丹条约》的四次公决,民众都以压倒多数对爱尔兰参与欧洲建设表示支持。《尼斯条约》在第一次公决遭否决后,虽在二次公决中获得通过,但爱尔兰内部欧洲怀疑主义升温。在欧洲其他国家眼中,爱尔兰已从一个欧洲的好学生变为坏孩子。欧洲一体化的深入与爱尔兰民众对自身民族身份关注之间的紧张状态日益凸现。

这一关于国家偏好认知转变的原因是多方面的。首先,自 20 世纪 80 年代中期以来,欧盟制度环境和政策取向发生了重要变化,但欧盟机构和爱尔兰政府并未做出相应努力动员和引导民众适应这一变化。在欧共体建立之初,其核心职责在于贸易自由化与市场管理等领域,并未深入到税收、社会政策等社会再分配领域和作为传统主权象征的安全与外交领域。对于爱尔兰这样的欧洲小国民众而言,挥之不去的更多的是被殖民、被主宰的历史记忆。20 世纪 90 年代前,爱尔兰相对落后的小国地位及其经济发展对欧洲的依赖使之在条约改革中发言权有限,欧洲事务在国内政治中并非民众关注的话题。在此过程中,欧盟机构和爱尔兰政府认为民众对一体化的支持是想当然的事情,缺乏与民众的沟通,失去了在一体化进程中逐渐建立欧洲认同的良机。

其次,90 年代中后期以来,爱尔兰与欧盟经贸关系中的一些不利因素开始出现。法、德等国认为爱尔兰的经济起飞主要得益于从欧盟预算中获得的财政支持,在爱尔兰已实现经济腾飞的情况下,主张减少援助。此外,在欧盟税收政策协调、共同农业政策改革等方面爱尔兰与其他欧洲国家也

---

① Gerard Hogan, "Ratification of the European Constitution—Implication for Ireland", pp. 140–141.

存在一定利益差异。①由于爱尔兰经济地位的变化及欧盟条约改革中经济取向的减弱,在民众偏好形成过程中,单纯的经济利益考虑加入了更多的意识形态因素。在尼斯政府间会议上,爱尔兰政府接受了《尼斯条约》,但与其他成员国间的一些政策分歧已经显现。② 内外部环境的上述变化促使爱尔兰本已处于边缘地位的欧洲怀疑主义得以复苏。民族主义政党新芬党、极端左翼政党、绿党和一些右翼天主教人士发动了声势浩大的反《尼斯条约》运动。在爱尔兰主流政党内部,民粹主义也有所抬头。例如,爱尔兰艺术与历史遗产部部长希莉·德·瓦勒拉就提出:"布鲁塞尔通过的法规和指令会给爱尔兰的国家认同、文化遗产带来严重影响。"③

在批准《尼斯条约》的过程中,爱尔兰政治精英与民众关于国家偏好的认知已出现明显差异,虽通过二次公决度过危机,但一些深层次问题并未根本解决。公决前爱尔兰政府和欧洲一体化的支持者低估了非主流政治力量动员民众的能力,对《尼斯条约》宣传不力。2001 年 6 月,在投票率仅 35%左右的情况下,《尼斯条约》遭到否决。相关民调结果显示,民众投票反对《尼斯条约》的原因列前三位的是:对条约缺乏了解、担心丧失国家主权/独立、保护爱尔兰中立地位等。④ 欧洲一体化的深化对爱尔兰传统中立政策的影响成为将各政治派别团结到一起的主要因素。前南危机前后,欧盟防务一体化提速,特别是欧洲快速反应部队建设提上日程给条约的反对者提供了口实。跨政党运动"和平与中立联盟"明确号召民众"拒绝欧盟的军事化政策"。⑤ 2002 年,第二次尼斯公决前夕,爱尔兰政府举行了大规模宣传

---

① Garret FitzGerald, *Reflections on the Irish State*, pp. 161 - 164.

② 尼斯政府间会议期间,爱尔兰政府主要在以下两个方面提出反对意见:(1)有效多数扩大到税收领域;(2)欧盟委员会委员数量改革。

③ *The Irish Times*, 20 September 2000.

④ R. Sinnott, *Attitudes and Behaviour of the Irish Electorate in the Referendum on the Treaty of Nice*, quoted in Karin Gilland, "Ireland's (First) Referendum on the Treaty of Nice", *Journal of Common Market Studies*, Vol. 40, No. 3, 2002, p. 531.

⑤ Michael Holmes, "The Development of Opposition to European Integration in Ireland", in Michael Holmes, ed., *Ireland and the European Union: Nice, Enlargement and the Future of Europe*, Manchester: Manchester University Press, 2005, p. 87.

运动,建立了"国家欧洲论坛",同时欧盟成员国与爱尔兰政府发表了《塞维利亚联合声明》,强调欧盟尊重爱尔兰的中立政策,并将联合国明确授权作为爱尔兰参加地区层面军事行动的先决条件。此外,由于《尼斯条约》在很大程度上是针对欧盟东扩做出的机制安排,条约支持者也呼吁,鉴于爱尔兰已从 30 年前加入欧共体中获得巨大利益,民众有道义上的责任使条约得以通过,帮助中东欧国家的人民,实现欧洲统一。上述因素共同作用,加之支持一体化的中产阶级投票率上升,《尼斯条约》在二次公决中顺利通过。

二、爱尔兰与欧盟制宪进程

爱尔兰参与欧盟制宪进程的经历基本上是《尼斯条约》辩论的延伸和发展,其国家偏好的形成呈现更加复杂的局面,也对条约改革的整个进程产生了重要影响。

(一)爱尔兰政府在制宪进程中的立场

经过尼斯公决的波折,爱尔兰政府深知本国民众在欧洲一体化深化问题上的支持既非不可避免,也非不可逆转,因而最初反对启动制宪进程。一些爱尔兰政治评论家指出:"使用'宪法'一词的隐含之义是《宪法条约》将成为欧洲最重要的法律文件。人民将会觉得这一安排降低了本国宪法的地位。对于将忠诚奉献给自己祖国及其象征之物的人们而言,欧洲宪法的设想是一种冒犯和挑衅。"[1]但在 2002 年欧盟制宪会议及随后的政府间会议上爱尔兰政府从欧洲一体化的长远发展出发,也迫于其他成员国的压力,仍采取了其在欧盟条约改革博弈阶段一贯的实用主义立场,以《宪法条约》不影响爱尔兰宪法为底线,接受了该条约。[2]

在制宪会议和政府间会议过程中,爱尔兰代表参加了号称"七个小矮

---

① J. Duffy, "Time for EU to Slow down and Listen when the People Say 'No'", *The Irish Times*, 18 June 2005.

② Anna Verges Bausili, "Ireland and the Convention on the Future of Europe", in Michael Holmes, ed., *Ireland and the European Union: Nice, Enlargement and the Future of Europe*, p. 142.

人"的中小国家集团①的活动。针对英、法等国提出的设立任期五年的欧盟理事会主席的建议，中小国家担心自己在失去担任理事会轮值主席国机会的同时，常设主席职位将被大国把持。虽最终在四大国坚持下，《宪法条约》草案写入了理事会主席一职，但任期缩短为两年半，仍由理事会而非欧洲议会选举产生。这也在一定程度上反映了爱尔兰等中小成员国在欧洲民主问题上的矛盾心理：一方面，它们支持制宪进程加强欧盟民主合法性的努力，但同时担心，人口众多的大国在泛欧多数民主安排下会进一步强化其主导地位，使小国失去发言权。

在欧盟委员会改革中，爱尔兰等国也持同样心态。正如爱尔兰前总理费兹罗杰所说，一些条约的批评者"并不了解欧盟的运作，错误地认为应将欧盟委员会置于它们所说的'民主管理'之下。然而，殊不知，这样的安排在实践中会轻而易举地导致大国控制欧盟事务"。② 制宪会议上，爱尔兰代表主张欧盟委员会具有独立于理事会和欧洲议会的立法提议权。在委员会委员数量调整问题上，爱尔兰政府最终采取了合作态度，同意每届委员会轮流由 2/3 成员国派出代表担任委员。这一安排在里斯本公决中成为争议的焦点之一。

在国内非常敏感的共同防务问题上，爱尔兰政府仍采取了谨慎立场。虽然此前爱尔兰在中立问题上立场有所松动，如准备接受欧盟在反恐等领域的"彼得斯堡任务"，但尼斯公决使爱尔兰政府认识到中立问题在国内具有浓重的意识形态含义，其底线仍是欧盟在这一领域的合作不得削弱爱尔兰的中立地位。如爱尔兰欧洲事务部长罗奇在向制宪会议提交的报告中所说："爱尔兰政府将不会阻碍其他国家在欧洲共同防务问题上的前进步伐，但只有通过全民公决获得人民的同意后，我们才能参与这一进程。"③爱尔

---

① 　其核心成员包括奥地利、比利时、芬兰、爱尔兰、卢森堡、荷兰、葡萄牙七国。

② 　Garret FitzGerald,*Reflections on the Irish State*,p. 169.

③ 　D. Roche,et al. ,Contribution"Reforming the Institutions:Principles and Premises"submitted to the European Convention, 28 March, http://register. consilium. eu. int/pdf/en/03/cv00/cv00646en03. pdf 2003,last accessed on 12 July 2008.

兰政府的这一谨慎态度还表现在有效多数适用范围扩大、司法合作、《欧盟权利宪章》等问题上。由于爱尔兰经济增长得益于依靠低税收政策吸引外资,爱尔兰政府明确反对将有效多数机制引入税收协调领域。在司法合作方面,爱尔兰也坚持成员国的核心地位,并在谈判中确定了底线:对于欧盟未来在司法、警务合作方面以有效多数做出的决定,爱尔兰保留选择退出的权利。

2003 年政府间会议因有效多数表决机制问题使宪法条约进程搁浅后,2004 年 1 月,爱尔兰担任欧盟轮值国主席,在随后的政府间会议上,爱尔兰政府将其工作重点放在履行主席国职责方面,居中斡旋,回避了从本国利益出发提出的可能引发成员国间争议的问题,确保《宪法条约》在罗马峰会上获得通过。① 2005 年法、荷公决后,爱尔兰政府在反思期内暂停了关于《宪法条约》的公决程序。

（二）《里斯本条约》辩论与全民公决

2007 年底《里斯本条约》签署后重新进入成员国批准程序,为避免再生波折,各国政府都回避了全民公决方式,爱尔兰成为唯一需通过全民公决批准该条约的国家。客观来说,无论《宪法条约》还是《里斯本条约》都延续了欧盟以往条约改革的渐进特征,在经济、共同安全与外交、社会政策领域的实质规定变化有限,表决机制上的变化也主要在于有效多数门槛的适度降低,其他领域的变革象征意义大于实质内容。爱尔兰执政的共和党和民主进步党联盟以及第一、第二大在野党统一党和工党领导层都呼吁选民投票支持《里斯本条约》。在议会拥有席位的政党中只有新芬党公开反对该条约。近年来"欧洲晴雨表"年度报告显示,爱尔兰目前仍是欧洲一体化支持度最高的国家之一。几乎与爱尔兰 2008 年公决同时公布的数据显示,73% 的爱尔兰公民认为他们的国家加入欧盟是一桩好事情,在 27 国中排名第二（平均值 52%）;82% 的爱尔兰人认为其国家从欧洲一体化中获益,在 27 国

---

① Anna V. Bausili, "Ireland and the Convention on the Future of Europe", pp. 132 - 134.

中排名第一；甚至约60%的爱尔兰人欢迎欧洲共同安全与外交政策。[1]事实上，这也是爱尔兰政府在里斯本政府间会议上得出接受《里斯本条约》符合爱尔兰国家利益结论的现实基础。

　　然而，2008年以来，关于《里斯本条约》的讨论却使爱尔兰国家偏好的形成向不利于《里斯本条约》的方向发展。首先，欧盟机构和爱尔兰政府未能采取有效措施使民众充分了解条约内容及潜在影响。行文冗长晦涩已是欧盟条约多年的通病。《里斯本条约》的形式是在现有欧盟条约基础上所作的修补，即便欧盟法专家要读懂也非易事。尽管爱尔兰政府开展了一系列宣传活动，各政党、公民社会就此进行了激烈辩论，公决前，有关《里斯本条约》的讨论占据了《爱尔兰时报》等主流媒体头版2/3以上的版面，但政府的宣传策略并不成功，普通民众获得的有关知识支离破碎、似是而非。具有讽刺意味的是，爱尔兰总理考恩和欧盟委员会委员麦克里维（McCreevy）在公决前后相继承认自己从未通读过条约全文。[2]

　　其次，爱尔兰近年来经济增长放缓，政府受到财务丑闻困扰，尽管总理埃亨在公决前夕辞职，但国内政治因素仍给公决带来一定的不利影响。加之长期以来爱尔兰政治精英与民众缺乏沟通，主要政党缺乏动员民众的能力，都使一些支持欧洲一体化的选民倒戈。

　　反对派利用这些因素，将《里斯本条约》的负面影响放大，使之与爱尔兰普通民众中关注国家主权、担心民族特性受到侵蚀的心理产生共振，使双方的微弱平衡倒向自己一边。反对派提出的否决该条约的理由主要包括：(1)欧盟军事化的加强危及爱尔兰中立政策；(2)欧盟拟议中的税收协调会降低爱尔兰税收自主权；(3)欧盟机构改革使小国丧失发言权；(4)《欧盟权利宪章》会影响禁止堕胎、安乐死的国内立法；(5)欧盟在WTO农业谈判

　　① European Commission, *Eurobarometer* 69, June 2008, http://ec. europa. eu/public_opinion/archives/eb/eb69/eb_69_first_en. pdf, last accessed on 20 July 2008.

　　② Referendum pro, "There is Collective Remorse in Ireland" (Interview), http://www. euractiv. com/en/future-eu/referendum-pro-collective-remorse-ireland/article-174092, last accessed on 1 August 2008.

中做出的让步会给爱尔兰农牧业带来不利影响。虽然《里斯本条约》中有关条款与《尼斯条约》相比大多变化不大,但反对派坚持认为"欧盟正在缓慢但明确地走向欧洲共同防务",他们指责欧盟有意在爱尔兰公决前掩盖包括防务合作、税收协调在内的一些议题,①从而产生了误导民众的效果。

表 6.1　爱尔兰民众 2008 年全民公决中投票反对《里斯本条约》的原因

序号	原因(占投反对票者百分比)	序号	原因(占投反对票者百分比)
1	对条约内容了解不够(22%)	9	反对欧盟在国际事务中以一个声音说话(4%)
2	保护爱尔兰民族身份认同(12%)	10	欧盟决策由大国决定(4%)
3	保护爱尔兰在安全和防务方面的中立地位(6%)	11	保护小国的影响力(3%)
4	对本国政治领导人的不信任感(6%)	12	条约会使欧盟在婚姻、堕胎、安乐死等方面的立法在爱尔兰具有法律效力(2%)
5	保护爱尔兰税收制度的独立性(6%)		
6	爱尔兰不能保证在每届欧盟委员会中拥有自己的委员(6%)	13	避免移民涌入(1%)
7	反对欧洲一体化(5%)	14	欧盟目前运作良好,无需改革(1%)
8	反对政府的政策(4%)	15	其他 + 未表态(17%)

资料来源:European Commission, *Eurobarometer*:*The European Constitution*:*Post-referendum Survey in France*.

　　爱尔兰公决后欧洲晴雨表进行的专项民调结果(见表6.1)显示,尽管从单个项目看,反对《里斯本条约》的选民直接选择主权、中立、小国地位等因素作为投反对票的理由的比例并不高,但表中第 2、3、5、6、10、11、12 项均和这些带有意识形态色彩的因素紧密相关,合计占 39% ,7、9 项中明确反对

①　Euractiv,"Irish MEP Attacks French Plans Ahead of Referendum",http://www. euractiv. com/en/future-eu/irish-mep-attacks-french-defence-plans-ahead-referendum/article-173190, last accessed on 10 July 2008.

欧洲一体化的占9%。此外,表示不了解条约内容和未表态的选民中也有一部分会出于这些因素的考虑。而此前人们担忧的对爱尔兰政府政策不满、移民、经济利益考虑对公决产生影响所占比重相对较小。如对照2005年法、荷公决后欧洲晴雨表所做的民调结果,则可发现爱尔兰与法国存在明显差异,法国民众投否决票的理由前五位分别为《宪法条约》对就业的负面影响、法国经济形势不佳、条约文本在经济方面过于自由化、反对政府政策、社会欧洲建设不充分,而选择主权问题和反对欧盟进一步发展的则少得多。[①] 经济因素所占权重明显高于爱尔兰。

尽管公决前夕欧盟委员会主席巴罗佐宣称《里斯本条约》没有替代方案,但在现行条约框架内,欧盟无法回避爱尔兰的公决结果。2008年6月,欧盟峰会决定呼吁其他成员国继续条约批准进程,同时积极与爱尔兰磋商解决危机的途径。从法理上讲,欧盟和爱尔兰有多个选择,但在实践上和政治上都面临一定困难。其一,暂停条约改革进程,继续使用《尼斯条约》,这一方案虽看似简单易行,但会使欧盟形象和信心遭受打击,使人们对欧盟机构改革乃至进一步发展的能力产生怀疑;其二,重新谈判新条约,这不仅意味着放弃历时7年的制宪成果,而且包括爱尔兰在内的各成员国会提出新要求,达成一致更加困难;其三,建立由核心成员国和各取所需的其他成员国组成的欧洲,这是传统多速欧洲的翻版,虽可暂时解决危机,但会进一步加强英、瑞、丹等国欧洲怀疑主义倾向,使欧盟近年来增强自身决策合法性的努力付之东流,削弱欧盟在国际事务中的行动能力。

最后,爱尔兰和欧盟达成默契由爱尔兰进行二次公决。[②] 这一方案虽有尼斯公决的成功先例,但在法、荷公决迫使欧盟放弃《宪法条约》的背景下,要求爱尔兰重新就同一条约文本再次公决,无疑使爱尔兰民众产生被忽

---

① European Commission, *Eurobarometer*: *The European Constitution*: *Post-referendum Survey in France*.

② Daniel Gros and Sebastian Kurpas, "What Next? How to Save the Treaty of Lisbon", http://www.euractiv.com/29/images/what%20next%20pdf_tcm29-173704.pdf, last accessed on 9 July 2008.

视的感觉。2008 年 7 月,法国总统萨科齐访问爱尔兰期间有消息称其曾向爱尔兰政府施压,要求必须举行二次公决。该消息在爱尔兰引起民众的强烈不满,尽管萨科齐总统事后否认这一传言,但有民调表明,这仍使一些原本支持《里斯本条约》的选民倒向反对再次公决的阵营。①爱尔兰政府在选择二次公决的时机问题上采取了谨慎态度——在 2008 年和 2009 年 6 月的三次欧盟峰会上,均未明确公决时间表,而是积极与欧盟各国沟通,创造条件,在国内形成支持《里斯本条约》的共识。

2008 年下半年以来,随着美国次贷危机的蔓延,全球性经济危机加剧,爱尔兰民众感到,作为小国的爱尔兰需要借助欧盟共同抵御危机,促使部分选民转而支持《里斯本条约》,增大了《里斯本条约》在二次公决中获得通过的机会。欧盟也不失时机地利用经济援助手段,帮助爱尔兰缓解危机造成的影响。例如,2009 年 9 月,欧盟委员会向戴尔在爱尔兰的生产厂提供了 1480 万欧元援助,以避免当地工人遭到解雇。这些措施在一定程度上起到了动员民众"功利主义支持"的效果。

针对民众对《里斯本条约》给国家主权和民族身份带来不利影响的担忧,爱尔兰政府积极寻求与欧盟合作,通过联合声明或附加议定书形式,明确爱尔兰的特殊地位,消除民众的误解,逐步化解了意识形态因素对选民的影响。在爱尔兰向欧盟提出的要求中,只有恢复每国一名欧盟委员会委员的安排对条约有整体影响,由于其他中小成员国大多也支持这一立场,最终为欧盟所采纳。为此,在 2009 年 6 月的欧盟峰会上,欧盟各国与爱尔兰达成协议,承诺在《里斯本条约》生效后,以具有法律效力的附加议定书形式,在中立地位、权利宪章、堕胎、税收协调等领域给与爱尔兰特殊地位或对此前的承诺做出明确的保证。②

---

① 有关民调结果,参见 Open Europe 网站,http://www. openeurope. org. uk/research/redc. pdf,last accessed on 3 November 2008.

② European Council,*Presidency Conclusions:Brussels European Council*,18/19 June 2009,http://www. consilium. europa. eu/uedocs/cms_data/docs/pressdata/en/ec/108622. pdf,last accessed on 1 August 2009.

　　在此背景下，爱尔兰于 2009 年 10 月 2 日就《里斯本条约》举行了第二次全民公决。投票率达 58%，爱尔兰选民以 67.1% 的支持率（高出 2008 年公决近 20%）批准了该条约。这一结果为《里斯本条约》的生效消除了一大障碍。

第七章　中东欧成员国与欧盟制宪进程：以波兰为例

制宪进程是中东欧国家正式入盟后经历的首次欧盟条约改革进程。在此过程中，2004 年入盟的八个中东欧国家表现出一定的共性特征，同时各国在历史经验、政治文化传统、地理位置、对外政策和国内民意等方面的差异也使其展现出不同特点。本章首先讨论中东欧新成员国在制宪进程中呈现出的共性问题及其原因，然后以波兰与欧盟制宪进程的互动为例作深入分析。

第一节　中东欧新成员国与欧盟制宪进程

制宪进程启动时，中东欧新成员国大都已历经十余年的艰苦入盟谈判，即将实现"回归欧洲"的夙愿。与此同时，由于这些国家与欧盟原成员国间存在巨大差异，相互适应上的困难也逐渐显现出来。与西方民主制度已确立的欧盟原成员国不同，这些新成员国仍处于苏东剧变后的转型时期，面临新的政治经济体制的确立、经济发展乃至新的国家认同建构的艰巨任务。它们一方面希望通过参与欧洲一体化进程扩大外贸市场，获取经济援助，促进经济发展，并作为欧盟一员增强本国安全和国际影响；但同时，波兰、捷克等国对欧盟制宪进程在民主治理上的深化持怀疑态度。

冷战结束后，欧盟就一直将东扩作为实现输出民主战略的重要工具，在接纳中东欧新成员国的过程中，附加了发展和巩固民主制度的条件。早在1993年哥本哈根峰会上，欧盟针对中东欧新成员国确定了三条入盟标准。其中第一条政治标准即为候选国必须建立稳定的制度，确保"民主、法治、人权、尊重与保护少数民族权利"等原则的实现。[①] 然而，在中东欧成员国看来，无论欧盟的超国家民主发展还是本国在欧盟框架内推进民主化进程都并非其入盟优先考虑的目标。在欧盟制宪进程中，尽管发言权有限，但在一些存在争议的问题上，中东欧成员国往往和英国、爱尔兰等欧洲怀疑主义传统较强的国家一道，反对欧盟推出较为激进的变革措施。例如，在制宪会议期间，针对德、法扩大有效多数表决机制的建议，中东欧新成员国和英国一道提出反对意见。

中东欧新成员国对制宪进程缺乏热情的原因有以下几个方面。首先，中东欧国家在历史上大多曾遭受强邻控制乃至军事入侵，有些成员国赢得独立的时间不长，对国家独立和主权问题尤为关注。欧洲一体化长期发展形成的准联邦治理结构对于刚刚参与一体化的国家而言有超前性，因而，它们对欧盟条约改革进一步加强超国家安排的努力往往持保留态度，希望欧盟在政治上能采用更加灵活的多中心、多层次的治理结构。此外，也有学者担心，由于欧盟自身面临民主赤字问题，其超国家机构过多介入中东欧国家事务反而会对这些国家议会民主的发展带来不利影响。[②] 拉脱维亚总统弗赖贝加2002年在爱尔兰欧盟事务研究所的演讲颇具代表性："拉脱维亚将欧盟视为一个主权国家的联盟……欧洲巨大的多样性正是其最大的优势所

---

① European Council, *Presidency Conclusions: Copenhagen European Council*, Brussels: Council of the European Union, 1993.

② Jan Zielonka, "The Quality of Democracy After Joining the European Union", *East European Politics and Societies*, Vol. 21, No. 1, 2007, pp. 168 – 170.

在。……欧盟的每一个成员国无论大小都有潜力为这一组织做出有益的贡献。"①

其次,由于中东欧新成员国经济社会发展相对滞后,缺乏足够的经济基础在社会福利、劳工法、环境政策等方面与德、法等国协调立场,因而,它们希望在税收、劳工法、环境立法等领域保留足够的灵活性,并尽可能避免因引入有效多数表决机制而丧失主导有关政策的能力和自主性。

再次,如第三章所述,从地缘政治利益考虑,大多数中东欧新成员国既希望借重欧盟提升本国在国际舞台上的影响力,又希望依靠美国确保自身的安全利益。特别是与俄罗斯接壤的波罗的海三国及波兰担心欧盟不能有效保障其安全,因而更倾向于与美国保持紧密的外交和安全关系。在这些国家看来,如果制宪进程促使欧盟共同安全外交政策一体化加速发展,不仅会引发主权问题的争论,而且将加大成员国间的分歧,导致多速欧洲局面的出现。②这样,德、法等部分成员国可能会正式或非正式地形成核心欧洲,而政治经济影响力处于弱势的中东欧成员国的地位则进一步边缘化,不利于其从一体化进程中获益。

最后,欧洲认同的缺乏也是制约中东欧成员国政府在制宪进程中行动能力的重要因素。新成员国刚刚加入欧盟,缺乏长期参与欧洲建设所形成的归属感,在入盟前接受欧洲一体化大多出于经济利益的功利性预期,国内缺乏与欧盟议题相关的公民组织和公共领域。当加入欧盟并未带来立竿见影的好处时,对欧盟的支持度往往会因一时一事发生变化。欧洲晴雨表的有关数据显示,2004 年正式入盟后,中东欧成员国民众中认为自己只有本国公民身份的比例较之 2003 年上升了 12%,认为自己兼具一定欧盟身份或完全是欧盟公民的比例下降了 7%,而同期欧盟原成员国的数据变化不

---

① Vaira Vike-Freiberga, "European Integration: New Opportunities and Challenges", http://europa. eu. int/futurum/documents/speech/sp040602_en. htm, last accessed on 10 March 2009.

② Janusz Bugajski and Ilona Teleki, *Atlantic Bridges: America's New European Allies*, p. 2.

大(见下表)。①这一阶段，欧盟制宪辩论和关于预算的争议对这些国家民众的欧洲认同带来了一定的不利影响。

表 7.1　2003 和 2004 年欧盟民众欧洲认同和本国认同的比较

	新成员国(%)		欧盟原 15 国(%)	
	2003 年	2004 年	2003 年	2004 年
只接受本国公民身份	36	48	40	41
承认有一定的欧洲身份	58	51	57	56

资料来源：European Commission, *Eurobarometer Spring* 2004, http://ec. europa. eu/public_opinion/archives/eb/eb61/eb61_en. pdf, p. 182 last accessed on 29 May 2009.

尽管中东欧成员国对一体化的深化缺乏热情，但在制宪进程中，除波兰、捷克两国外，大多数中东欧国家政府采取了合作态度。制宪进程启动时，这些新成员国正忙于缔结最后的入盟议定书，面对入盟后参与的首次条约改革进程，各国政府大多处于适应欧盟事务阶段，加之中小成员国在政治经济上有求于欧盟，因而，一般接受原成员国的主流意见，只是在税收协调、社会政策等问题上站在英国、爱尔兰、丹麦、瑞典等国一边，反对做出激进的政策调整；而在机构问题上，它们积极与欧盟原中小成员国协调立场，维护自身利益。此外，中东欧各国也担心，欧盟制宪会加速德、法等国采取多速欧洲战略，使自身受到孤立。

在批准《宪法条约》和《里斯本条约》过程中，由于欧盟条约对多数中东欧成员国民众还是新事务，公众对制宪进程的关注度有限，因而，主要采取议会程序批准条约。2004 年 11 月立陶宛议会顺利批准了《宪法条约》，成为首个批准该条约的成员国。到 2005 年法、荷公决时，已有五个新成员国通过议会程序批准了《宪法条约》；在《里斯本条约》批准过程中，截至 2009

———————

① 　有关数据，参见 European Commission, *Eurobarometer Spring* 2004, http://ec. europa. eu/public_opinion/archives/eb/eb61/eb61_en. pdf; *Candidate Countries Eurobarometer* 2003. 4, Oct-Nov. 2003, http://ec. europa. eu/public_opinion/archives/cceb/2003/cceb2003. 4_full_report. pdf, last accessed on 5 March 2007.

年 11 月,中东欧十国(包括 2007 年新入盟的保加利亚、罗马尼亚两国)均已完成批准程序。这些新成员国采用议会程序在较短时间内通过欧盟条约的做法虽避免了国内争论,但未能充分利用宪法辩论的时机增进国民对欧盟民主合法性的关注和促进欧洲认同的形成。①

在波兰、捷克两国中,批准《宪法条约》和《里斯本条约》引发了激烈的公众辩论,也出现了一定波折。两国原计划采用全民公决方式批准《宪法条约》,但法、荷公决结果中断了这一进程。波兰作为东欧大国,由于其在《尼斯条约》表决权方面获得的利益在新条约中受到削弱,对《宪法条约》一直有所保留,成为制宪进程中的麻烦制造者。捷克亲欧的社会党政府和议会在政府间会议和条约批准过程中并未制造麻烦,然而,捷克总统克劳斯对欧盟持强烈的怀疑态度。尽管依据捷克宪法总统在此问题上的实际权力有限,但他对欧盟制宪直言不讳的批评,在国内引发了广泛的辩论,也迫使捷克政府决定就《宪法条约》举行全民公决。2005 年 4 月,正值新任总理巴罗贝克为推动《欧盟宪法条约》在全民公决中获得通过而展开宣传攻势之际,克劳斯总统发表了题为《欧盟宪法必然走向欧洲联邦》的文章,批评《欧盟宪法条约》将限制成员国权力,对捷克政府权力的限制甚至超过了原捷克斯洛伐克联邦宪法。②他认为,欧洲宪法会削弱成员国的国家主权和民族认同,导致欧洲超级国家的建立。他进一步写道:欧盟宪法通过后,"成员国虽仍享有国家之名,但其权力只相当于一个地区或一个省"。《宪法条约》中的"条约"一词只是平息争论的权宜之计,一旦获得成员国批准,就会成

---

　　①　Irmantas Jarukaitis,"Ratification of the European Constitution in Lithuania and its Impact on the National Constitutional System",in Anneli Albi and Jacques Ziller,eds. ,*The European Constitution and National Constitutions:Ratification and Beyond*,p. 24.

　　②　Václav Klaus,"Ustavou EU vzniká prinejmenším federace"[The EU Constitution Establishes at least Federation] *Lidové noviny*,27 April 2005,网址见 www. klaus. cz,转引自 Zdeněk Kühn,"Ratification Without Debate and Debate Without Ratification:the European Constitution in Slovakia and the Czech Republic",in Anneli Albi and Jacques Ziller,eds. ,*The European Constitution and National Constitutions:Ratification and Beyond*,p. 163.

为一部真正意义上的宪法。① 2008 年《里斯本条约》在爱尔兰遭否决后,克劳斯将爱尔兰公决结果称为"自由和理性的胜利",并称"《里斯本条约》批准程序不应再进行下去"。②在捷克议会已批准《里斯本条约》的情况下,他多次宣称要等到爱尔兰批准程序完成后才考虑是否在条约上签字。

在此过程中,捷克少数保守议员以《里斯本条约》将损害国家主权为由向宪法法院提起诉讼。在爱尔兰二次公决后,捷克总统克劳斯仍以等待宪法法院判决为由迟迟未就是否签署《里斯本条约》表态,迫使欧盟在权利宪章问题上做出让步。2009 年 10 月欧盟峰会同意在权利宪章问题上给与捷克与英国、波兰一样的例外地位。面对欧盟其他成员国的强大压力,在捷克宪法法院未做出不利于《里斯本条约》的判决后,克劳斯总统于 2009 年 11 月签署了《里斯本条约》。

第二节　波兰与欧盟制宪进程

波兰按人口和领土面积计算都是欧盟第六大国,它地处欧洲中部,西邻德国,东部与白俄罗斯接壤,战略位置十分重要。在欧盟东扩过程中,德、法与波兰建立了被称为"魏玛三角"的定期会晤机制,两国希望在东扩背景下借助波兰东欧大国的影响力,维护自身在欧盟的"轴心"地位,同时也希望波兰充当中东欧新成员国的样板,达到推动欧盟顺利东扩的目的。③ 但早在入盟谈判和伊拉克战争中,波兰和德、法之间的矛盾就已暴露出来。在制

---

① Václav Klaus, *Foreword to "Rekneme své ano nebo ne Evropské ústavě"*, [Shall We Say Our Yes or No to the European Constitution] Prague: CEP, 2005, 转引自 Zdeněk Kühn, "Ratification Without Debate and Debate Without Ratification: the European Constitution in Slovakia and the Czech Republic", p. 163.

② EurActiv, "Eyes Turn on Czechs at 'Crisis' Council'", http://www.euractiv.com/en/future-eu/eyes-turn-czechs-crisis-council/article-173356, last accessed on 1 October 2009.

③ 姚勤华、戴轶尘、朱雯霞:《从"魏玛三角"到"波兰现象"》,载《现代国际关系》2004 年第 5 期。

宪谈判过程中,中东欧中小成员国大多采取了积极履行义务和维持谨慎平衡的策略,不挑战欧盟的既有秩序,①而波兰则表现出较为强硬的立场,其中维护《尼斯条约》表决机制成为波兰各派力量关注的重点。

一、波兰与《欧盟宪法条约》

波兰政府于 1994 年正式申请加入欧盟,到 2002 年底完成了入盟谈判。在 2003 年 6 月就加入欧盟举行的全民公决中,高达 77% 的民众支持政府的入盟决定。但在同期举行的《欧盟宪法条约》谈判过程中,波兰与欧盟其他成员国间的矛盾显现出来。其中最引人注目的即维护《尼斯条约》有效多数表决机制问题。在尼斯安排中,波兰和另一个中等成员国西班牙意外地成为欧盟加权表决机制中的最大赢家,各获 27 张表决票,仅比四大国少两票,相对表决权为四大国的 93% 左右。而在欧盟制宪会议确定的新机制中,按人口计算,其加权表决权只有德国的 46%,英、法的 64%。这一变化促使波兰长期存在的历史情结和近年来发展起来的大国意识复苏,民族主义抬头,左右派政治家都将维护尼斯表决机制视为波兰的核心利益,从而使波兰与欧盟间的一些结构性矛盾暴露出来。

在 2003 年 9 月的国会辩论中,右翼政党公民纲领党议员罗基塔(Deputy Rokita)提出"不能维护《尼斯条约》毋宁死"(Nice or Death)的口号,无论相对亲欧的民主左派联盟、社民党等中左政党还是在野的法律与公正党等右翼党派都无法忽视这一诉求,一致同意将维护尼斯表决机制作为波兰在制宪谈判中的首要任务。

波兰的国内辩论大体围绕制宪进程中的几次关键政府间会议展开,其中包括 2003 年关于《宪法条约》的第一次政府间会议、2004 年第二次政府间会议和 2007 年关于《里斯本条约》的政府间会议。制宪会议启动时,波兰仍非欧盟正式成员国,其意见并未引起很多关注,民众的注意力也主要集

---

① 张烨、杨汉唐:《欧盟新成员国行为模式比较:以捷克和波兰为例》,载伍贻康主编:《欧洲一体化的走向和中欧关系》,时事出版社 2008 年版,第 117 页。

中在波兰的入盟公决上。直至 2003 年秋波兰政府公布其在政府间会议上的立场时，《宪法条约》文本问题才引起波兰国内的广泛关注。波兰政府的报告称其对制宪会议提出的《欧盟宪法条约》草案总体上持肯定态度，但同时认为，"在一些问题上仍有进一步讨论和修改的空间"。这些问题主要包括：(1)《宪法条约》与欧洲基督教价值观；(2)欧盟安全政策；(3)欧盟委员会委员数量；(4)理事会有效多数表决机制问题。① 10 月 23 日通过的波兰议会下院决议明确要求波兰政府和参加政府间会议的代表：

> 要在《欧盟宪法》序言中明确基督教价值观的地位；承认北约是欧洲安全的基础；支持每个成员国拥有一名欧盟委员会委员和各国轮流担任理事会主席的原则；支持尼斯峰会接受的表决规则。在此（尼斯表决规则）问题上，我们要求波兰政府采取坚定立场。如政府间会议不能接受我国的要求，可使用否决权。②

2003 年秋欧盟峰会前，波兰国会再次发表声明强调，波兰必须维护尼斯表决机制。波兰政府在其他存在争议的问题上，如人权宪章的法律地位、欧盟外长职位的设立，都采取了合作态度，但反对法、德提出的在税收、社会政策领域引入有效多数表决机制的建议。面对巨大的国内压力，加之西班牙的支持，波兰政府在峰会上采取了不妥协立场，最终欧盟各国未能通过《宪法条约》草案。

波兰政府的立场招致了其他成员国，特别是法、德的强烈不满，2004 年 3 月，亲欧的工人社会党在西班牙大选中获胜，在理事会表决权问题上表现出向其他成员国做出让步的意愿，波兰在争取维持尼斯安排的努力中失去了重要战略伙伴。波兰政府担心自己坚持原有立场会陷于孤立，激怒德国和法国，在 2007—2013 年的预算谈判中遭到报复；从长远看，坚持不妥协立

---

① Anna Gwiazda, "Poland: The Struggle for Nice", in Thomas König and Simon Hug, eds., *Policy Processes and European Constitution: A Comparative Study of Member States and Accession Countries*, London: Routledge, 2006, p. 186.

② Sejm, "Resolution of 2 October 2003 on the Treaty Establishing the Constitution for Europe", Sejm Rzeczpospolitej Polskiej, *Monitor Polski*, No. 47, p. 694.

场也不利于波兰在欧盟事务中发挥影响。2004 年 5 月波兰政府宣布，"不能维护《尼斯条约》毋宁死"的口号已不适合变化的现实，波兰可以接受简化后的双重多数表决机制，但波兰的关键利益必须得到保障。①为此，波兰政府和其他成员国在 2004 年 6 月的欧盟峰会上进行了激烈的讨价还价。

经过欧盟大国、中小成员国和波兰、西班牙之间的艰苦谈判，基本确定了将人口门槛从 60% 提高到 65% 的方案，同时将成员国数的门槛从 50% 提高到 55%。相对于原 60% 的规定，这一人口门槛变化虽提高了波兰阻止有关立法获得通过的能力，但相对于尼斯安排，其影响力仍有所下降，波兰政府需要欧盟做出进一步让步以安抚国内民族主义情绪。波兰还有意支持一个欧洲非政府组织"民主欧洲科学家"提出的平方根表决方案，即按照各国人口数的开平方结果计算各国表决权的比例。② 按照这一方法，波兰虽不能恢复尼斯机制中的权重，但其表决权相对于四大国明显上升，特别是相对于德国从 46% 上升到 67% 左右。但这一建议未得到其他中等成员国的响应。为打破僵局，欧盟各国领导人从 1994 年"约阿尼纳妥协方案"（Ioannina Compromise）③中找到灵感，即反对票达一定比例但未达到法定阻止决定通过的多数时，允许反对该法案的成员国请求将该问题交由理事会重新讨论，在一定程度上弥补了波兰在尼斯表决权方案上的损失，最终各方在此基础上接受了《宪法条约》草案文本，随后，波兰政府决定以全民公决方式批准《欧盟宪法条约》。虽然关于《欧盟宪法条约》的激烈辩论主要在各政

---

① Anna Gwiazda, "Poland: The Struggle for Nice", p. 189.

② 该方案的理论根据是 20 世纪 40 年代英国数学家彭罗斯博弈论中的"彭罗斯平方根定律"，后来应用于加权表决中。平方根法的支持者认为欧盟理事会现行表决方法对大国和小国有利，而对中等国家不利。瑞典在 2000 年尼斯谈判中曾提出该方案。参见 Scientists for a Democratic Europe, "Letter to the Governments of the EU Member States", http://chaos. if. uj. edu. pl/ ~ karol/pdf/OpenLetter. pdf, last accessed on 1 May 2009.

③ 1994 年 3 月，欧盟外长在希腊约阿尼纳举行非正式会议。会议通过决议，欧盟部长理事会部分特殊议题适用"有效多数"表决机制，但该决议遭到挪威的反对。最后，各方达成妥协，即"约阿尼纳妥协方案"，如成员国的反对票达到 23 票（旧的否决门槛）至 26 票（新的否决门槛）之间时，理事会需重新寻求一个满意的解决方案。《尼斯条约》生效后，不再使用"约阿尼纳妥协方案"。

党、议会等传统政治组织内进行,但民众也通过媒体等渠道参与了这一讨论。

从总体上看,2003 年执政的民主左派联盟和社会民主党主张在公决中投票支持欧盟宪法,中右政党公民纲领党持中立立场,右翼主要政党法律与公正党、天主教保守派别波兰家庭联盟及自卫党、农民党都反对《宪法条约》。除维护尼斯表决机制这一直接原因外,自 2004 年 6 月起,波兰主流媒体充斥了许多反对《宪法条约》的文章,其理由主要包括三方面内容。第一,《宪法条约》削弱了民族国家主权和宪法制度,使欧盟走向超级国家。例如,有评论认为,《宪法条约》生效后,波兰"将丧失主权和自由,只能拥有一个地区或省份那样的自主权"。①

第二,随着法国全民公决的临近,欧洲范围内关于"社会欧洲"与"自由欧洲"的争论加剧,在波兰也相应出现了这一争论。总体来看,波兰主流政治派别认为自由主义的欧洲更符合其国家利益。在此前的历次扩大中,爱尔兰、西班牙、葡萄牙、希腊等经济发展相对落后的成员国从欧盟获得了许多优惠待遇,但由于 2004 年东扩后欧盟规模明显加大,原成员国无力也不愿投入大量资金运用农业政策、结构基金等手段向中东欧国家提供经济支持,而且这些国家普遍启用欧盟协定中设定的过渡期条款②,对中东欧新成员国移民、劳工设置了种种限制措施。例如,英国、瑞典、荷兰等国不仅对新成员国劳工数量,而且对其福利待遇作了限制,丹麦将面向新成员国开放劳工市场的时间推迟了两年。波兰社会普遍感到受到冷落、歧视。左翼政党也认识到,由于波兰与欧盟原成员国间社会经济发展水平存在巨大差异,法、德、比等国主张的社会欧洲方案,并不意味着通过欧盟层面的协调使中东欧新成员国在社会政策上向原成员国看齐,反而很可能导致部分主张激进一体化的国家先行一步,形成欧盟核心国家,而波兰则被进一步边缘化。

---

① 　Fr. Bartnik,"A Euro-constitution Deprived us of our Freedom",Nasz Dziennik. 转引自 Aleksandra Wyrozumska,"Who is to Die for the Constitution? The National Debate on the Constitutional Treaty in Poland",Bremen:*ConstEPS Working Paper*,No. 2006/3.

② 　按规定,该过渡期可长达 7 年。

公民纲领党等中右翼政治精英则认为,波兰应捍卫自由主义经济政策,这样既可以防止效率低下的传统福利国家模式在欧洲蔓延,又可扩大波兰向西欧国家输出劳动力、资源等生产要素的机会。而右翼保守派(如法律与公正党)则持贸易保护主义主张,认为统一的欧洲市场会毁灭波兰农业,掠夺其重要资源。①

第三,除社会欧洲外,波兰出于其亲美立场,与德、法等"老欧洲"国家在欧盟外交防务独立性问题上发生冲突。波兰认为在安全领域与美国的合作更为重要,而对建立多极世界的主张兴趣不大,并批评欧盟对俄罗斯立场过于软弱。2003 年正值欧美在伊拉克战争问题上矛盾激化之际,法国总统希拉克警告波兰应闭嘴的言辞②无疑使波兰民众对法国等欧盟大国是否将其视为平等的伙伴产生了疑问。同时,一些欧盟原成员国也将波兰视为美国的代理人和特洛伊木马。

在此政治背景下,无论是在波兰主流政治家还是普通民众中都形成了一种反对德、法主导欧盟宪法,或者说反对两国主导欧洲一体化走向的舆论氛围。而在主权、防务、经济自由化等问题上,波兰与英国立场更为接近,因而倾向于与英国保持一致,以制衡德法轴心的影响。中欧大学经济系主任罗斯托斯克(Jacek Rostowski)的观点颇具代表性:

> 法国和德国创造欧洲宪法的用意在于维持其霸权地位……法国全民公决结果带来的最大好处是法国欧洲观的破产。这一欧洲观是法国政治精英的创造,并为德国人所接受。它将使整个欧洲大陆走向停滞。……其用意在于设置一个增加法国影响的利益传送带,同时保护法国就业市场,避免其受到来自中东欧国家的竞争的影响。③

---

① Barbara Wizimirska,"Foreign Policy in Public Debate",in Barbara Wizimirska,ed.,*Yearbook of Polish Foreign Policy* 2005,Warsaw:Polish Ministry of Foreign Affairs,2005,pp.49 - 50.

② Comments at the end of a summit of EU leaders on Iraq,17 February 2003. 转引自 Asle Toje,"The 2003 European Union Security Strategy:A Critical Appraisal",p.120.

③ Jacek Rostowski,"The Sweet Revenge of the French",*Rzeczpospolita*. 转引自 Aleksandra Wyrozumska,"Who is to Die for the Constitution? The National Debate on the Constitutional Treaty in Poland",p.20.

　　值得注意的是，波兰主流政治精英和普通民众对《宪法条约》持有一种矛盾心态。他们对欧洲民主治理议题的兴趣不大，对德、法等欧盟主要国家对波政策不满，但同时又寄希望于欧洲一体化给自己带来长远利益，担心与欧盟其他国家闹翻会使自身丧失影响欧盟政策的机会，因而采取了斗而不破的策略。到2005年初全民公决临近时，除自卫党、家庭联盟等民族主义政党、宗教政党外，包括法律与公正党在内的波主要政党都放低了批评《宪法条约》的调门，以避免反欧民族主义浪潮失控局面的出现。波兰主流民意也与主要政党的态度基本一致。波兰公共评价研究中心的民调结果显示：56％的民众将会在拟议中的全民公决中支持《宪法条约》。而对这一结果的分析表明，在支持《宪法条约》的民众中，很多人并非认同条约的内容，而是出于一种"基于后果的逻辑"，即担心否决《宪法条约》带来的不利后果。例如，拟投支持票的民众有47％认为自己希望波兰保持欧盟的成员国资格，23％认为投反对票可能给波兰带来不利影响；只有15％的支持者认为《宪法条约》的内容本身对波兰有利。①

　　可以说，法、荷公决结果帮助波兰从这一两难境地中解脱出来，做了波兰民众想做而又不敢去做的事。两国公决后，民调显示，《宪法条约》在波兰的支持率由两个月前的56％下降至43％。② 波兰总统卡钦斯基随即表示，在法、荷否决《宪法条约》的情况下，波再举行公决已不现实。2005年7月，波兰国会宣布推迟就批准《宪法条约》的方式和时间做出决定。

二、波兰与《里斯本条约》

　　欧盟宣布进入反思期后，波兰于2005年9月举行了新的议会选举，卡钦斯基兄弟领导的法律与公正党成为议会第一大党，并最终与自卫党和波兰家庭联盟组建联合政府。在雅罗斯瓦夫·卡钦斯基担任总理的联合政府中，几个政党都反对《欧盟宪法条约》。然而，该届政府执政后虽不时做出

---

① CBOS, "Poles on the European Constitution", Warsaw, April 2005.

② CBOS, "Opinions on the Ratification of the EU Constitution", Warsaw June 2005.

强硬表态,但在欧洲制宪问题上最终沿袭了前任的实用主义立场,反欧亲美立场有所缓和。2007年6月,《改革条约》谈判过程中,卡钦斯基政府最初立场强硬,重提恢复尼斯表决机制的问题。卡钦斯基总理甚至在欧盟峰会上宣称:"我们的要求只有一个,那就是取得我们应该得到的东西。如果波兰没有经历过1939年到1945年那段痛苦的岁月,波兰现在的人口总数应该为6600万!"①其用意在于指责德国二战期间的种族灭绝政策使波兰减少了2800万人口。这一表态打破了欧盟内部多年来不提二战恩怨的禁忌,引起其他成员国的不满。

在反对党公民纲领党的坚持下,波兰政府要求以平方根方案取代《宪法条约》中的双重多数机制。其逻辑是,鉴于大多数中小成员国可从平方根方案中获益,因而,它们会支持自己的主张。有人将此前保卫《尼斯条约》成果的口号改为"保卫平方根方案"。然而,这一立场在欧盟内部和波兰国内都未得到充分支持。中小成员国中只有捷克明确支持波兰的主张。在波兰国内,针对平方根方案如未获通过波兰是否使用否决权的问题,相关民意调查显示,波兰主流政党中只有法律与公正党的多数党员主张动用否决权。在波兰民众中,主张使用否决权的只有34%。在此背景下,波兰政府最终做出妥协已不可避免。②

经过艰苦谈判,各方决定保留《宪法条约》设定的表决机制,但明确该机制的生效期为2014年,在此前的过渡期内仍沿用尼斯安排,从2014年到2017年如少数成员国反对多数表决通过的决定,仍可启动"约阿尼纳妥协解决方案"。卡钦斯基政府最终接受了这一安排,但在《欧盟权利宪章》③和司法警务合作领域有效多数适用问题上则选择了例外地位。在其他问题

---

① 中评社:《欧盟峰会老冤家怒骂对峙,各国首脑目瞪口呆》,http://www. chinare-viewnews. com/doc/1003/9/4/1/100394138. html? coluid = 7&kindid = 0&docid = 100394138, last accessed on 3 May 2009.

② Maciej Wilga, "Poland and the Constitutional Treaty: A Short Story About a 'Square Root'", Finn Laursen, ed. , *The Rise and Fall of the EU's Constitutional Treaty*, pp. 234 - 237.

③ 波兰教会和右翼反对该宪章中使同性婚姻合法化的规定,因而选择了"例外"地位。

上,波兰未提出进一步要求,接受了《里斯本条约》。

　　2007 年 11 月,波兰政府再次更迭,中右政党公民纲领党组阁,相对亲欧的图斯克出任总理,于同年底顺利签署了《里斯本条约》。2008 年 4 月,波兰国会下院以 384 票支持、56 票反对、12 票弃权的结果通过了《里斯本条约》。随后波兰上院也完成了该条约批准程序,授权总统卡钦斯基签署后生效。但鉴于法律与公正党在《里斯本条约》问题上仍有所保留,2008 年爱尔兰公决结果又为该条约在波兰的命运增加了变数。爱尔兰首次公决后,欧盟各国希望尚未批准该条约的英、波、捷等国尽快完成批准程序,以便对爱尔兰形成压力,促使其举行二次公决。但波兰总统卡钦斯基则宣称,如爱尔兰不能批准《里斯本条约》,则波兰批准该条约也失去了意义,因而在爱尔兰完成批准程序之前拒绝在议会表决结果上签字,使《里斯本条约》的批准问题在波兰长期处于悬而未决的状态。随着二次公决中爱尔兰民众以压倒多数批准了《里斯本条约》,卡钦斯基于 2009 年 10 月最终签署了《里斯本条约》。

　　从制宪进程中与欧盟的互动看,波兰和其他中东欧新成员国有一些共性特征。例如,出于自身的历史经验,担心主权在一体化进程中受到侵蚀;强调国家利益和美国对欧洲安全的重要性;希望在加入欧盟后能够获得立竿见影的经济利益,得到与欧盟原成员国平等的待遇等;而对制宪进程中通过跨国民主宪政、税收政策协调等途径深化欧洲一体化的建议则不感兴趣。除这些特点外,波兰作为中欧地区大国和欧盟中等大国,在其整体国家战略和对欧战略中,包含了更多的发挥地区大国作用和影响欧盟政策走向的考虑。在制宪进程中,当依据尼斯表决机制获得的利益受到影响时,波兰做出了较为强烈的回应。波兰出于自身经济和安全利益考虑对德、法主导的欧洲一体化模式提出了挑战,并与英国等疑欧情绪较为强烈的原成员国一道,限制了欧盟政策在社会、税收、共同安全与外交政策领域的进一步深入发展,成为影响欧盟内部权力结构的重要力量。此外,相对于欧盟其他成员国,波兰是民众参与宪法辩论较多的国家,除传统党派政治中关于《宪法条约》的纵横捭阖外,欧盟制宪逐步成为国内媒体的主要话题,在一定程度上形成了跨国议题的话语空间。然而,也应看到,波兰作为一个新成员国,经济社会发展相对落后,对借助参与欧洲一体化进程实现自身发展寄予厚望,因而其在对欧关系中兼具"强硬的讨价还价者"与"建设性成员"的两面性,在争取自身最大利益的同时,为避免孤立往往表现出灵活的实用主义立场,无论亲欧的左翼政党还是疑欧的右翼政党执政时,在有关欧盟条约的谈判中,波兰政府虽曾提出一些过激口号,但最终表现出相对理性的态度,并采取了合作立场。

第 三 部 分

欧盟制宪的理论意义与实践启示

完善的国内宪法制度能否确立取决于能否解决与其他国家建立起得到法律管理的对外关系的问题。如后一个问题得不到解决，则前者也无从谈起。

——康德①

每个人的经验都是一次重新的开始。唯有制度可以变得更加明智：它们是集体经验的积累；正是由于这种经验和这种智慧，受到同样规律支配的人性亘古不变，而其行为则会逐渐变化。

——艾米尔②

① Immanuel Kant, "Idea for a Universal History with a Cosmopolitan Purpose", in I. Kant, *Political Wrtings*, H. S. Reiss, ed., Cambridge: Cambridge University Press, 1991, p. 47.
② 转引自 Pascal Fontaine, *A New Idea for Europe*, Luxemburg: Office for Official Publications of the European Communities, 2000, p. 18.

第八章 欧洲宪政的未来及其国际影响

欧盟制宪进程中的跨国民主及诸多相关深层次问题有助于深入理解当前欧盟治理的性质及未来走向,进一步准确把握欧盟在未来国际体系中的地位和影响。

第一节 欧洲宪政的未来及其对欧洲一体化进程的影响

虽然在制宪进程启动前一些持欧洲怀疑主义立场的学者就对欧盟宪法的规范和象征作用不以为然,[①]而欧洲各国政治领导人也以《里斯本条约》保留了《宪法条约》的实质内容为由掩饰制宪进程的失败给欧洲一体化带来的深刻危机,但这一进程的长远影响仍不容低估。欧洲一体化的发展在经历 20 世纪 60、70 年代的停滞期后,自 80 年代开始,迎来了以不断扩大和深化为特征的快速发展阶段,《马斯特里赫特条约》后这一进程步伐放缓,

---

[①] 例如,德国公法学家格林就认为,欧盟目前并不具备"宪法时刻"来临的条件,而在超国家民主安排方面缺乏革命性内容的《宪法条约》也难以起到哈贝马斯所说的借助欧盟宪法建构欧洲认同进而走向欧洲联邦的作用。参见 Dieter Grimm, "Does Europe Need a Constitution?", pp. 193 - 208.

但惯性犹存。虽然欧盟制宪在民主实践和相关政策领域的实质性变化有限,但"宪法"称谓的巨大象征意义仍具有承前启后,为欧洲一体化进一步深化提供动力的潜力。然而,随着欧盟制宪回归传统的条约改革模式,刚刚启动的欧盟跨国话语空间出现了回归民族国家的趋势。同时,《里斯本条约》本身缺乏《欧盟宪法条约》所具有的巨大象征意义,历时八年的条约改革的艰难历程也降低了欧盟各国领导人在未来一段时间内重启欧盟条约改革进程的意愿和勇气。因而,制宪进程后,欧洲一体化很可能面临莫劳夫奇克所说的"宪法妥协"的局面,将出现一个稳定期或发展相对停滞期。

从欧盟民主的发展看,制宪进程使欧洲民主合法性的辩论超出了学术界的范畴,更多地进入欧盟政治实践。地区跨国民主形式的探索仍是未来相当一段时间欧盟政治精英和民众关注的焦点。可以预见,欧盟民主的发展则将表现出成员国内部民主和欧盟超国家民主并存的局面。由于制宪受挫,欧盟跨国民主探索步伐可能将相对放缓,呈现渐进发展的格局。《里斯本条约》中确立的以代议制民主为主、参与式民主作为补充的路径仍是主导欧盟民主发展的主要模式。在此构架下,欧盟超国家机构间权力划分将在未来 10 至 20 年间保持相对稳定,增加成员国议会在欧盟决策中的参与成为近期欧盟解决其民主合法性问题的突破口之一。当然,民选的国家议会虽然从规范意义上说可以起到欧盟两院制议会上院的作用,从而增强联盟决策的合法性,但由于以往欧盟事务主要由各成员国政府处理,议会缺乏相关外交和事务性工作经验,承担这一任务还需一个不断调适的过程。

在制宪进程之初,学术界对欧盟增加民众参与和协商的新型民主形式的发展寄予厚望,但从制宪进程看,欧洲自下而上的参与式民主发展虽有所加强,但仍主要表现为对政治精英设定议程做出的回应层面,欧洲一体化发展议程的创设权仍主要掌握在成员国政府手中。在一些欧洲怀疑主义传统较强的国家,民众对一体化的深入发展做出的回应反而比较强烈,引发了激烈辩论,客观上促进了关于欧洲事务的公共空间的发展,而在大多数国家关于欧盟条约改革的讨论仍十分有限。

在举行全民公决的国家,各政治派别、公民社会乃至普通民众参与程度较之以往历次条约改革明显增强,例如,法国民众保持了对欧洲一体化发展的高度关注,宪法公决的投票率高达 69.74%,与 2002 年总统选举不相上下;爱尔兰两次《里斯本条约》公决的投票率分别达到 53% 和 58% 左右,远高于 2001 年尼斯公决约 35% 的数字。法国和爱尔兰全民公决的有关辩论也在一定程度上促进了欧洲公共领域的发展。在法国全民公决中,欧盟机构、欧洲其他国家的左派政党都通过不同方式希望对法国选民施加影响;爱尔兰第一次《里斯本条约》公决也引起了欧洲各国民众的极大关注。但对于欧盟大多数成员国而言,关于欧洲未来走向的讨论仍主要发生在各国的国内政治领域之内,泛欧公共领域的发展及其影响相对有限。特别是在《里斯本条约》的批准进程中除爱尔兰外的所有成员国都回归了传统议会表决方式。

在具体政策领域层面,欧盟制宪进程的波折加大了联盟在共同安全与外交、社会政策、税收协调等领域取得突破的难度,也延缓了欧盟近年来所关注的环境、能源、性别平等、可持续发展等新议程的推进速度。欧盟新条约的久拖未决,使成员国间分歧加大,同时也由于欧盟治理的民主合法性问题,制约了欧盟在共同环境政策、能源安全战略等涉及传统国内政策权限的领域内的行动能力。

与此相联系的一个重要结果是,如欧盟新条约在运行过程中出现问题,在目前欧盟成员国间多样性加大的情况下,一些积极支持一体化深化的成员国和民众会重新提出"核心欧洲"或"多速欧洲"的诉求。事实上,自《阿姆斯特丹条约》以来,欧盟面对即将开始的大规模东扩,除在劳工准入、结构基金等政策上对新成员国采取了区别对待原则外,已开始尝试通过"加强型合作"允许少数成员国在一些领域进行深度合作。此前,欧盟在欧元和《申根协定》问题上也已通过附加议定书的形式允许部分成员国保持例外地位。菲舍尔在洪堡大学的演讲中关于"核心欧洲"国家先行签订一项基本条约,作为欧盟联邦宪法过渡步骤的说法在宪法辩论中曾引发广泛争议。希拉克和施罗德曾先后对这一建议表示支持。面对因少数国家全民公决阻滞欧盟条约改革进程的困境,一些激进的一体化支持者提出,为打破僵局,应就欧盟发展方向在整个欧洲范围内由所有成员国同时举行全民公决,并在此基础上推出双速欧洲的方案,使支持更紧密合作的国家在共同安全外交、税收和社会政策上先行一步。这样既有利于一体化的深入发展,也是尊重欧盟各国人民选择权的体现,可以使各国人民在对自身根本利益认知的基础上就本国参与一体化的程度做出抉择。

在欧盟未来发展上采取多速欧洲方案在理论上虽有可行性,但实践中面临诸多困难。首先,欧盟条约改革长期以来采取的渐进或模糊处理方式有其历史合理性,在当前欧盟制宪受挫的背景下,各国很难就欧盟条约框架做出的重大调整达成共识。其次,大多数欧盟中小成员国和英国等反对激进一体化的国家并不支持"核心欧洲"或"多速欧洲"的方案。从政治上讲,核心欧洲将成员国分为两类或几类国家,改变了欧盟引以自豪的大小国家一律平等的原则,会加剧成员国间业已存在的分歧,事实上将削弱欧盟现有超国家治理安排,甚至会导致联盟的分裂。因而,在可以预见的未来,虽然欧盟会在具体领域更多地给予一些成员国例外地位,但在整体条约框架上实行多速欧洲方案的愿望并不强烈。

在欧盟内部成员国间关系层面,欧盟大国与中小成员国、"东西南北"国家之间的分歧、合作和妥协仍可视为理解欧盟跨国民主,乃至整个一体化发展的一条基本线索。在欧盟理事会内部,法德轴心虽仍将在欧盟条约改革议程创设方面发挥重要作用,但其主导权将有所下降。有学者甚至认为,尽管英、法、德三国在制宪问题上的立场和国内政治因素迥异,但事实上欧盟三大国的联盟正在取代德法轴心主导着制宪进程的走向。①这一方面是由于欧盟宪法受挫加强了英国强调民族国家间联合的欧洲观在欧盟内部的影响力;另一方面,欧盟条约改革现行的全体一致表决方式使作为欧盟大国的英国拥有超乎寻常的否决权。此外,英国的立场得到了波兰等中东欧国家和具有疑欧传统的成员国的支持。而中东欧成员国则将反对欧盟原成员国的歧视政策,在经济援助、劳工、市场准入等领域获得实实在在的经济利

---

① Josef Janning, "Leadership Coalitions and Change:The Role of States in the European Union", pp. 828 - 833.

益作为其主要诉求。在欧盟机构方面,里斯本安排将在未来一段时间内保持相对稳定,欧盟大国和中小成员国围绕主权平等问题的争论也将持续下去。从这种意义上说,欧盟未来发展中面临另一种意义上的民主赤字问题,即欧盟民主亟待解决的并非欧洲公民按"一人一票"原则参与欧盟决策,而是如何防止大国主导欧盟事务使中小成员国的平等权无法得到充分保障的问题。

欧盟制宪的一些反对者提出,历史上新国家的创立或主要国家新的宪法秩序的确立往往与深刻的政治、经济、社会危机相联系。这种危机的存在成为一种强大的动力,促使政治精英思考解决危机的出路。战后欧洲各国政治、经济、社会发展相对平稳,这样的危机并未出现,使欧洲各国政治精英缺乏进行革命性变革的动力,因而,一体化支持者所期盼的"宪法时刻"到来的条件并不成熟。① 然而,具有讽刺意味的是,在《欧盟宪法条约》搁浅后,欧洲却不得不面对一个政治和经济双重危机的局面。政治上,欧盟面临制宪受挫后一体化未来发展方向的艰难抉择;经济上,2007 年以来,全球经济危机对欧盟及其成员国的影响日益显现。

全球经济危机对欧盟跨国民主的发展而言既是机遇也提出了挑战。这场经济危机为欧盟各国反思欧洲一体化模式及其政治经济效果提供了契机。在这一危机时刻,各国更易于接受一些激进的变革方案。首先,源自美国的金融危机表明,自由主义的盎格鲁撒克逊模式并非放之四海而皆准的普适标准,欧洲加强管理、减少投机、更多政府干预的经济社会模式仍有其积极意义。其次,面对经济衰退的风险,在许多成员国及其民众的利益算计中,欧洲联合行动共同抵御风险的重要性上升,从而可以遏制民族主义的逻辑,有利于增加成员国对欧洲一体化深化的功利主义支持,进而为欧盟在跨国民主等规范层面的发展创造条件。最后,虽然欧盟在 2008 年 11 月推出了大规模经济刺激计划,但具体财政政策的决定权仍掌握在成员国政府手中的现实给这些计划的实施造成了困难。这在一定程度上提出了欧盟各国

---

① Paul Robinson,"Historical Lessons for Europe's Future in the Wake of the EU Convention",pp. 6 - 7.

进一步加强经济政策协调的需求。

2008 年 10 月,爱尔兰总理考恩曾谈道:"正是因为爱尔兰的欧盟成员资格和欧元的使用才使其得以避免冰岛的命运。"①这一言论反映了许多欧洲小国民众希望借助欧洲联合共同抵御风险的心态。为此,冰岛等国已开始申请加入欧盟。爱尔兰在二次公决中顺利批准了《里斯本条约》。2009年 2 月,中东欧国家也提出,欧盟应放宽加入欧元区的条件,以便新成员国能尽快加入欧元区。即便在英国,由于金融危机对该国的冲击大于欧元区国家,欧盟委员会主席巴罗佐关于"英国比以往更加接近欧元区"的谈话也促使一些政治家和民众开始重新思考英国使用欧元的可能性。

同时,全球经济衰退也加剧了成员国之间的矛盾,各国在稳定银行系统、刺激经济、解决危机的方案上存在不同利益和观念差异,民族利己主义、贸易保护主义有所抬头。德、法两国在欧洲反危机计划的主要领域存有明显分歧,甚至互相拆台,法德轴心的领导能力进一步下降。② 2009 年 2 月,法国政府向法国汽车制造商提供了 78 亿美元的援助,要求各汽车公司确保不关闭在法国国内的汽车生产线。在市场需求不足的情况下,这意味着,法生产商可能从西班牙、捷克、斯洛文尼亚等欧盟成员国撤回生产基地,引起了相关国家的强烈不满。与此同时,捷克政府向包括来自欧盟成员国的失业外籍劳工发放机票补贴,资助其回国。这一做法也在欧盟内部引发争论。一些中东欧成员国抱怨说,一道分隔东西欧的新的经济"铁幕"正在形成。正如比利时自由大学教授德维尔所说:"经济危机使我们看清了自己在欧洲建设上已走出了多远。……这不仅仅是经济衰退的问题,而且反映了一种排外的社会现象。"③这种现象不仅出现在捷克,英国、法国同样出现了反

---

① Brussels,"EU,Euro Saved Ireland from Iceland Fate -Irish PM",http://www.javno.com/en/economy/clanak.php? id = 193186,last accessed 3 May 2009 .

② 《欧盟会否走向"分崩离析"》,转引自《参考消息》2009 年 3 月 6 日。

③ Euractiv,"Prague Criticized for Moving to Send Home Foreign Workers",http://www.euractiv.com/en/socialeurope/prague-criticised-moving-send-home-foreign-workers/article-179339,last accessed on 7 September 2009.

对外籍劳工的抗议活动。菲舍尔也悲观地认为,面对全球经济危机的挑战,欧洲不是努力实现更加紧密的团结,而是在危机中"重新国家化,让自己回到过去"。危机结束时,"欧盟将变得更加无足轻重"。①

可见,全球经济衰退对欧洲一体化发展的影响并非完全正面,与中、美等国在危机中表现出的国内团结和反应迅速相比,在制宪危机的背景下,欧盟内部成员国应对危机所需的团结和"命运共同体意识"有所削弱,难以采取团结一致的行动实现财政稳定,欧洲央行只拥有货币政策决定权难以运用财政政策手段的缺陷也日益显现,行动"保守、迟缓",加大了达成共识的难度。② 欧洲当前面临的政治经济危机最终成为促进欧洲进一步融合的契机还是增大欧洲离心力的动力取决于欧盟各国政治精英和民众的智慧。

第二节　制宪进程对欧盟对外政策和国际地位的影响

欧盟在 21 世纪的国际舞台上将扮演何种角色是国内外政治家和学术界关注的热点问题。美国学者里夫金曾指出,美国梦已显陈旧,甚至缓慢死亡,而崭新的欧洲梦则代表了人类未来的发展方向,它呼唤人类"进入包容性、多样性、生活质量、深度游戏、可持续发展、普遍人权、自然权利和全球和平的新纪元"。③ 他在该书中文版序言中还提出,欧盟和中国思想的交融,将对人类的未来产生深远影响。④ 我国学者伍贻康也认为,"欧盟区域共同治理模式是软实力的典型表现……,"它"符合人类发展的大方向,代表和体现了世界历史发展进程的一个基本倾向和发展趋势——走

---

① 　约翰·维诺克:《明日欧洲:未必有影响力》,转引自《参考消息》2008 年 12 月 8 日。

② 　The Brookings Institutions:*Economic Crisis, Political Rebound, the State of the European Union in* 2009, http://www. brookings. edu/events/2009/0611_european_union. aspx, p. 8, last accessed on 3 October 2009.

③ 　[美]杰里米·里夫金:《欧洲梦:21 世纪人类发展的新梦想》,重庆出版社 2006 年版,第 343 页。

④ 　[美]杰里米·里夫金:《欧洲梦:21 世纪人类发展的新梦想》,第 II 页。

向国际和谐,其蕴含的某些理念、精神和经验具有一定的普适性"。① 显然,这些学者以长远的眼光,就欧洲模式对人类未来发展的意义做出了高度评价。

而另一些学者则更加关注制宪进程受挫使欧盟在中短期面临的现实问题,得出了关于欧盟对外行为能力的悲观结论。美国国家情报委员会(NIC)在题为《2025 年的全球趋势》的报告中提出,未来 20 年左右,欧盟成为高度一体化具有全球影响的国际行为体的过程将步履维艰,甚至可能在世界多极化过程中失去重要一极的地位,这是因为成员国国民对一体化的深化持怀疑态度和成员国间因追逐自身利益而难以实现真正的团结。②而《费加罗报》则将"欧洲联邦幻想的破灭"称为 2008 年最重大的事件之一。我国有学者认为,欧盟"恰如人到中年,社会关怀远高于国家意识和民族情感,可能还有些清高和好高务远",在当今多极化的世界中面临众多近忧远虑,发展前景堪忧,更难说代表了世界未来的发展模式。③

客观来讲,欧盟制宪进程基本上沿着欧盟近年来渐进、增量发展的轨迹,在一定程度上解决了欧盟不断扩大背景下对机构改革提出的新要求,提高了机构效率和民主合法性,为欧盟在未来一二十年中的稳定发展创造了条件。制宪最终未能产生一部冠以"宪法"之名的欧盟条约对欧洲一体化而言并非一场灾难。但毋庸讳言,制宪未能实现预期目标的挫折,不仅从中短期看,将对欧盟的对外行为能力带来消极影响;而且也提出了欧盟内部民主治理发展限度对其外部行为能力的制约作用的长期命题。

冷战结束后,随着欧洲一体化的深入,欧盟一直力图改变在国际舞台上"经济的巨人、政治的矮子、军事的侏儒"的形象,以期在世界多极化进程中发挥更大影响力。2003 年以来,德、法等国曾提出包括建立欧盟联合军事指挥部在内的增强欧盟外交和防务能力的动议,但后续进展缓慢。欧盟在

① 伍贻康:《欧盟软实力探析》,载《世界经济与政治》2008 年第 7 期。

② NIC, *Global Trends* 2005, http://www.acus.org/files/publication_pdfs/3/Global-Trends-2025.pdf, pp. 32 – 33, last assessed on 20 March 2009.

③ 王义桅:《欧盟模式的局限性》,载《联合早报》2007 年 4 月 16 日。

民族国家主权象征的对外关系领域,实现进一步一体化需要克服两个主要障碍:其一,在未获民众直接授权的情况下,各国政治精英和民众能否接受远在国家疆界之外的超国家机构主导本国对外政策的现实;其二,欧盟各国能否尽快缩小在战略目标和战略文化上的分歧,使之向趋同方向转化。欧盟宪法为《里斯本条约》所取代,使欧洲政治精英借助欧盟宪法在民主合法性方面的象征效应推动政治一体化深入发展的设想落空。虽然《里斯本条约》设立了常任理事会主席、保留了欧盟外交与安全高级代表职位等安排,也加入了各国在遭到恐怖袭击时采取联合行动的"团结"条款,但仍缺乏突破欧盟共同安全与外交政策发展瓶颈的有效手段。对于"美利坚治下的和平"究竟是采取"搭便车"还是"制衡"战略,在欧盟的战略天平上出现了有利于美国的偏移。作为戴高乐传人的萨科齐政府重新回归北约的政策从一个侧面反映了欧盟共同防务政策发展的困境。在可以预见的未来,一些欧盟成员国政治领导人虽有推动欧盟军事一体化深入发展的愿望,但欧盟在安全上依赖美国和北约的现状很难发生根本改变。尽管共同安全与防务问题并非欧盟制宪危机的直接原因,"但欧盟在这一问题上的踟蹰不前,不但使人们对欧洲的未来更加感到迷惘,从而不利于对欧洲一体化新的'共同信念'的形成,而且也将进一步削弱欧盟的凝聚力,间接地对欧洲经济政治一体化产生消极影响"。①

　　在欧盟宪法辩论中,一个值得注意的变化是,随着民生议题的升温,加之全球经济危机的蔓延,欧盟贸易保护主义有所抬头。在法、荷等国的宪法辩论中,急功近利的功利主义在其理性选择过程中的影响上升,在民众要求维护欧洲社会模式的诉求中夹杂了许多贸易保护主义因素。部分民众出于自身经济利益考虑,反对在欧盟内部实施加强市场竞争的措施,对外反对全球化带来的进一步贸易、投资自由化趋势。这也促使一些政治领导人迎合民粹主义立场,采取了一系列贸易保护主义政策。例如,近来,法国和意大

---

① ［法］多·斯特劳斯—卡恩:《赞成! 欧盟宪法的未来》,中信出版社 2005 年版,第127 页。

利就多次批评欧盟委员会的自由贸易政策。在法国国内,不仅部分左派人士以保护本国工人就业为由要求将贸易自由化与一些规范因素(如最低社会福利标准、环境标准、甚至汇率)联系起来,而且执政的自由派中右政党也提出,政府"必须改变其思考方式,为民众提供保证而不是恐吓他们,在保护民众免遭全球化风险方面应扮演关键性角色。"①其直接结果是,欧盟贸易壁垒和严格的移民限制措施都有所加强,在 WTO 农业谈判和与发展中国家的贸易谈判中,欧盟做出实质性让步更加困难,这些都将对开放的世界经济的发展带来不利影响。在 20 世纪 20 年代末席卷世界的经济危机面前,美国等西方大国屈从于国内贸易保护主义压力,竞相使本国货币贬值,设置贸易壁垒,导致世界市场的崩溃,加剧了危机。② 当前,开放的世界经济体系同样面临全球金融危机的考验,在美国救市方案中加入购买美国货条款等贸易保护主义措施的情况下,欧盟作为世界最大的区域性经济体,其政策走向尤为引人关注。

在此背景下,欧盟希望尽快克服制宪危机对内部团结和稳定带来的不利影响,借助"民事力量"、"软实力"工具发挥国际影响力仍将是其对外关系的一个鲜明特点。长期以来,欧盟一直将输出发展模式作为发挥软实力的重要途径。可以预见,欧盟将继续对发展中国家推行"民主"、"人权"战略,推动应对全球变暖的国际协定的签署,推广其劳工、卫生等标准,并呈现逐渐加强的趋势。制宪进程中关于欧洲民主、价值观等问题的讨论,进一步强化了规范因素在欧盟共同身份认同中的作用,同时在欧盟制宪面临困难的情况下,欧盟委员会等超国家机构寄希望于强调欧盟作为规范力量的道德优越感,增强自身的合法性和凝聚力。尽管宪法危机给欧洲模式的形象

---

① John Thomhill, "Sarkozy Warns on EU Trade Policy", *Financial Times*, 1 July 2008. 转引自张健:《欧洲一体化的问题、前景与欧盟国际地位》,载《现代国际关系》2008 年第 7 期。

② 美国在 1929 年通过了名声狼藉的《斯穆特—霍利关税法》,英国、德国、日本也竞相在英联邦内部、东欧和东亚建立封闭性、排他性的经济集团,对他国或本地区之外的国家设置贸易壁垒。

带来一定负面影响,但总体上看欧洲民众仍认同欧洲一体化的走向。①

　　全球金融危机也表明,美国式的自由资本主义在管理方式和发展哲学上都存在多种弊端,战后美国与其他西方国家主导的世界贸易与金融管理体系也面临诸多挑战。因而,欧洲模式中注重国家干预和社会公平的凯恩斯主义传统对于应对全球经济危机具有一定的现实意义。法国总统萨科齐在2008年下半年担任欧盟轮值主席期间,积极主张改革国际经济金融体系,并策划召开世界论坛"反思资本主义",宣称"动用国家力量来干预金融体系运作的合法性已经毋庸置疑"。② 当然,从当前国际经济格局看,美国霸主地位犹存,金砖四国等新兴经济体影响力日益加强,不可避免地对欧盟形成竞争态势。此外,欧盟模式并未能使欧洲避免陷入经济衰退,在2009年下半年各国经济开始逐步走向复苏的过程中,欧盟相对严格的劳工法和市场管制在一定程度上导致了生产效率低下、企业雇工意愿不强等弊端,也降低了这一模式优越性的说服力。

　　可以说,欧盟当前正处于一个十字路口:其全球作用的发挥在很大程度上取决于能否迅速消除制宪进程带来的消极影响,重新回到自身渐进发展的轨道上来;同时,在一定时期内,欧盟面临根据自身能力和条件明确国际战略角色的任务。应该说,欧盟大多数政治精英和民众认识到,如果欧盟从此走向内向发展型的孤立状态,则不仅无法发挥更大的国际影响,无法塑造未来全球治理走向,而且会使一体化进程倒退,面临国际地位进一步边缘化的风险。欧盟制宪危机后,各国能够在较短时间内达成妥协,推出了保留《宪法条约》的主要内容的《里斯本条约》,即反映了这一共识。欧盟制宪的结果虽不能起到一部欧洲宪法的巨大象征效应,但欧盟的国际影响在经历

---

　　① 2008年秋欧洲晴雨表民调结果显示,尽管存在全球金融危机的影响,在整个欧洲范围内认为欧盟成员资格是一桩好事情的占53%,而认为是一桩坏事情的只占15%。参见 European Commission, *Eurobarometer* 70, http://ec. europa. eu/public _ opinion/archives/eb/eb70/eb70_first_en. pdf, last accessed on 7 June 2009.

　　② [德]拉那·福鲁哈尔:《资本主义新时代揭幕》,转引自《参考消息》2008年10月18日。

一定调整后,仍将沿着既定的轨道渐进发展。

欧盟将进一步利用自身民事力量、规范力量的优势在全球化和全球治理中发挥重要作用。制宪进程中,无论是《宪法条约》草案还是《里斯本条约》都进一步突出了欧盟民事力量的特征,加入了新内容,以应对构建多边主义国际秩序面临的挑战。《里斯本条约》(即《欧盟宪法条约》草案第3条)对原欧盟条约关于联盟目标的第2条作了重新表述,[①]在欧洲联盟身份的基础上借助关于联盟价值和国际法作用的表述明确了欧盟独特的"多边身份",并将欧盟公民的利益和全球责任联系起来。[②]欧盟制宪巩固了联盟内部多边合作机制(包括贸易、货币等有形资源以及民主政体等制度安排),协调了原成员国与中东欧新成员国的关系,加强了内部合作机制,为欧盟对外政策的进一步发展提供了物质、观念和制度基础。

欧盟制宪中所暴露的成员国间的分歧则从反面起到了强化欧洲民事力量身份的作用。尽管欧盟已是当今国际体系中一体化程度最高的地区行为体,但其在国际关系中能否成为美国霸权之外的举足轻重的国际行为体则与其自身宪法秩序的发展程度息息相关。制宪进程表明,地区民主合法性的建构将是一个长期的过程;欧盟只有建立起"基于宪法原则的共同国际政治身份",才能真正拥有足够的自主权并在国际关系中采取统一、有效的联合行动。[③]冷战后国际关系的现实[④]和制宪进程的挫折都使欧盟清醒地意识到自身难以成为传统意义上的"军事力量"或"霸权国",必须另辟蹊径,借助民事力量发挥国际影响。同时,对大多数成员国而言,只有通过地区合作共同行使权力,才能加强自身在国际体系中的地位,否则无论是欧盟

---

　　①　该条款在原条约中联盟内部目标的基础上,增加了一系列关于欧盟的国际行为目标,如"促进和平、发展联盟价值观"、在对外关系中"坚持并发展联盟价值观和联盟利益"、"为和平、安全、地球的可持续发展⋯⋯自由和公平的贸易以及保护人权"做贡献、"严格遵守和发展国际法,尤其为遵守联合国宪章的各项原则而做出贡献。"

　　②　M. Telò, *Europe:A Civilian Power?*, p.254.

　　③　M. Telò, *Europe:A Civilian Power?*, p.254.

　　④　欧盟在巴尔干、伊拉克战争和巴以冲突中的尴尬处境反映出其在军事力量和硬实力方面的局限。

还是各个成员国在国际事务中都会变得无足轻重。① 面对制宪受挫的现实,欧盟进一步发挥民事力量的作用既是其对外政策传统使然,也是不得已而为之的选择。

因而,从对外战略层面看,欧盟在国际体系中将通过推行"有效的多边主义",发挥民事力量,寻求发挥领导作用。在推进基于多边主义的国际秩序过程中,欧洲首先仍面临大国关系互动的新挑战。制宪进程前后,欧盟更加高调地宣传其多边主义主张,强调欧洲"民事力量"、"规范力量"的身份特征。它提出,以强制而非协商手段为特征的物质力量和军事力量的概念已越来越难以适应国际社会的现实。特别是针对近年来国际社会不断提出的美国霸权的相对衰落论,欧盟认为国际社会需要欧洲发挥独特的互补作用,与美国共同领导世界。这种领导作用并非如美国所希望的通过增加防务开支来分担军费负担,而是借助欧盟"后霸权模式",充分利用国际制度,通过国际合作,应对反恐、环境、经济危机和贫困等领域的挑战。

应该说,欧盟提出的多边主义国际秩序对于未来全球治理的发展具有积极的促进作用,与我国和平发展的国际战略也有一定的共通之处。首先,欧盟主张加强国际合作的制度化,有助于提高国际制度的效率,更好地应对人类共同面临的问题。在这一过程中,欧盟可以利用自身内部治理的经验,在应对全球金融危机、解决环境问题、促进可持续发展等领域发挥独特的作用。其次,欧盟作为目前最成功的地区一体化实践,在成员国层面更易于达成价值和社会共识,在基于规则的一体化发展方面取得突破的可能性更大,进而具有通过地区安排管理全球化的潜力。从欧盟制宪看,在全球化时代国际竞争加剧的背景下,欧盟作为世界第一大经济体,注重社会民主主义传统与自由主义的结合,兼顾效率与公平,在政府、劳工、雇主间的伙伴关系、社会协商、环保等方面的制度创新不仅对其他地区有借鉴意义,也直接影响着全球化的未来走向。最后,欧盟探索中的民主合法性议题对多边国际机构也有借

① F. Algieri,"A Weakened EU's Prospects for Global Leadership",in A. Lennon and A. Kozlowski,eds. ,*Global Powers in the 21ˢᵗ Century*,Cambridge,MA:MIT Press,2008,p. 264.

鉴意义。其国内民主与超国家民主建构的结合,注重沟通协商、形成共识的实践将有助于推动多边机制在议题的多样性和规则的有效性等领域取得进展。

　　欧盟注重以和平、民主、繁荣为特征的民事力量建设有利于推动国际社会的和平、稳定与发展,对于国际关系的积极进化有促进作用。然而,其民事力量、软实力战略的两面性也不容忽视。这种两面性首先表现在,欧盟一方面在全球治理过程中强调国际公平正义,以道德领袖自居;另一方面在改革联合国、IMF 等国际制度及参与全球贸易谈判过程中并未表现出更大诚意。在 IMF、世界银行等国际金融机构实行的加权表决机制中,发达国家的表决权远远大于发展中国家:美国因占有近 20% 的表决权而广受批评,而所有欧洲国家以不足世界 10% 的人口占有近 60% 的表决权同样背离了国际政治经济的现实,例如,比利时的表决权比新兴大国印度还高一些。2009年秋,在二十国集团峰会和 IMF 年会上,包括美国在内的多个国家提出加大中国等发展中国家在 IMF 中的表决权。这一安排将增加发展中国家的代表性和话语权,促使国际金融机构由"欧美机构"向真正意义上的多边机构转变。欧盟由于担心自身的执行董事席位受到影响,对此持保留意见,甚至公开反对。2006 年以来,在 WTO 多哈回合谈判过程中,欧盟在共同农业政策等问题上的立场也给谈判取得突破制造了障碍。特别是在制宪进程受挫的情况下,欧盟内部贸易保护主义抬头,在推动世界市场开放、促进自由贸易的努力中外交辞令多于实际行动,甚至设置新的贸易壁垒,导致发展中国家对欧盟在推动平等、公正的全球治理方面的诚意提出质疑。

　　其次,制宪进程受挫使欧盟建立自主外交与防务的信心受到打击,加剧了欧盟对美国和北约的战略依赖。在欧盟制宪前后,一些学者甚至认为,欧盟制宪将使国际秩序经历从权力转移到范式转移的根本变化,欧盟将取代美国成为新型国际秩序的领导者。[①] 这一看法显然过于理想化。从本质上

---

　　① 　F. Attina,"Transatlantic Relations in Post-Iraq War Global Politics",*Jean Monnet Working Paper No. 50*,2003,http://www. fscpo. unict. it/EuroMed/jmwp50. htm,last accessed on 15 July 2006. 另参见 G. Modelski,"Long Cycles in World Leadership",in W. Thompson,ed.,*Contending Approaches to World System Analysis*,London:Sage,1983.

看,对于欧盟而言,美国霸权地位的丧失以及随之而来的国际关系范式的转移很可能意味着不同价值观的其他国家获得领导地位,并不符合其自身利益。① 无论美国的"硬实力"、"军事力量"、"巧实力",还是欧盟的"软实力"、"民事力量"在很大程度上都有从其实力地位出发实现自身地缘政治和经济利益的考虑,只不过美国更加注重战略结果,为达目的可以不择手段,而欧盟更加注重程序的合法性和方式的适当性。面对发展中新兴大国的崛起,欧盟虽强调与美国资本主义模式的差异,但其作为现有全球秩序的受益者,对国际体系的变革怀有复杂心态,并积极通过其输出民主、人权战略,希冀其他国家复制西方的政治制度和发展模式,防止由于新兴国家的崛起使欧盟政治、经济地位的边缘化。例如,在国际体系多极化问题上,欧盟对外关系委员瓦尔德纳就提出:"对欧盟而言,极的数量并不重要,关键是多极世界运行的基础。我们的理想是由多边制度和创造的规则治理的世界。"尽管一些发展中大国主张不挑战既有国际秩序,重视通过多边主义解决国际社会面临的挑战,并以建设持久和平和共同繁荣的和谐世界为目标,一些欧洲政治家和学者仍认为,多极化将成为旧式的大国军事力量平衡的翻版,会加深欧洲内部分歧,导致欧盟国际地位的边缘化。②

在欧盟与邻国的关系上,制宪受挫延缓了欧盟进一步东扩的步伐,包括法国在内的多个成员国提出未来欧盟扩大须经本国全民公决同意的要求,但欧盟与土耳其、巴尔干国家的入盟谈判并未终止,全球金融危机也促使冰岛等小国提出了入盟请求。制宪进程表明欧盟东扩加大了欧盟内部差异,增加了政治一体化的难度,但停止东扩将削弱欧盟对邻国施加影响的能力,同样会降低国际社会对欧盟模式的信心。可以预见,欧盟在二者的平衡取舍之间,其周边政策仍将兼有邻国外交和联盟扩大二重性的特征。在这一

---

① N. Sola,"How Transatlantic Relations can Reinforce the EU's Role as an International Actor",in N. Sola and M. Smith,eds.,*Perceptions and Policy in Transatlantic Relations:Prospective Visions from the US and Europe*,New York:Routledge,2009,p. 103.

② M. Telö,"Introduction:The EU as a Model,a Global Actor and an Unprecedented Power", in M. Telö,ed.,*The European Union and Global Governance*,London:Routledge,2009,p. 23.

关系中,欧盟将继续通过附加入盟条件、实施经济援助等手段向邻国"投射规范、利益和力量"。① 这一政策具有增强欧盟的国际影响力、促进邻国实现经济社会发展的作用,但同时也在一定程度上存在欧盟利用双方力量的不对称性将其发展模式、规范强加于人的倾向。

此外,《里斯本条约》生效后,其多层次治理结构下双边和多边外交并存的多元化趋势更趋明显,欧盟外交长期采用具有政府间特征的"共同体方法":在经贸等领域的技术性问题上,欧盟委员会具有一定的政策制定权,但在政治关系等传统外交领域,最终决策仍由欧盟理事会主导。但在许多情况下,很难区分一项政策提案是成员国还是欧盟机构提出。即便在经贸领域的决策中,各成员国也往往采取协商一致的方法达成共识,尽量避免在存在反对意见的情况下强行表决。② 制宪进程加大了欧盟外交进一步专业化的呼声,《里斯本条约》以理事会常任主席取代轮值国主席制,设立总揽对外事务的欧盟高级代表,减少了欧盟外交的不确定性和协调上的困难,这一新的制度安排无疑将对欧盟外交的进一步制度化和超国家外交文化的发展带来深刻影响。同时,欧盟制宪进程中各成员国间呈现出的错综复杂的利益、观念和偏好的互动表明,欧盟超国家层面民主授权的相对滞后决定了其对外关系中涉及传统政治领域问题时,各成员国往往坚持自身立场,鉴于这些领域中各成员国在欧盟最终决策中均拥有否决权,各方不易达成妥协。概言之,《里斯本条约》生效后,欧盟外交仍将呈现决策机制因问题领域而异和双边与多边机制并存的特点。

由此可见,在欧盟制宪受挫、国际影响相对下降的背景下,欧盟更加关注自身在国际体系中的既得利益,其软实力、民事力量战略也带有一定的欧

---

① R. Seidelmann, "The EU's Neighbourhood Policies", in M. Telö, ed., *The European Union and Global Governance*, p. 264.

② Feng Zhongping, "Promoting the Deeper Development of China-EU Relations", in D. Kerr and Liu Fei, eds., *The International Politics of EU-China Relations*, London: The British Academy, 2007, p. 273.

洲中心主义色彩。面对西方国家在世界政治经济中支配地位逐渐衰落的趋势,①欧盟的国际战略仍具有力图维持自身传统影响力的意图,因而,在应然世界与实然世界、能力和预期、宣传辞令和实际行为之间出现一定的矛盾和错位也就在所难免。

①　H. Mayer, "The Long Legacy of Dorian Gray: Why the European Union Needs to Redefine its Role in Global Affairs", *Journal of European Integration*, Vol. 30, No. 1, 2008, pp. 7 - 9.

第九章　欧盟制宪进程与全球治理

近年来,随着全球化的深入发展,全球治理和地区一体化发展在国际和地区秩序建设中的作用日益凸现。前无古人的欧盟制宪进程为研究全球治理和地区一体化发展中的民主合法性、超国家制度、规范传播、身份认同等议题提供了重要的经验事实和有益的启示。

第一节　欧盟制宪进程对全球和地区治理的启示

在讨论欧盟制宪进程对于其他全球性国际组织或地区一体化安排的启示意义时,无法回避的是二者是否具有可比性的问题。在全球治理、地区一体化与未来国际、地区秩序关系的讨论中,一些学者提出,欧洲的今天并非世界和其他地区的明天。① 有人甚至以苹果和桔子之间的差别来比喻欧盟与北美、东亚区域一体化之间类比上的困难。在具体政策和制度安排层面,

---

① Richard Higgott,"The Theory and Practice of Region",in Betrand Fort and Douglas Webber,eds.,*Regional Integration in East Asia and Europe:Convergence or Divergence*,London:Routledge,2006.

欧盟相对于其他全球或地区组织无疑具有明显的超前性。但我们也应看到,这一比较的意义并非仅仅在于二者在具体制度和政策上的相似度,也并非期望将欧洲模式简单地移植到其他地区,而更多地着眼于欧洲经验(教训)在哲学和思想层面上对于其他国际和地区合作的借鉴意义。

一、欧洲一体化与其他跨国合作的可比性问题

近年来,随着相互依赖和全球化的深入发展,国际问题研究者开始使用"全球治理"的概念来解释国际体系的无政府状态下国际制度在经济、贸易、金融、环境、能源等领域行使管理权的现实。公共管理的"善治"概念也随之引入全球化和全球治理研究之中。按照俞可平教授的归纳,"善治"的十个基本要素包括:合法性、法治、透明度、责任性、回应、效率、参与、稳定、廉洁、公正。①这一趋势促使以外交和政府间讨价还价为特征的对外决策出现了明显的国内政治化趋势。许多研究者也将民主与全球治理的合法性问题联系起来。

长期以来,除欧盟外,地区一体化发展主要停留在自由贸易区层面,冷战后,欧洲以外地区一体化进程呈现出加速发展的态势。在全球化压力的推动下,北美、东亚、拉美等地区顺应全球化进程中经济、贸易自由化的潮流,加强经贸合作,提高自身在全球化中的行动能力,开始出现了由旧地区主义向新地区主义的转变。新地区主义表现出以下特征:(1)经济一体化的深化与地区层面政治合作加强并存;(2)地区治理中法律化进程加快;(3)多层次的地区决策机制初步形成;(4)地区合作领域呈现多元化态势。② 同时,随着地区市场的扩大和深入发展,地区治理的职能也正在超出市场管理的范畴,在宏观经济政策、劳工标准等社会再分配和环境保护领域产生政策协调的压力,提出了在地区层面进行必要的政治干预的需求。

---

① 俞可平:《全球治理引论》,载俞可平主编:《全球化:全球治理》,第10—13页。

② Ramesh Thakur and Luk Van Langenhove, "Enhancing Global Governance Through Regional Integration", in Andrew Cooper, ed. , *Regionalisation and Global Governance*, London:Routledge,2008,p. 30.

　　尽管全球治理和其他地区合作最终会在多大程度上复制欧洲地区一体化的道路还是一个见仁见智的问题,欧洲地区一体化的发展为研究跨国合作提供了重要的经验事实,也对其他地区产生了示范效应。欧洲的今天未必是全球治理和其他地区一体化的明天,但欧洲一体化中面临的跨国市场管理、社会再分配,乃至跨国民主等规范问题将在很长一段时间内成为跨国合作面临的重要理论和现实挑战。同时,我们在以欧盟为参照,讨论其对地区一体化发展的借鉴意义时,一个不容忽视的事实是,欧洲一体化在 20 世纪 80 年代中期取得突破后,自 90 年代中后期以来在一体化进一步深化和扩大的同时,欧盟也出现了重新国家化的趋势,①制宪受挫就是这一趋势的反映。在关于欧盟政体性质的认识上不应过分夸大其后现代、后民族的特征,欧盟目前从本质上说仍是国家间基于国际法条约形成的联合,这也是欧洲模式可以为其他跨国合作提供借鉴的现实基础。

二、欧盟制宪进程对全球和地区治理的启示

　　全球治理是 21 世纪初国际社会在应对发展、环境、能源等全球性问题过程中应运而生的新模式。相关研究主要包括以下五个方面的内容:基于规范的国际机制或国际法安排;全球多层次治理机制;通过国家职能的转型管理全球化;超越国家的治理形式;公民社会等非政府行为体广泛参与的治理形式。② 在此背景下,全球化进程和地区一体化呈现出相互促进、相互补充的趋势。从冷战后地区一体化发展的实践看,全球化产生的竞争压力不仅促进了各地区一体化的深入发展,而且各国也希望通过地区合作的深化实现自身在全球化进程中讨价还价能力的最大化,进而影响全球化的走向。总体来看,当时国际学术界对全球治理问题的讨论表现出极大热情,在地区一体化的发展前景上也持较为乐观的估计。

---

① [美]彼得·卡赞斯坦:《地区构成的世界:美国帝权中的亚洲和欧洲》,秦亚青、魏玲译,北京大学出版社 2007 年版,第 87 页。

② Jean Grugel and Nicola Piper, *Critical Perspectives on Global Governance: Rights and Regulation in Governing Regimes*, London: Routledge, 2007, p. 23.

　　然而,仅仅不到十年时间过后,全球治理暴露出理论上的不确定性和实践上的可行性问题,面临诸多批评。例如,该模式所依托的全球共同价值观的建构面临各民族文明多样性的挑战,全球治理议题过于宽泛带来了操作上的困难,西方主导的国际机制表现出明显工具化倾向和意识形态色彩。一方面,全球治理出于效率和可行性上的考虑,出现了过分倚重 WTO、IMF等正式国际制度的趋势;另一方面,人们越来越多地认识到全球治理从来不是中立的,西方大国主导的正式国际制度非但未能有效帮助贫困国家实现发展、缩小南北差距、促进国际关系公平正义等目标的实现,反而存在加剧大小国家、穷富国家间和社会各阶层间不平等现象的危险。① 正如墨菲所说,当前全球治理在形式上是不民主的,在道德上存在缺陷,"低效,而又不能实现资源从富国向穷国的转移……对劳工和农村贫困人口的困难无动于衷。"②在地区一体化层面,此前人们普遍看好的北美地区安排未能取得突破,一体化相对滞后的东亚合作在取得一定进展后,也面临进一步发展的瓶颈。如何应对上述挑战实现全球治理中效率和合法性之间的平衡,实现各国普遍发展和全球正义的目标是其能否走向成熟的关键。

　　以欧盟为代表的地区是介于全球治理和国家治理之间的中间地带,具有成为多极世界中一极的潜力,可以承载国际社会的多样性和差异,成为多层次全球治理体系的一个重要组成部分,同时又可扮演国际体系变革的前驱力量的角色。③ 欧盟制宪进程是欧洲一体化长期渐进发展成果基础上的新探索,对于认识现有国际和地区体系下跨国一体化发展的空间及其限度问题有重要意义。

　　(一)欧盟宪政发展与全球治理的有效性

　　如前文所述,欧洲一体化的宪政发展经历了功能性宪法(霍布斯传

① Jean Grugel and Nicola Piper, *Critical Perspectives on Global Governance: Rights and Regulation in Governing Regimes*, pp. 1 - 2.

② C. Murphy, "Global Governance: Poorly Done and Poorly Understood", *International Affairs*, Vol. 76, No. 4, 2000, p. 789.

③ A. Hurrell, "One World? Many World? The Palce of Regions in the Study of International Society", *International Affairs*, Vol. 83, No. 1, 2007, p. 136.

统)、法治宪法(洛克传统)和民主宪法(卢梭—康德传统)三个阶段。在欧洲一体化之初欧盟较好地完成了解决内部分歧实现地区和平与稳定的任务,让·莫内等一体化的设计师们选择借助经济一体化推动欧盟宪政发展的功能主义路径,以国际条约的契约形式确立了经济逻辑在一体化进程中的优先地位。随着一体化的深入,欧洲功能性宪法体系逐渐引入了法治原则,即在不损害功能性宪法运作的情况下,通过司法手段限制政治权力,推进地区层面的宪政安排。而欧盟制宪辩论则在一定程度上反映了民众参与欧盟决策的现实需求和欧洲认同建构的现实制约并存的两难局面。即便在欧洲一体化发展到制宪阶段,各成员国内部各阶层经济利益的考虑在其利益偏好形成中仍占有举足轻重的地位。

在当前全球治理发展过程中,经济全球治理仍处于基础性地位。与此同时,在全球化和地区一体化发展中一系列相互作用因素的复杂逻辑,如经济转型与社会一体化、权力政治竞争与安全、地区认同和共同体建构已然显现,推动地区合作在政治和社会一体化层面取得了一定进展。例如,非盟近年来不断加强地区争端解决机制建设;2007 年东盟宪章第 1 条和第 2 条中加入了民主和人权保护的目标,并于 2009 年 10 月成立了东盟人权委员会。

如同欧洲一体化进程一样,全球治理和地区一体化安排往往伴随着国际事务管理的制度化和权力从国家向国际制度的转移,导致了多层次行为体之间权力关系和权力行使机制的变动,涉及权力的分配、参与、行使等环节。随着全球和地区治理中问题领域从高度政治向低度政治的不断扩散,传统的基于权力平衡或霸权稳定逻辑的全球或地区秩序已不能满足国际关系现实的需求,需要更多地依靠基于规则、规范、价值的宪政秩序。① 宪政秩序的基本思想在于通过制度安排制约权力。尽管在现有全球和地区安排中通过制度安排制约霸权国、地区大国权力的做法并不鲜见(例如 WTO 争端解决机制、NAFTA 决策机制等),但这些准宪政安排在很大程度上受到传

---

① [美]约翰·伊肯伯里:《大战胜利之后:制度、战略约束与战后秩序重建》,门洪华译,北京大学出版社 2008 年版,第 47—55 页。

统均势秩序、霸权秩序逻辑的制约。欧盟通过地区治理条约的改革,不断探索地区条约宪法化的途径,在欧盟条约的基础上,建立了具有一定刚性的法治原则和较高共识的价值和规范体系;同时,在欧盟法的制定过程中,在基本条约改革和重要立法领域坚持成员国一致接受的国际法原则与二级立法中有效多数的统一,并借助独立的区域司法机制确保规则的约束力,从而在一定程度上改造体系内部的权力关系,制约大国权力,形成混合型准联邦政体,促进了地区国际关系民主化的发展。

因而,从欧盟经验看,推进全球和地区治理的法律化和制度化是提高全球治理有效性的重要途径之一。当前,全球治理理论和实践发展面临"执行赤字"(Implementation Deficit)的困境,[1]即其规则本身缺乏刚性,并且由于各国政治经济空间的相对分离,在社会层面得不到有效遵守。尽管战后国际组织如雨后春笋般大量出现,国际社会制定了大量的国际法条约、公约,但国际法律体系仍存在诸多缺陷:其一,各类法律缺乏有效协调呈现支离破碎(Fragmentation of International Law)的特征;[2]其二,国际法律的主体主要是国家行为体,其作用的发挥过度依赖国家政府服从有关规则、判决的意愿,难以直接在经济和社会层面发挥作用。

早在九十多年前,著名法学家汉斯·凯尔森就曾论述法学理论在建立国际宪政秩序时面临的理想和现实之间的两难矛盾。他指出:"这几乎是一个悲剧性的冲突:一方面国际法学者有志于建立超越国家之上的全球法律共同体,但同时却无法摆脱主权国家权力的束缚。"[3]欧盟的实践为全球治理过程中主权和国际关系法治化之间的矛盾提供了有益的启示。

对于全球和地区治理而言,欧盟条约宪法化的借鉴意义在于其实现了

---

① M. Telö, *Europe: A Civilian Power?*, p. 12.

② ILC, *Report of the Study Group on Fragmentation of International Law*, A/CN. 4/L. 628, August 1, 2002, para. 2.

③ H. Kelsen, *Das Problem der Souveränität und die Theorie des Völkerrechts. Beitrag zu einer Reinen Rechtslehre*, 2nd edn, Tübingen: Mohr, 1928, p. 320, 转引自 B. Fassbender, "The Meaning of International Constitutional Law", in N. Tsgourias, ed, *Transnational Constitutionalism: International and European Models*, Cambridge: Cambridge University Press, 2007, p. 307.

欧盟条约和其他法规的有效协调,避免各级法规间的法律冲突,促进了地区宪政秩序的发展。欧盟在长期条约宪法化过程中,特别是在《宪法条约草案》及随后的《里斯本条约》文本中,对欧盟的价值、原则作了明确规定,使之成为共同体活动的指导原则。值得注意的是,这些价值、原则的建构并非完全由少数大国安排,也非想当然地照搬抽象的理论原则,而是注重"多样性中的同一"和"同一性中的多样"原则间的平衡。在制宪过程中,各国一致接受的原则和鼓励民众参与的措施都在一定程度上增强了欧盟机构的自主性,同时,努力保障主权平等和各民族人民自决权的行使。当然,在这一过程中也暴露了欧盟条约宪法化在地区认同建构和成员国多样性方面面临的制约。

为此,解决全球治理中有关机制、法律的协调问题首先需要进一步改革联合国机制,强调《联合国宪章》的权威,使之真正成为公正合理的全球治理和国际秩序的宪法性文件。《联合国宪章》对国际社会治理的基本原则和行使基本职能的途径作了总体规定,有助于全球治理安排中不同机构之间协调立场、规则和具体机制,共同应对人类面临的各种威胁和挑战。

其次,一些国际组织近年来在探索自身规范、规则法律化的过程中取得了一些积极成果。例如,尽管关贸总协定在建立之初带有美国制度霸权的烙印,但在其发展过程中,特别是 1995 年建立的世贸组织通过争端解决机制的改革,将有关贸易争端的决定权事实上赋予独立的争端解决机构,①限制成员国滥用否决权,提高了规则的有效性。随着规则有效性和自主性的增强,也在一定程度上制约了大国操纵争端解决结果的能力,保护了小国利益。欧盟和 WTO 的做法在国际和地区组织中产生了一定的示范效应,东盟和北美自由贸易区的争端解决机制中都借鉴了类似的安排。

欧盟制宪进程的挫折和争论也从一个侧面反映了全球和地区治理中宪政发展的限度问题。在欧洲地区治理法律规则的制定和执行过程中,成员国利益和政治文化传统的差异仍制约着其发展的深度和广度,也决定了地

---

① 成员国代表只有在全体一致的情况下才能否决专家组的裁决意见。

区宪政秩序不会等同于国家宪法秩序。欧盟法在各领域的发展仍不平衡：以普通民众为主体可进行司法操作的部分主要集中于经济、贸易领域的共同体法领域；在共同安全、移民、社会福利等领域欧盟条约司法化程度有限，决策和争端解决仍需以传统外交谈判的政府间方式做出。英、爱等成员国在地区治理中仍坚持主权原则的底线；较之欧盟宪法在推进民主、人权方面的作用，中东欧新成员国更加关注自身的经济利益。这也说明欧盟条约宪法化有别于国家宪法秩序的发展，主权平等和民族自决原则在地区条约改革中的重要性不容忽视。

在差异性远大于欧盟的国际社会和其他地区安排中，国际关系法治化更加需要坚持国家主权和人民自决的原则，以循序渐进、充分协商的方式达成共识，而不能以全球或地区宪政秩序发展为借口，强加于人，干涉别国内政。例如，近年来一些西方国家提出 WTO 机制应超越单纯的贸易自由化职能，在环境保护、劳工标准甚至人权保护、国内民主等领域有所作为。对此，国际社会应采取审慎的态度。应该说在贸易自由化机制中加入环保、劳工保护等标准对于促进国际社会的可持续发展和民生的改善具有积极意义。但在此过程中必须充分考虑发展中国家的经济社会发展水平的现实，避免因操之过急给这些国家的经济发展和人民生活水平的改善带来负面影响；同时也要防止部分西方国家以此为借口维护既得利益，变相推行贸易保护主义。而各国人权保护和民主政治的发展是一个复杂的过程，需要充分考虑各国国情，综合平衡，简单地和贸易安排挂钩，则存在使国际机制沦为某些大国干涉别国内政工具的风险。

（二）欧盟地区民主发展与全球治理的合法性

欧盟制宪进程表明，伴随着权力转移一体化进程对不同国家间及各国内部不同社会阶层间的利益分配所产生的影响直接关系到各种行为体对跨国治理中利益、偏好认知的结果。在这一进程中，国内社会在各国政府关于跨国合作决策中的影响力上升，也为跨国公共空间的发展创造了契机。面对全球化和地区一体化，一些国家或社会群体会从中受益，而另一些则成为输家。这就导致了在国家、地区和全球层面创建、变革治理方式的现实需求,需要国际机构和各国政府运用政治或政策手段干预和影响该进程带来的利益再分配方向。因而,这一新的多层次治理安排有必要超越传统国际体系的无政府状态和一般的市场管理职能,从而面临一系列规范层面的挑战。基欧汉在论述全球治理的合法性问题时曾指出:"治理问题归根到底是全球社会的各种制度和过程如何更有效地结合起来,相互协调,使之获得合法性的问题。"①在新自由主义全球扩张的背景下,现有以国家为基础的国际体系如何应对国际金融危机、环境灾难和贫富差距加大等挑战,也是全球和地区治理中无法回避的问题。②

　　跨国议题的扩大使民众参与全球和地区决策的需求提上了日程,其在理论和实践上也面临一系列亟待解答的问题。其中包括,跨国民主在当今国际体系中是否具有可行性? 其在多大程度上受到国家疆界、民族历史传统的制约? 跨国民主在形式上是否等同于西方的代议制民主? 正如赫尔德所说,"全球化使世界各国在政治上和规范层面陷入了前所未有的两难困境,即如何将以领土为基础的民主治理制度与社会、经济生活的跨国组织有机结合起来的问题"。③ 在赫尔德等学者仍在探求世界主义民主的理想模式时,反对者则认为在当前国际体系下各国民众获得影响和控制跨国治理决策的权力是不现实的。④ 欧洲一体化的历史,特别是欧盟制宪的试验表明,这些问题的答案并非非此即彼式的简单的是否判断。

　　在我们考察欧盟跨国民主实践时,将其界定为后现代、后民族、后民主的转型国际关系模式,从而夸大其特殊性,未必是明智的。第一,在欧盟制度框架下,真正意义的代议制跨国民主实践主要体现在欧洲议会中,但在欧盟条约改革过程中,欧洲议会的作用有限,条约谈判和批准的决定权仍掌握

---

① Robert Keohane, *Power and Governance in a Partially Globalized World*, London: Routledge, 2002, pp. 15 – 16.

② Susan Strange, "The Westfailure System", *Review of International Studies*, Vol. 2, No. 3, 1999, pp. 345 – 354.

③ D. Held, et al., *Global Transformations: Politics, Economics and Culture*, Oxford: Polity Press, 1999, p. 431.

④ Robert Dahl, "Can International Organizations be Democratic? A Skeptic's View", p. 23.

在各成员国手中。当然,较之一般国际条约,欧盟制宪会议和有关成员国国内辩论为民众参与有关决策提供了更大的制度空间。第二,纵观欧盟制宪进程,欧盟民主实践仍主要在成员国领土范围内进行,认为短期内欧盟可以走向一个新的联邦实体从而解决其民主问题显然是言过其实的。欧洲民众在接受《宪法条约》这一象征意义大于实质内容的宪法妥协时面临重重困难,这预示着在可以预见的未来欧盟并不具备取代基于领土的民族国家的条件。第三,在世界主义民主的支持者看来,主权的观念是跨国民主发展亟需克服的障碍,但对欧盟内部曾遭受殖民统治和强邻欺凌的部分中小成员国而言,后现代的欧洲联邦并非其希望看到的欧洲一体化的终极目标,主权仍是中小成员国保护自身利益、免受大国操纵的重要手段。国际关系民主化需要尊重世界多样性,提倡发展模式多样化。① 这样的观念同样适用于欧盟跨国民主的发展。在此基础上,各国通过协商与合作达成共识仍是区域合作深入发展的主要途径。

尽管如此,关于欧洲联邦的悲观结论并不妨碍欧盟制宪进程中民主探索对全球和地区治理的借鉴意义。欧盟制宪的经验更多表现为:在现有民族国家构成的地区宪政秩序中,根据有效合作的现实需求,通过制度创新和观念的建构克服传统权力政治的羁绊,使地区互利合作不断深化。这一进程中的困难与挫折也有助于我们认识跨国民主的限度问题。

首先,近年来,学术界在讨论欧洲地区民主发展时往往只关注欧盟决策中缺乏民众参与的民主赤字问题或者欧盟对内、对外输出民主战略,认为欧盟已成功地解决了大小国家平等、民族自决等国际关系民主化命题,但制宪进程表明,随着欧盟近年来大规模东扩,大小成员国、原成员国与中东欧新成员国间的差异日趋明显,同样面临如何更好实现地区国际关系民主化的目标,例如,大小国家在跨国治理中的代表权和影响力存在差距;在地区治理中欧盟机构存在将规则、规范强加于新成员国的倾向;经济社会发展相对

---

① 马小军:《当代世界多极化与国际社会新秩序》,载《中共中央党校学报》2006 年第 1 期。

滞后的中小成员国面临在联盟内部事务中边缘化的危险。对于一体化程度远远低于欧洲的全球和地区治理而言,其合法性主要来源于成员国以契约形式自愿参与相关合作的意愿,在实践中存在为追求有效性而过分依赖大国的倾向。① 因而,全球治理中民主建构在形式上可能更加无法忽视主权平等原则基础上的国际关系民主化命题。在未来相当长的一段时间内,国际关系民主化仍将是全球治理中民主问题的主要形式和内容;多种渠道的民众参与的跨国决策可以起到重要补充作用;民主原则将主要通过成员国政府的渠道间接发挥作用。当然,在合作深入到一定程度的情况下,根据相关国家的民主传统,采取一定的代议制民主形式,在超国家层面对国际组织的决策进行有效监督,有助于解决国际机制的民主合法性问题,争取民众支持,因而,既是可取的,也是可行的。

第二,基于以上对全球治理中民主形式的认识,跨国民主的主体必然是多元的。其中,整合国内社会利益和偏好的国家仍是国际关系中民主的主要实践者,政党、公民社会、企业和个人等行为体则通过国内民主渠道和日益增加的超国家正式和非正式制度安排对有关决策发挥影响。也就是说,随着全球治理的深入发展,其主体既包括国家,也包括其公民。国家间的平等是国际关系中民主的主要内涵,公民参与中的平等权的重要性也开始显现。长期以来,在全球治理研究中存在国家主义模式和后国家模式的争论。前者虽不否认非国家行为体的存在和作用,但认为国家是全球治理深入发展的唯一有效主体。在他们看来,世界主义的分配正义或全球正义是不现实的,即便存在全球治理的正义维度及其合法性问题,也只能通过传统国际法来体现。② 而后者则认为非国家行为体,包括个人,在解决全球问题中发挥着日益重要的作用。例如,罗西瑙就认为:"在有必要不再把全部注意力集中于国家,而是承认要把大量非政府行为体作为分析对象的情况下,随之

---

① Michael Barnett and Martha Finnemore, *Rules for the World: International Organizations in Global Politics*, Ithaca and London: Cornell University Press, 2004, pp. 166 – 170.

② A. Francheschet, "Justice and International Organization: Two Models of Global Governance", *Global Governance*, Vol. 8, No. 1, 2002, pp. 23 – 26.

而来的应当就是不把国家当做第一位的,而是在以权威日益分流和等级化日益消失为特征的世界上把它简单化地看作一个重要行为体。"①在实践中,上述两种理论模式同样面临相互融合沟通的需求,全球化和地区一体化现实的发展需要政治和国际关系学者回答全球治理中两类行为体是否有主次之分、是否具有互补性以及如何协调二者间的关系等问题。从欧盟的经验看,在事关地区治理的宪法性文件的制定和改革过程及国防、外交、社会保障等国家行使主权的关键领域中,成员国政府仍起主导作用;而在劳资关系、工作场所条件等领域的社会对话机制中则给予民众更多政治参与机会。公民在地区决策中的相对弱势地位并不意味着其作用无足轻重,他们可以在国内公共空间内利用全民公决、大选等正式机制和媒体舆论等非正式机制对有关欧盟决策直接或间接施加影响。随着全球和地区性安排对各国经济社会生活的影响力日益显现,民众作为全球和地区机制民主合法性主体的作用将不断增加。因而,在全球治理中,加强协商民主的制度化和有效性也是破解跨国民主难题的一个有益补充。

　　第三,跨国民主的含义不仅局限于程序问题,对于国际体系中的国家而言,民主关乎各国的相对权力或平等权;而对于国内社会和个人而言,关乎社会福利和利益再分配,无论是发达国家还是发展中国家,国际合作对民生等可持续发展议题的影响都日益成为其决策民主合法性的重要来源。能否有效促进社会福利的增加应成为判断全球治理合法性的重要标准。这不仅是"基于后果逻辑"的经济学逻辑使然,"基于适当性逻辑"的正义原则同样适用。当前西方大国主导的国际组织存在明显的新自由主义取向,更多关注自由市场原则的实现和个人财产保护,而对在全球和地区层面促进社会财富的均衡分配所发挥的作用有限。尽管欧盟一直以其高度发达的社会模式而自豪,但《宪法条约》中相关法规的滞后间接导致了该条约的失败。从法国全民公决和一些成员国宪法辩论的情况看,相当一部分民众对欧洲一

---

　　① 　[美]罗西瑙:《面向本体论的全球治理》,载俞可平主编:《全球化:全球治理》,第60页。

体化在其物质财富、就业、福利等方面带来实际利益的关注远远超过欧盟具体的选举制度和决策机制。

　　欧盟制宪进程还表明,通过全球和地区机制解决民生和社会的可持续发展等议题时需防止走入两个误区:其一,忽视各国历史文化传统和经济社会发展水平,在条件不成熟的情况下仓促推出过于理想主义的宏大计划,不仅欲速不达使之成为不切实际的乌托邦,而且可能引发民族主义、民粹主义势力的反弹,导致相应机制的发展陷于停顿,甚至倒退;或者将新自由主义意识形态奉为解决各国民生问题的普适药方,使全球治理沦为西方推广其价值观的战略工具;其二,以主权和民族国家的差异性为由,无视全球化和相互依赖深入发展的现实,无所作为。尤其值得注意的是,在联合国、IMF、世界银行等全球性国际组织增强自身合法性的努力中,往往带有明显的西方自由主义取向,强调市场经济原则和私有财产的保护,注重发展中国家公民政治权利的保护,而对更加紧迫的经济、民生权利和发展议题的关注则相对不足。

　　欧盟制宪的相关辩论表明,通过地区/全球安排实现民生和可持续发展目标时需要:(1)注重相关利益的外交保护和私人行为体直接参与跨国立法、司法活动相结合;(2)注重价值、规范共识的长期建构和在具体问题领域取得突破相结合。例如,《欧盟权利宪章》对公民经济社会权利的宪法保护和里斯本战略下社会对话机制在一定程度上体现了协商民主的特点,有助于改善工人待遇和形成共识。事实上,当前国际劳工组织框架下劳工、雇主、政府三方间的争端解决机制也体现了类似的思想传统。

　　最后,尽管欧盟制宪进程面临重重困难,但其通过互利合作基础上的制度创新在民众中建立了一定的地区认同,这种新的身份认同与民族国家认同相互包容,有助于在国际合作中克服现实主义的逻辑,在主权、民主问题上形成更加开放的新观念,为国际和地区体系无政府状态从洛克文化向康德文化的进化开辟了空间。可以说,全球化时代民众在全球、地区、国家、社会层面多重身份认同的建构将是全球治理长期发展面临的重要课题。

第二节 欧盟制宪进程对东亚合作的启示

长期以来,东亚区域合作制度化程度较低,被视为地区主义发展相对滞后的地区。自 20 世纪 90 年代中后期,全球化和地区一体化的深入发展对东亚各国的贸易空间形成了挤压态势。同时,地区内主要国家的国内政策和对外战略出现了有利于地区合作深入发展的积极变化。1997 年前后的亚洲金融危机推动了以 10 + 1、10 + 3 自由贸易区建设为主要内容的东亚合作进程。东亚合作经历本世纪最初几年的快速发展后,在理论和实践上都进入面临诸多制约的"深水区"。

如前文所述,虽然将欧洲一体化作为亚洲地区主义发展的标杆或理想的观点存在许多问题,而且在可以预见的未来东亚地区性条约建设和功能性政策领域的发展程度都很难和欧盟相提并论,但欧洲经验对东亚地区主义在观念策略、发展路径与动力、制度建设等方面仍有一定的借鉴意义。

一、地区认同、地区治理与地区一体化的发展路径

东亚合作深入发展面临的主要障碍包括共同历史经历的缺失、社会制度差异和经济文化发展的多样性等因素。这些因素相互作用、共同影响,塑造着东亚一体化未来的发展路径。从理论上讲,地区一体化的逻辑顺序是区域共同意识/地区认同 → 共同的政治意愿 → 经济一体化;而在实践中,东亚一体化如同欧洲一样遵循的发展路径是经济一体化↔政治一体化↔意识一体化/地区认同的"复杂互动过程"。①欧洲一体化的历史和当前的制宪进程都表明,即便在欧洲,地区认同也不是先在的,欧洲一体化并未预先设定实现政治和文化统一的目标,更多的是在实现地区和平和经济繁荣等共

---

① 金熙德:《东亚合作进入了"深水区"》,载《世界经济与政治》2008 年第 10 期,第 17 页。

同利益的驱动下,从阻力相对较小的经济、贸易等功能领域开始,并在其溢出效应的作用下逐步扩大到共同安全与外交、统一货币、移民等领域,而欧洲地区认同和跨国民主的建构都是伴随这一过程逐步发展起来的。

　　问题在于一体化进程成功启动后如何能够保持这一溢出压力并使之不断深化,而非停滞不前、半途而废。①其中地区经济、法律制度、历史文化传统与地区认同的互动既是欧洲一体化成功发展的重要动力,同时也对一体化的深入发展构成了制约。尽管一体化的支持者一直从中世纪以来欧洲的共同历史记忆中寻找地区认同的依据,但一体化启动后,各国政治精英仍主要依靠地区制度的发展管理和执行正式规则,形成了以硬性地区主义(hard regionalism)为主要特征的地区一体化道路。②

　　欧洲的硬性地区主义依靠正式制度,特别是法律制度的不断演进,在经济领域建立了经济货币联盟,在政治上实现了安全和外交政策的适度的协调,并使欧盟立法深入到公民社会政治生活的方方面面。在这一过程中,经济利益和法律制度成为推动地区一体化深入发展、巩固地区超国家制度的重要力量。20 世纪 90 年代中后期,欧盟出现了以"欧洲化"为主要特征的发展阶段:在这一阶段,欧盟制度结构自上而下影响成员国国内法律和政策的能力大为增强,成为欧洲一体化深入发展的主要形式。③ 有学者认为,欧洲一体化正式制度的发展是欧洲长期存在的国家建构和理性化进程思想传统的反映,具有法律规则明确、制度刚性强的特征,但同时也存在欧洲认同、欧洲观念的建构过度依赖正式机构和法律制度的缺陷,以历史文化观念、人民之间的交往为特征的软性地区主义发展相对不足。④ 此外,在欧盟机构

---

① 　P. Schmitter and S. Kim, "Comparing Processes of Regional Integration: European 'Lessons' and Northeast Asian Reflections", *Current Politics and Economics of Asia*, Vol. 17, Issue 1, 2008, p. 16.

② 　W. Callahan, "Comparative Regionalism: The Logic of Governance in Europe and East Asia", in D. Kerr and Liu Fei, eds., *The International Politics of EU-China Relations*, p. 232.

③ 　参见李明明:《"欧洲化"概念探析》,载《欧洲研究》2008 年第 3 期,第 16—22 页。

④ 　W. Callahan, "Comparative Regionalism: The Logic of Governance in Europe and East Asia", pp. 234 – 239.

和中小成员国、新成员国之间存在形成"中心和边缘权力关系"的风险。例如,在东扩过程中,欧盟对新成员国入盟附加条件,要求其接受欧盟的政治和经济理念。随着欧盟越来越多地承载传统民族国家职能,这一制度缺陷成为一体化进一步发展难以回避的制约因素。欧盟制宪是欧洲软性地区主义发展的新进展,也是应对软性地区主义不足的努力。《欧盟宪法条约》草案及随后的《里斯本条约》有助于促进欧洲价值的制度化、增加民众参与、加强欧洲认同;然而,软性地区主义的缺乏也反过来制约了欧盟宪政发展的空间。

　　欧洲地区主义的发展路径从两个方面对东亚合作提供了启示。其一,地区一体化能否超越自由贸易区阶段产生持续发展的动力在很大程度上取决于地区机制的法律化和制度化进程。东亚地区从经济一体化起步,目前正处于经济合作制度化、法律化的初级阶段。① 然而,值得注意的是当前东亚各国间的经济相互依赖已达较高水平。截至 2003 年,10 + 3 机制下 13 国区域内贸易已占其贸易总量的 55%,超过北美自由贸易区国家 10 个百分点,仅比欧盟低 6%。这说明东亚经济依存度已在一定程度上接近欧盟的水平,②对地区经济制度有效性和法律化程度提出了新要求。然而,当前东亚合作中多种机构安排并存③和各国参与地区合作的意愿和能力上的差异都增加了地区正式制度发展的难度。因而,东亚合作应坚持着眼长远,务实推动,不急不躁,先易后难的原则,④从较易取得突破的自由贸易区建设入手,同时积极支持地区合作在货币、环境等领域取得进展。条件成熟的情况下,再积极稳妥地推动地区合作在其它领域的发展。

　　其二,东亚一体化同样需要软性地区主义与硬性地区主义的有机结合,

---

　　①　N. Munakata, *Transforming East Asia: The Evolution of Regional Economic Integration*, Washington: Brookings Institution Press, 2006, p. 169.

　　②　刘贞晔:《"东亚共同体"不可能是"开放的地区主义"》,载《世界经济与政治》2008 年第 10 期,第 41 页。

　　③　如存在东盟、10 + 3、10 + 1、东亚经济论坛等机制。

　　④　邵峰:《东亚共同体的可行性分析与中国的战略》,载《世界经济与政治》2008 年第 10 期,第 26 页。

制度治理和文化治理并重;需要思考地区文化传统、历史经验的特殊性,适当加强软性地区主义,自下而上地发展地区认同,推动地区合作的深入。东亚合作中软性地区主义的发展具有一定的现实基础和潜力。首先,东盟经过三十多年的渐进发展在其规则制定和执行过程中形成了东盟方式,地区内其他国家和地区在与东盟制度的互动中也逐步接受了这一方式,有利于促进地区国际关系民主化的发展。东南亚国家在领土大小、种族构成、文化传统、历史经历方面存在明显差异,缺乏多边合作经验。东盟方式就是地区内各国从这一现实出发,探索形成的适合自身特点的区域合作方式。其主要特征是在地区层面的决策之前通过非正式讨论、磋商、协商达成一致,从而避免正式制度和法律方式对国家主权的影响。① 在许多亚洲学者看来,东盟的磋商协调方式是“在平等、宽容和理解基础上的协商……与殖民和大国的武力恐吓、炮舰外交种类相对比的软外交”形式。② 随着地区合作的深入,以东盟方式为基础逐步向东亚方式过渡,不仅有助于防止中小成员国在地区一体化进程中地位的边缘化,而且出现了在传统权力关系中处于边缘地位的中小国家借助 10 + 1、10 + 3 等进程影响大国地区决策的趋势。③

其次,在中国和平发展的背景下,东亚地区长期存在的儒家文化传统具有成为地区文化治理促进力量的潜力。鉴于东亚地区正式制度建设相对滞后而经济相互依赖不断增强的现实,地区内部贸易、投资的繁荣为区域内民间经济社会交往的发展创造了条件。东亚长期存在的“儒教伦理”和儒家传统则有助于地区共同伦理观念和认同的形成。例如,杜维明就认为,儒家

---

① [加]阿米塔·阿查亚:《建构安全共同体:东盟与地区秩序》,王正毅、冯怀信译,上海人民出版社 2004 年版,第 66、94 页。另参见 Paul J. Davidson, "The ASEAN Way and Role of Law in ASEAN Economic Cooperation", *Singapore Journal of International and Comparative Law*, Vol. 8, No. 1, 2004, p. 167.

② F. Elizalde and L. Beltran, *Of Kingdoms and Brothers:ASEAN Dawn*, Photocopy at the Library of the Institute of Southeast Asian Studies, Singapore, p. 39, 转引自[加]阿米塔·阿查亚:《建构安全共同体:东盟与地区秩序》,第 95 页。

③ W. Callahan, "Comparative Regionalism:The Logic of Governance in Europe and East Asia", p. 244.

文化可以导致一个"文化空间的出现,它不但可以包容,而且可以超越民族、疆界、语言、宗教界限"。① 这一地区文化共同体的构想既不同于传统民族主义,也不同于世界主义抽象的道德原则,而是注重通过文化沟通与交融实现地区层面的道德认同的建构,进而在其他领域产生溢出效应。

二、地区内成员国间关系、地区制度建设与跨国民主发展

欧洲制宪过程中,错综复杂成员国间关系的互动对东亚合作有着重要的启示意义。在欧洲一体化进程中,欧洲人长期引以自豪的是德、法扮演的并非传统意义上的地区霸权国角色,它们在积极推动一体化深入发展的过程中努力改造地区权力关系,使欧盟治理在一定程度上体现了大小成员国间的主权平等原则。但制宪进程表明,中小成员国要求进一步加强地区国际关系民主化的呼声日益增强,其相互作用在很大程度上决定着地区一体化的走向。如何发挥东亚地区有能力、负责任的大国作用,同时充分考虑地区内中小成员国的合理关切,促进地区国际关系民主化的发展是东亚合作需着力解决课题。

欧盟制宪进程也表明,近年来,欧洲一体化发展中存在过分倚重法律制度的作用忽视欧洲历史经验和成员国多样性的倾向,给一体化的深入发展带来了不利影响。两次世界大战中欧洲灾难性的国家间关系的历史经历促使欧洲各国吸取历史教训,决心通过一体化致力于保障和平、促进繁荣、消除民族歧视的目标,也构成了欧洲多样性逻辑的历史渊源。制宪进程中欧盟成员国对自身特性和自主性的关注,特别是波兰总统在里斯本谈判期间重提二战历史,说明国家传统,包括那些悲剧性的历史记忆并不会随着一体化进程中国家间相互依赖的加强而自动消失,恰当地处理历史问题并加强交流与沟通才能减少历史问题的消极影响。正如一位欧洲历史学家所说:

---

① Tu Weiming, "Cultural China: The Periphery as the Center", in W. Tu, ed., *The Living Tree: The Changing Meaning of Being Chinese Today*, Stanford: Stanford University Press, 1994, p. v.

"欧洲联盟可以是对历史做出的回应,但它永远不可能取代过往的历史。"①

　　长期以来,东亚地区合作制度化和法治程度较低,加之各国发展模式存在较大差异,地区治理的民主合法性问题并未提上议事日程,建立代议制超国家民主安排的条件远未成熟。但东亚各国在探索一体化模式的过程中也出现了学术界、企业界等非政府行为体参与合作议程设定的新趋势。同时,随着地区合作的深入,地区安排对民众利益影响增加,也产生了民众参与、监督地区决策的需求。在东亚合作的未来发展中,公民社会层面存在着借助协商、讨论形成共识的参与式民主发展的潜力,与欧盟制宪进程中的协商民主、公共领域等发展有一定的相通之处。

　　东亚各国普遍接受的东盟方式近年来也表现出一些新特点:(1)东盟在争端解决机制中引入了法律化程度较高的 WTO 模式;(2)在地区层面出现了大范围的一轨(官方)、二轨(半官方思想库)和三轨(私营机构)安排。②其中,1998 年在韩国总统金大中提议下建立了地区性二轨机构"东亚展望小组"(EAVG)和"东亚研究小组"(EASG)。两机构提出的建立东亚共同体的蓝图,如召开东亚峰会,对东亚一体化进程产生了重要影响。东亚展望小组 2002 年完成的题为《走向东亚共同体》的报告提出了加强经济、金融、政治与安全、环境、文化和制度合作的 22 项建议,提议"通过鼓励政府和非政府层面的积极交流与定期对话建构东亚共同体的认同",并强调"地区认同建构"、"以人民为中心"和"包容性"应成为地区一体化的指导原则。③此类二轨机制为东亚各国学术界、企业界参与地区决策建立了渠道,成为影响地区合作进程的重要力量。

　　从欧洲经验看,一体化的深入发展和地区认同的建立最终都需要通过

---

　　① T. Judt, *Postwar: A History of Europe Since* 1945, New York: Penguin, 2005, p. 831.

　　② [美]彼得·卡赞斯坦:《地区构成的世界:美国帝权中的亚洲和欧洲》,第 148—149 页。

　　③ EAVG (2001), "Towards An East Asian Community", http://www. kiep. go. kr/eng/e_sub02/sub01_1. asp? sort = &hdate = 2001 - 11 - 20&seq = 20011120830647&p = 7&class = 01, last accessed on 4 March 2007.

民众参与地区治理和地区决策实现。欧洲各国由于政治文化传统的同质性较强,从一体化之初,就注重正式制度和法律规则的作用,并逐步探索形成了政府间的间接民主和欧盟层面的代议制民主并存的民主模式。欧盟制宪进程表明,在欧盟治理中,特别是在地区根本性法规——欧盟条约的制定与改革过程中,两个层次的民主制度仍存在一软一硬的局面,以欧洲议会为代表的超国家代议制民主受到民族国家逻辑的制约,在可以预见的未来仍无法取代国内民主制度。制宪进程带来的另一个变化是,欧盟官方开始注重协商、参与等机制在欧盟民主合法性建设中的作用,并将其作为代议制民主的补充。

如前文所述,由于东亚历史和现实的制约,其地区跨国民主也将采取不同于欧洲从超国家正式民主制度建设起步的发展路径,很可能从民间,特别是知识界、企业界的探讨和互利的功能性合作的具体安排开始,通过协商和非正式制度的发展,实现社会精英和民众关于地区观念的社会化过程,进而影响地区决策和发展方向。在这一过程中,与民众利益紧密相关的地区合作议题的重要性会逐渐凸现。此外,东盟方式中注重国家主权的传统和各国民主模式的多样性决定了在相当长的一个时期内,区域内国家自身的民主制度仍将是地区民主合法性的主要来源,很难出现类似欧洲议会的地区性代议制机构。当然,这并不排除随着地区合作功能领域的不断扩大,各国立法机构加强合作与协调,建立由各国代表组成的地区咨询性机构的可能性。

结束语:欧盟跨国民主的意义与限度

> 欧洲不会在一夜之间,也不会按照单一的方案建成,它将通过首先建立事实上的团结的具体成就来实现。
>
> ——罗伯特·舒曼①

> 我们往往由于自身的弱点、罪过和偏见而低估在道德问题上取得进展的可能性。
>
> ——卢梭②

"历史是一切社会发展的过程体,人类社会的政治结构有一个从小到大从局部走向整体从不文明走向文明的发展历程,即有一个从前民族国家到民族国家再从民族国家到超民族国家的国际行为体的发展逻辑,每一个

---

① Robert Schuman,"Declaration of 9 May 1950",in Pascal Fontaine,*A New Idea for Europe*, p. 36.

② Jean-Jacques Rousseau,*The Social Contract*,Middlesex :Penguin Ltd. ,1968,p. 136.

历史阶段均有它的历史形态及其相应的发展模式。"①欧盟制宪进程是欧洲各国人民在地区层面从民族国家向超国家行为体过渡的一次尝试。欧盟经历了五十多年的渐进发展，在消除贸易壁垒、实现生产要素的自由流动、统一货币等领域实现了高度一体化，在社会政策、移民、共同安全与外交等领域也实现了一定程度的政策协调。从理论上讲，欧洲一体化的进一步发展需要在欧洲建立更大的超国家政治结构，即在各成员国民主宪政传统的基础上建立超国家宪法安排。为实现这一目标，欧盟面临"如何为一个在规模和多样性上前所未有的政体设计出卓有成效的制度"的现实挑战。②

　　民主问题及其与之相联系的宪政安排是欧盟应对这一挑战无法回避的深层次问题，因而也成为制宪进程的焦点之一。制宪过程中，关乎欧盟权力分配的机构改革是此次条约改革的主要实质性内容；民主合法性的规范性讨论和制宪进程中民众参与的深度和广度空前，为欧盟跨国民主的发展开辟了空间。总体来看，《欧盟宪法条约》草案及随后的《里斯本条约》在民主的形式和运行机制上的规定是欧盟宪政渐进发展的延续，也是其条约长期宪法化成果的进一步法典化，对欧盟跨国民主的内涵作了更为明确的界定。《欧盟宪法条约》草案和《里斯本条约》谈判与批准过程中的制度创新、民众辩论及遭受的挫折为不同民主思想在地区层面的实践提供了契机，也为认识欧盟跨国民主的性质、未来走向及制约条件提供了重要的经验事实。

　　研究表明，欧盟跨国民主是一个多维度的概念，并不仅仅局限于多数投票表决的程序和结果，其背后有着深刻的政治经济逻辑，在民主机制、行为主体、实践形式和场所、目的性和经济社会理念等方面都反映出不同民主思想相互碰撞、竞争并在一定程度上走向融合的趋势（参见下表）。此次欧盟

---

① 余潇枫、许丽萍：《国际组织的伦理透视和政治影响》，载《福特基金会资助课题工作论文系列》，http://old.iwep.org.cn/chinese/workingpaper/zgygjzz/8.pdf，最后检索日期为2009年5月17日。

② ［美］罗伯特·基欧汉：《非均衡的全球化世界的治理》，载［英］戴维·赫尔德等主编：《治理全球化——权力、权威与全球治理》，曹荣湘等译，社会科学文献出版社2004年版，第512—513页。

条约改革在增强欧洲议会立法权的同时,进一步确认了成员国在地区决策中的重要性和成员国政府所代表的间接民主授权在联盟民主实践中的作用。同时,欧盟宪法辩论促进了公民社会在欧盟事务中的参与,特别是法、荷宪法公决和爱尔兰第一次里斯本公决否决欧盟条约给整个条约改革带来负面影响的同时,也促进了欧盟范围内话语沟通、民主协商的发展和公共政治空间的形成。欧盟跨国民主呈现出以下特点:(1)在欧洲多层次治理框架下,国内民主实践、地区国际关系民主化和欧盟超国家民主相互作用,竞争共存;(2)形成了以多层次的代议制民主为主体,协商民主等参与式民主作为补充的多元化的民主模式;(3)注重自由主义与社会民主主义理念的结合。

表 1:多维度的欧盟跨国民主模式①

民主的维度	不同民主思想与实践的竞争与融合
形成机制	理性选择↔社会建构
主要行为体	政治机构（国家与政党）↔公民社会（公民）
实践形式	投票表决↔协商
实践场所	国内公共空间↔欧盟公共空间
民主参与的目的性	工具性↔本质性;经济利益导向↔规范理性导向
经济社会理念	自由主义↔社会民主主义/福利国家

同时,欧盟制宪进程表明,在可以预见的未来,欧盟跨国民主发展难以照搬世界主义、社群主义等规范理论家设计的跨国民主标准,也无法等同于民族国家的民主模式。其发展受到国家主权与民族国家多样性、地区认同的形成、欧盟内部权力结构与制度环境及国际政治经济环境等诸多因素的制约。欧盟制宪进程首先向我们揭示了欧洲一体化进程中存在的巨大多样性不容忽视。正如威勒所说:"欧盟仍旧是一个不同民族、不同政治认同、

---

① 这一概括受到科勒-科赫等学者关于三维度的民主模式的观点的启发。参见 B. Kohler-Koch and B. Rittberger, "Charting Crowded Territory: Debating the Democratic Legitimacy of the European Union", pp. 14 - 19.

不同政治共同体构成的联盟……，将自我与他者在一个不断聚合的联盟中紧密地联系在一起，个人与社会都需要经历一个以高度包容为特征的内化过程。"①这也意味着现阶段欧盟的民主实践无论采取代议制民主模式还是参与式民主路径都无法回避威斯特伐利亚主权模式的制约，需要在各成员国及其国内社会之间达成共识。

　　在欧盟的终极发展目标即欧盟政体能否超越政府间主义的逻辑建立欧洲联邦的问题上，一些一体化支持者认为欧盟制宪所代表的原则、统一欧洲的理想和民主化进程可以增强联盟的民主合法性，在欧洲民众中形成欧洲认同，进而支持一体化的深入发展。然而，从欧盟制宪进程的发展看，这种"宪法爱国主义"的跨国民主发展路径仍有过于简单化之嫌。较之美国宪法和战后联邦德国《基本法》，欧盟制宪从内容和时机上看都不具备诞生新的宪法秩序的条件。《宪法条约》草案和《里斯本条约》只是对欧盟现有条约的修补，缺乏革命性的内容。欧盟虽然反复强调共同价值和原则的重要性，但在具有高度象征意义的共同安全与外交等政治一体化领域和关乎民众切身利益的税收、养老、医疗、教育等财政、社会政策领域，欧盟宪法并未给出足够的有效措施，增强联盟行为能力。欧盟制宪进程在条约改革方面的渐进性和保守性并非各国政治精英刻意为之，而是各成员国偏好认知和民众欧洲认同现实的反映。这一理想与现实之间的反差也反映了在欧盟跨国民主进一步深入发展问题上长期存在的争论，即欧盟应首先致力于地区规范共同体和地区认同的建设然后再谈民主发展，还是首先借助欧洲民主建设完成这样的认同建构。在这类似于先有鸡还是先有蛋的循环逻辑面前，欧盟成员国利益偏好的多样性和民众超国家认同相对薄弱的现实无疑制约着地区超国家民主的发展。

　　尽管许多学者认为欧盟制宪是欧洲超国家治理形式的重大变革，但从

---

① J. H. H. Weiler, "Federalism Without Constitutionalism: Europe's Sonderweg", in K. Nicolaidis and R. Howse, eds., *The Federal Vision: Legitimacy and Levels of Governance in the US and the EU*, Oxford: Oxford University Press, 2001, p. 68.

制宪发展看成员国仍是其中发挥主导作用的行为体。与以往条约改革不同,在制宪进程中,成员国的影响不仅体现在政府间会议的各国博弈阶段,在条约批准阶段成员国公民社会的参与在一定程度上决定了条约改革的结果,也使欧盟跨国民主的发展与国家民主实践的关系成为需要深入思考的课题。成员国对欧盟制宪的影响同时表现在欧盟内部的国家间关系和各成员国国内政治两个层面。在欧盟成员国已达 27 国且各国间同质性下降的情况下,各国在制宪问题上呈现同一性与多样性并存的局面。按照在条约改革问题上发挥影响的方式,成员国形成了各种非正式的联盟或集团,其利益矛盾相互交织、博弈,从不同维度影响着制宪进程的走向。例如,从历史渊源和地缘政治的角度看,存在"老欧洲"与"新欧洲"的差异;从经济利益角度看,存在英、德、荷等净出资国与南方国家、中东欧新成员国的矛盾;从机构安排角度,有大国与小国的分歧。此外,奉行自由市场的国家与奉行干预主义的国家、强调超国家主义与政府间主义的国家、在某些领域(如欧元、申根协定、安全防务)进展较快的国家和置身其外的国家间的矛盾都阻碍着欧盟超国家民主安排的进一步发展。

各成员国内部因素也是理解欧盟制宪的一条重要线索。列夫·托尔斯泰曾说过"幸福的家庭都是相似的;不幸的家庭各有各的不幸"。纵观欧盟制宪进程,我们不妨说:"支持欧盟制宪进程国家的理由都是相似的,而出现较大争论与波折的国家则各有各的问题。"支持欧盟宪法国家的政治精英和普通民众大多认同欧洲一体化的发展方向,同时认为欧盟制宪会给国家和民众带来切实的经济与政治利益。而在全民公决中曾否决《宪法条约》和《里斯本条约》的法、荷、爱和虽未进行全民公决但国内争议较大的英、波、丹等国则表现出复杂多样的特征。

国内因素的影响首先表现为各国内部在政府、议会等正式政治体制中展开的讨论、协商、博弈、表决;其次,制宪进程及其相关宪法辩论促进了欧盟各国关于条约改革讨论的深入,在一定程度上形成了关于欧盟事务的公共空间。除传统政党政治外,各国主流媒体、NGO、思想库、工会、产业协会等机构在这一讨论中也发挥了重要作用;最后,在举行全民公决的国家中,民众以直接民主的方式就欧盟条约进行表决,使国家偏好的整合呈现出更加复杂的局面,其对整个条约改革进程的影响也更为显著。制宪进程中,法、荷公决的结果直接导致了《欧盟宪法条约》的夭折,爱尔兰第一次《里斯本条约》公决的影响也远远超过尼斯公决。与以往公决的影响相对局限于本国范围不同,这三次公决都对制宪进程的走向产生了重大的全局性影响。

欧盟在国际体系中的行为能力对地区跨国民主发展的影响也表现出两面性。从理论上讲,欧盟通过共同安全外交政策的发展在国际舞台上扮演重要角色可以增强民众的欧洲认同,但同时这一敏感领域的超国家安排也会引发国家主权受到侵蚀的担忧,制约其进一步发展的空间。近年来,欧盟一直强调自身不同于美国的进步民事力量特性,这一努力也受到国际关系的现实和欧盟行为能力的制约。一些成员国出于自身地缘政治利益考虑采取的亲美立场也增加了欧盟在国际舞台上协调立场的难度。

此外,从欧盟制宪进程看,欧洲内部同样面临地区国际关系民主化的挑战。民族身份和国家主权问题在爱尔兰、丹麦等小国及一些中东欧成员国的国家偏好形成过程中的作用日益凸现。爱尔兰第一次全民公决否决《里斯本条约》和波、捷在经济利益和机构改革问题上与欧盟的分歧都表明,占欧盟大多数的中小成员国的利益和偏好对地区条约改革进程的重要性日益增加。欧洲注重地区国际关系民主化和大小成员国形式上的平等,因而也被视为"在一体化中改造了权力政治关系……,在从规范和合法性角度塑造全球秩序方面,发挥着独特的作用和影响力"的力量。① 欧盟治理从形式上的平等到事实上的平等仍需充分考虑各国,特别是曾遭受大国控制,乃至具有被殖民历史经历的中小成员国的政治文化传统,这也是一个在欧盟和成员国层面政治精英与普通民众参与的在尊重各国历史和文化差异的基础上积极建构地区规范和地区认同的过程。

在欧盟民主发展问题上,莫劳夫奇克认为欧洲一体化发展至今业已形成了一种稳定的"宪法平衡"或"宪法妥协",因为在他看来主要以建立在选

---

① 朱立群:《欧盟是个什么样的力量》,载《世界经济与政治》2008 年第 4 期。

民对成员国政府民主授权基础上的欧盟模式是长期渐进变革后欧盟体制已趋于成熟的表现,是成员国理性选择的结果,在未来相当长一段时间内不会发生根本变化。① 毫无疑问,这一观点在认识欧盟现状,特别是欧盟制宪进程面临的挫折方面有重要意义,可以给我们以智慧,避免欲速不达。但一个关键问题是这种审慎不应成为束缚欧洲一体化未来发展的自我实现的预言。理论的意义不仅在于亦步亦趋地解释现实,而且具有建构作用,甚至能够改造世界。从让·莫内到厄内斯特·哈斯乃至今天的哈贝马斯等规范理论学者,欧洲一体化长期以来有着理论研究和政策实践紧密联系相互推动的传统,在欧盟条约改革面临困难的情况下,我们有必要从政府间主义之外的理论模式中寻求灵感。建构主义一体化理论强调身份建构、社会化、学习劝说等机制对国家偏好形成的影响,承认欧盟制度、文化在成员国及其民众欧洲认同建构中的作用,对探索超越欧盟条约改革困境、寻求未来突破的途径有积极意义。

从制宪进程看,目前欧盟各国及国内各阶层在一体化未来发展方向问题上远未达成稳定共识,面临方向抉择。即便在欧盟条约改革困难重重的今天,我们未必得出其中长期发展的悲观结论。在制宪进程中,欧洲晴雨表的民调结果显示,欧洲范围内大多数民众认同欧洲一体化的走向。法国公决中《宪法条约》遭到否决,既有右翼民族主义的影响,更多的原因在于普通民众对欧盟社会政策不满等因素;而《里斯本条约》在爱尔兰首次公决中遭到否决以及在波、捷等国遭到抵制的原因部分在于这些国家长期遭受殖民统治的历史经验或小国地位的影响。这些差异表明,欧盟条约改革面临的困境恐怕并非维持现有条约框架就可解决。② 同时,即便在这些全民公决中,相当多民众投票反对欧盟条约是出于对其内容缺乏了解和对欧盟及

① Andrew Moravcsik, "The European Constitutional Compromise and the Neofunctionalist Legacy", p. 355.

② 相关民调结果,参见 European Commission, *Post-referendum Survey in Ireland Preliminary Results*; European Commission, *Eurobarometer: The European Constitution*; *Post-referendum Survey in France*.

本国政府处理条约改革的方式表示不满。因而,在近期看,克服危机需要政治精英加强与民众的沟通,尊重欧盟成员国的多样性,必要时可采取多速欧洲的解决方案;从中远期看欧盟跨国民主的发展迫切需要在欧盟及成员国层面形成共有观念,完成地区身份和文化的建构,实现从温特所说的由洛克文化向康德文化的进化。①

欧盟制宪面临的挫折有助我们认识欧洲跨国民主和全球治理理论的局限性。② 它表明在思考地区一体化问题时必须考虑现实世界的制约,避免恣意夸大那些后现代的超越时代的睿智。但是,这并不一定意味着传统理性主义模式的胜利,也不一定意味着欧洲一体化将终结于现有状态或倒退。莫劳夫奇克在讨论关于欧洲民主的理想理论的标准时曾提出,正确的理论必须根据"其在现实世界情况下可行的最佳方案"调整自己的安排。③ 这无疑是一个很有价值的检验理论正确与否的标准。但是,今天的"现实世界的情况"既包括法、荷、爱民众否决欧盟条约的事实,也包括欧洲业已形成的经济、政治、社会的高度相互依赖和欧洲民众对新自由主义在欧洲蔓延的担忧。事实上,在法、荷等国投票否决《宪法条约》的民众中恰恰有许多人认为该条约应进一步扩大地区超国家机构的职能,特别是增强其在社会政策等社会财富再分配领域的职能。

欧盟制宪对于全球治理和地区主义的深入发展从可行性和合法性的维度提供了有益的经验。首先,鉴于全球性和其他地区性国际组织同样面临通过制度化和法治化建设提高效率的任务,在这一过程中,一方面需要根据不同功能领域和不同地区的具体情况发展具有法律约束力、可操作的正式制度;另一方面需要充分考虑国际社会的利益差异和文明多样性,加强对话

---

① 王展鹏:《自由政府间主义及其挑战:爱尔兰与欧盟制宪进程的个案研究》,载《欧洲研究》2008 年第 6 期。

② 王展鹏:《战略、制度与伦理——欧洲经验的意义与启示》,载《教学与研究》2006 年第 8 期。

③ A. Moravcsik,"Is there a 'Democratic Deficit' in World Politcs? A Framework for Analysis", p. 337.

和沟通,循序渐进地发展软性、非正式规则、规范,克服刚性制度面临的阻力,形成共识。其次,在全球和地区治理的民主发展问题上,需要遵循主权平等和民族自决等国际法的基本原则。在当前西方大国主导的国际体系中,实现国际关系民主化是在全球和地区治理中确保各成员国利益,特别是发展中国家和中小国家利益的前提。在此基础上,逐步探索民众参与全球治理决策的途径增强其民主合法性是可行的,也是可取的。全球治理中的跨国民主问题逐步超出道德规范讨论的层面,表现出一定的实践性也将是未来国际组织发展的新趋势。从欧盟经验看,其跨国民主中的代议制形式是一体化进程发展到政治、经济、社会高度相互依赖阶段的产物,但在实践中同样更多地需要依靠各成员国政府的间接民主授权实现。而协商民主则面临跨国公共空间发展滞后的问题——其作用的发挥从短期看,需要借助现有正式制度渠道和创建新的制度实现协商民主的制度化;从中长期看,则需要加强国际社会自下而上的沟通对话,包容和超越各民族、各阶层历史、文化和利益诉求的多样性,建构共识。从这种意义上说,全球治理的发展不仅是法律制度治理形成的过程,也面临着文化、道德治理建构的任务。

因而,我们亟需思考的问题包括:在国际合作中,如何协调国家认同与包括地区认同在内的其他认同的关系;如何理解社会精英与普通民众在区域一体化及更广泛意义上的外交决策中认识上的差异;如何使共同体成员(包括超国家机构、国家、公民社会和民众)能够在规范价值和自身利益诉求之间达致平衡,在理性选择的过程中,将当前利益与长远利益结合起来,修正自身偏好,实现偏好的转化;鉴于当前主权国家仍是国际社会的主要行为体,价值观念、文化传统多样性是国际社会的基本特征,各国间存在巨大利益矛盾的现实,如何找到一条国际社会中全方位、多层次协商对话的有效的中间道路。这将有助于各国人民通过不断协商、探索,不断扩大利益的汇合点,将建设持久和平和共同繁荣的和谐世界的美好理想付诸实践。

尽管欧盟地区跨国民主经历了五十多年渐进发展的历程,也采取了包括制宪在内的相对激进的促进民主发展的措施,但在许多批评者眼中,欧盟仍存在严重的民主赤字问题;同时,欧洲左派也批评欧盟在社会再分配领域内作用的不足。事实上,总体来看,欧盟作为一个超国家政治经济共同体,近年来运作基本良好,大多数成员国民众对联盟的认可度在60%以上。二者之间的反差使我们不能不思考这样的问题——欧盟的民主实践是一个前无古人的制度创新,完全照搬成员国民主模式是否是最好的解决办法?此外,对照理想状态的民主标准,各成员国国内民主实践也不是没有问题。例如,在制宪过程中,一些成员国(如法国、爱尔兰、英国等)议会和民众在欧盟条约改革问题上存在的巨大分歧也从一个侧面反映出现有成员国代议制民主模式存在的缺陷。因而,我们的民主发展在需要借鉴各国民主成果的同时不拘一格积极探索形式和内容相统一的保障民众政治参与和基本权利的有效途径。以一个先在的、机械的标准来裁剪纷繁复杂的现实未必是明智的。

　　民主的发展需要与一定的经济、政治、文化和社会心理条件相适应。在整个欧盟范围内,政治精英较之普通民众在地区跨国民主发展上有一定的超前性。他们希望借助民主的口号推动一体化进程的深入,反而欲速不达,使20世纪80年代以来欧洲一体化不断扩大和深化的良好势头受挫。可见,民主政治建设中"推行民主的时机和速度,选择民主的方式和制度"至关重要。正如俞可平教授所说:

　　　　一种理想的民主政治,不仅与社会的经济制度和经济发展水平、地缘政治、国际环境相关,而且与国家的政治文化传统、政治人物和国民的素质、公民的生活习惯等密切相关。如何以最小的政治和社会代价,取得最大的民主效益,需要政治家和民众的智慧。从这个意义上说,民主政治也是一种政治艺术。推进民主政治,需要精心的制度设计和高超的政治技巧。①

　　从这种意义上说,我们认识欧盟制宪进程的跨国民主发展时不应将目光只停留在当前的制度安排和功能的发挥上,而是要以一种动态、发展的眼光看待这一问题。欧洲一体化的历程就是一个不断妥协、和解和渐进变革

---

① 俞可平:《民主是个好东西》,载《学习时报》2006年12月28日。

的过程。其间在广泛的多样性基础上找到并构建了许多共同利益和共同价值。这样,我们虽不一定得出欧洲一体化代表了国际关系和民主政治未来模式的结论;但其发展道路、价值取向仍将给我们有益的启示,使我们有理由对于国际社会的积极进化持有一种更为谨慎而又乐观的态度。

附录一 欧盟各国批准《宪法条约》和《里斯本条约》的时间和方式

成员国	《欧盟宪法条约》进程		《里斯本条约》进程
	批准状态	完成时间及批准方式	完成时间及批准方式
奥地利	完成	2005 年 5 月,议会批准	2008 年 5 月,议会批准
比利时	完成	2005 年 4 月,议会批准	2008 年 7 月,议会批准
保加利亚	不需要	2005 入盟条约规定,无需批准自动接受《宪法条约》	2008 年 4 月,议会批准
塞浦路斯	完成	2005 年 6 月,议会批准	2008 年 7 月,议会批准
捷克	取消	原定全民公决取消	2009 年 7 月议会完成批准程序,2009 年 11 月总统签署
丹麦	取消	原定全民公决取消	2008 年 5 月,议会批准
爱沙尼亚	完成	2006 年 5 月,议会批准	2008 年 6 月,议会批准
芬兰	未完成	2006 年 12 月,议会下院批准,上院表决取消	2008 年 6 月,议会批准
法国	取消	在 2005 年 5 月全民公决中遭否决,相应议会表决程序取消	2008 年 2 月,议会批准
德国	完成	2005 年 5 月,议会批准	2008 年 5 月,议会批准
希腊	完成	2005 年 4 月,议会批准	2008 年 6 月,议会批准
匈牙利	完成	2004 年 12 月,议会批准	2008 年 2 月,议会批准
爱尔兰	取消	原定全民公决取消	2008 年 6 月首次全民公决中遭否决,2009 年 10 月二次公决中获得通过
意大利	完成	2005 年 4 月,议会批准	2008 年 8 月,议会批准
拉脱维亚	完成	2005 年 6 月,议会批准	2008 年 6 月,议会批准
立陶宛	完成	2004 年 11 月,议会批准	2008 年 5 月,议会批准
卢森堡	完成	2005 年 7 月咨询性全民公决通过;2005 年 10 月议会批准	2008 年 7 月,议会批准

成员国	《欧盟宪法条约》进程		《里斯本条约》进程
	批准状态	完成时间及批准方式	完成时间及批准方式
马耳他	完成	2005 年 7 月, 议会批准	2008 年 2 月, 议会批准
荷兰	取消	在 2005 年 6 月全民公决中遭否决, 相应议会表决程序取消	2008 年 7 月, 议会批准
波兰	取消	原定全民公决取消	2008 年 4 月完成议会和政府批准程序, 2009 年 10 月总统签署
葡萄牙	取消	原定全民公决取消	2008 年 6 月, 议会批准
罗马尼亚	不需要	2005 年入盟条约规定, 无需批准自动接受《宪法条约》	2008 年 3 月, 议会批准
斯洛伐克	完成	2005 年 5 月, 议会批准	2008 年 6 月, 议会批准
斯洛文尼亚	完成	2005 年 2 月, 议会批准	2008 年 4 月, 议会批准
西班牙	完成	2005 年 2 月, 全民公决批准	2008 年 7 月, 议会批准
瑞典	取消	原定议会表决取消	2008 年 11 月, 议会批准
英国	取消	原定议会表决取消	2008 年 7 月, 议会批准

附录二 欧盟成员国在理事会加权表决体系中权重的比较*

成员国	人口（万）	《尼斯条约》	《宪法条约》/《里斯本条约》	平方根法
德国	8250	29	59	33
法国	6000	29	43	28
英国	5950	29	42	28
意大利	5780	29	41	28
西班牙	4220	27	30	24
波兰	3820	27	27	22
罗马尼亚	2170	14	15	17
荷兰	1620	13	12	15
希腊	1100	12	8	12
葡萄牙	1050	12	7	12
比利时	1040	12	7	12
捷克	1020	12	7	12
匈牙利	1010	12	7	12
瑞典	890	10	6	11
奥地利	810	10	6	10
保加利亚	780	10	6	10
丹麦	540	7	4	8
斯洛伐克	540	7	4	8
芬兰	520	7	4	8
爱尔兰	400	7	3	7
立陶宛	340	7	2	7
拉脱维亚	230	4	2	6

成员国	人口（万）	《尼斯条约》	《宪法条约》/《里斯本条约》	平方根法
斯洛文尼亚	190	4	1	5
爱沙尼亚	130	4	1	4
塞浦路斯	70	4	0.5	3
卢森堡	40	4	0.3	2
马耳他	40	3	0.3	2
总计	48540	345	345	345

资料来源：Guy Milton and Jacques Keller-Noëllet, *The European Constitution：Its Origins, Negotiations and Meaning*, p.177.

* 本表对欧盟 27 国在理事会有效多数表决机制中的权重作了比较。为方便比较，在《宪法条约》/《里斯本条约》和平方根法下各国的表决权重均根据《尼斯条约》的表决票总票数作了换算。

附录三　欧盟部分成员国在《宪法条约》和《里斯本条约》进程中的立场

成员国	积极支持的政策建议	特别关注的政策建议
奥地利		1.《宪法条约》中的欧盟法至上条款 2. 本国的中立地位 3. 原子能共同体的独立法人地位 4. 更紧密合作条款 5. 理事会常任主席制 6. 欧盟委员会组成改革
比利时	1. 欧盟安全与防务政策 2. 更紧密合作条款 3. 进一步改革第 230 条第 4 款的规定	1. 有关成员国议会规定适用情况 2. 关于为比利时国民保留部分公务员职位的做法是否符合《欧盟宪法条约》关于劳动力自由流动的规定 3. 加权表决的规定 4. 理事会常任主席制
克罗地亚	1. 关于辅助性和成员国议会地位的规定 2. 欧盟职能分类	1. 在第三支柱领域和广义的自由、安全与司法事务领域扩大欧盟职权
塞浦路斯		1.《宪法条约》第 440 条提及英国在塞浦路斯境内的统治地区
捷克		1. 欧盟权利宪章的宪法性地位 2. "欧盟外长"称谓问题
丹麦	1. 有关透明性原则的规定 2. 环境/气候变化问题 3. 社会保障与福利	1. 丹麦未来参与自由、安全与司法事务领域合作 2. 有关资本流动的措施,如冻结恐怖组织资金 3. 数据保护规定
爱沙尼亚		1.《欧盟宪法条约》对爱本国宪法的影响 2. 设立欧盟公共检察官

成员国	积极支持的政策建议	特别关注的政策建议
芬兰	1. 权利宪章地位	1. 设立欧盟公共检察官
法国	1. 加权表决的规定 2. 加强欧盟理事会的作用 3. 欧盟社会、福利政策	1. 欧盟目标中有关自由而非扭曲的竞争条款
德国	1. 加权表决机制的改革 2. 权利宪章的地位 3. 《宪法条约》中通过增加欧洲议会权力和成员国议会作用,加强欧盟民主的规定	
希腊		1. 《宪法条约》中欧盟法至上条款 2. 欧盟目标中有关自由而非扭曲的竞争条款
匈牙利	1. 权利宪章地位 2. 成员国少数民族保护 3. 文化和语言多样性 4. 能源政策	
爱尔兰		1. 权利宪章地位 2. 自由、安全与司法事务 3. 本国中立地位 4. 欧盟委员会组成
意大利	1. 欧盟社会福利政策	
卢森堡	1. 欧盟权利宪章的法律地位 2. 共同决策领域的扩大 3. 欧盟权力在第三支柱领域的扩大 4. 社会政策 5. 环境政策 6. 能源政策 7. 外交和安全政策	1. 欧盟理事会常任主席制
荷兰	1. 加强辅助性原则和成员国议会作用的规定 2. 环境/气候政策 3. 自由、安全与司法事务	1. 《宪法条约》/《里斯本条约》措词和象征意义 2. 欧盟在社会政策和服务业的权限 3. 东扩的速度和性质

成员国	积极支持的政策建议	特别关注的政策建议
波兰	1. 应对能源危机的团结条款 2. 欧盟权限的界定 3. 增设一名法律顾问	1. 欧盟理事会加权表决机制 2. 《宪法条约》未提及欧盟的基督教特征 3. 欧盟防务更紧密合作对北约的影响 4. 欧盟理事会常任主席制 5. 欧盟委员会组成 6. 欧盟外长职务的设立 7. 欧盟权力在第三支柱领域的扩大 8. 权利宪章在一些敏感领域对本国法律的影响
斯洛文尼亚	1. 尊重文化和语言多样性 2. 欧盟权利宪章的法律地位 3. 团结原则 4. 欧盟外长职务的设立 5. 共同安全与外交政策及对外行动 6. 欧盟公民的海外领事事务	1. 欧盟第三支柱在刑法和公民权领域的发展对本国法律的影响
西班牙	1. 国内地区的作用,辅助性原则 2. 欧盟权力在第三支柱领域的扩大 3. 更紧密合作	1. 理事会加权表决机制
瑞典	1. 增加欧盟运作的透明度 2. 权利宪章地位 3. 欧盟整体加入欧洲人权公约	1. 欧盟权力在第三支柱领域的扩大 2. "灵活性"条款对本国议会的影响 3. 欧盟理事会常任主席制 4. 欧盟外长职位设立 5. 欧盟委员会组成 6. 欧盟防务政策的发展
英国	1. 加强辅助性原则和成员国议会作用的规定	1. 欧盟权利宪章的法律地位 2. 欧盟权力在第三支柱领域的扩大 3. 宪法条约中欧盟法至上条款 4. 欧盟社会政策 5. 欧盟宪法的象征意义 6. 欧盟共同外交与安全政策

资料来源:G. Búrca,"Preparing the European Union for the Challenges of the Third Millenium:From the TECE to the Lisbon Treaty",H. Koeck and M. Karollus,eds.,*Preparing the European Union for the Future*? :*Necessary Revisions of Primary Law after the Non-ratification of the Treaty Establishing a Constitution for Europe*,Nomos,Wien :Facultas. wuv,2008,pp. 398－404,有增删;另参见 F. Laursen,*The Rise and Fall of the EU's Constitutional Treaty*.

参 考 文 献

中文文献：

1. [德]阿尔弗雷德·席勒、汉斯·克吕塞尔贝格:《秩序理论与政治经济学》,史世伟等译,山西经济出版社 2006 年版。

2. [加]阿米塔·阿查亚:《建构安全共同体:东盟与地区秩序》,王正毅、冯怀信译,上海人民出版社 2004 年版。

3. [美]安德鲁·莫劳夫奇克:《欧洲的抉择——社会目标和政府权力》,赵晨、陈志瑞译,社会科学文献出版社 2008 年版。

4. [德]贝娅特·科勒—科赫尔等:《欧洲一体化与欧盟治理》,顾俊礼等译,中国社会科学出版社 2004 年版。

5. [美]彼得·卡赞斯坦:《地区构成的世界:美国帝权中的亚洲和欧洲》,秦亚青、魏玲译,北京大学出版社 2007 年版。

6. 曹卫东:《欧洲为何需要一部宪法》,中国人民大学出版社 2004 年版。

7. 陈家刚:《协商民主》,三联书店 2004 年版。

8. 陈乐民:《西方外交思想史》,中国社会科学出版社 1995 年版。

9. 陈玉刚:《国家与超国家:欧洲一体化理论比较研究》,上海人民出版社 2001 年版.

10. 陈玉刚:《欧盟制宪与欧洲一体化:国际关系的解读》,载《欧洲》2002 年第 5 期。

11. 陈玉刚、陈晓翌:《欧洲的经验与东亚的合作》,载《世界经济与政治》2006 年第 5 期。

12. 程卫东:《欧盟法律创新》,社会科学文献出版社 2008 年版。

13. 戴炳然:《解读〈里斯本条约〉》,载《欧洲研究》2008 年第 2 期。

14. [英]戴维·赫尔德:《民主的模式》,燕继荣等译,中央编译出版社1998 年版。

15. [英]戴维·赫尔德:《民主与全球秩序:从现代国家到世界主义治理》,胡伟等译,上海人民出版社 2003 年版。

16. [法]多·斯特劳斯-卡恩:《赞成! 欧盟宪法的未来》,中信出版社2005 年版。

17. 冯契:《冯契文集》第十卷,华东师范大学出版社 1998 年版。

18. 冯兴元:《立宪的意涵:欧洲宪法研究》,北京大学出版社 2005年版。

19. 冯仲平:《欧洲安全观与欧美关系》,载《欧洲研究》2003 年第 5 期。

20. 冯仲平等:《欧盟"宪法危机":根源及影响》,载《现代国际关系》2005 年第 7 期。

21. [美]弗朗西斯·福山:《历史的终结及最后之人》,中国社会科学出版社 2003 年版。

22. 傅荣:《〈欧洲宪法〉初探》,载《国际论坛》2004 年第 6 期。

23. 宫力、刘德喜、刘建飞、王红续:《和平为上:中国对外战略的历史与现实》,九州出版社 2007 年版。

24. 宫力:《走和平发展道路是中国的战略抉择》,载《对外大传播》2007 年第 11 期。

25. [德]哈贝马斯:《在事实与规范之间:关于法律和民主法治国家的商谈理论》,童世骏译,三联书店 2003 年版。

26. [美]汉斯·摩根索:《国家间政治:权力斗争与和平》,徐昕、郝望、李保平译,北京大学出版社 2006 年版。

27.［美］杰里米·里夫金:《欧洲梦:21 世纪人类发展的新梦想》,重庆出版社 2006 年版。

28. 金玲:《〈里斯本条约〉与欧盟共同外交与安全政策》,载《欧洲研究》2008 年第 2 期。

29. 金熙德:《东亚合作进入了"深水区"》,《世界经济与政治》2008 年第 10 期。

30.［英］久洛·海吉:《中东欧出现亲美"新华约"》,转引自《参考消息》2008 年 9 月 26 日。

31. 康绍邦、宫力等著:《马克思主义国际战略理论》,九州出版社 2006 年版。

32.［德］拉那·福鲁哈尔:《资本主义新时代揭幕》,转引自《参考消息》2008 年 10 月 18 日。

33. 雷剑峰:《多层次治理:欧洲联盟正在成型的新型民主模式》,载《世界经济与政治》2008 年第 2 期。

34. 雷益丹:《论欧盟条约中的辅助性原则》,载《西南政法大学学报》2007 年第 1 期。

35. 李明明:《"欧洲化"概念探析》,载《欧洲研究》2008 年第 3 期。

36. 李世安、刘丽云等:《欧洲一体化史》,河北人民出版社 2003 年版。

37. 李巍:《如何认识欧盟的"民主赤字"问题》,载《欧洲》2002 年第 6 期。

38. 刘军宁:《导论:立宪与政体竞争》,载冯兴元:《立宪的意涵:欧洲宪法研究》,北京大学出版社 2005 年版。

39. 刘贞晔:《"东亚共同体"不可能是"开放的地区主义"》,载《世界经济与政治》2008 年第 10 期。

40.［美］罗伯特·达尔:《民主及其批判》,李培元译,国立编译所/韦伯文化国际出版有限公司 2006 年版。

41.［美］罗伯特·基欧汉:《霸权之后:世界政治经济中的合作与纷

争》,苏长和等译,上海世纪出版集团 2001 年版。

42. [美] 罗伯特·基欧汉、约瑟夫·奈:《权力与相互依赖》,门洪华译,北京大学出版社 2002 年版。

43. [美]罗伯特·基欧汉、海伦·米尔纳主编:《国际化与国内政治》,姜鹏、董素华译,北京大学出版社 2003 年版。

44. [美]罗伯特·基欧汉:《非均衡的全球化世界的治理》,载[英]戴维·赫尔德等:《治理全球化——权力、权威与全球治理》,曹荣湘等译,社会科学文献出版社 2004 年版。

45. [德]马克斯·韦伯:《经济与社会》,林荣远译,商务印书馆 1997 年版。

46. 马胜利、邝杨:《欧洲认同研究》,社会科学文献出版社 2008 年版。

47. 马小军:《当代世界多极化与国际社会新秩序》,载《中共中央党校学报》2006 年第 1 期。

48. [意]玛·梅吉奥妮:《欧洲统一贤哲之梦——欧洲统一思想史》,陈宝顺、沈亦缘译,世界知识出版社 2004 年版。

49. 门洪华:《构建中国大战略的框架》,北京大学出版社 2005 年版。

50. 欧共体官方出版局:《欧洲联盟法典》,苏明忠译,国际文化出版公司 2005 年版。

51. 《欧盟会否走向'分崩离析'》,转引自《参考消息》2009 年 3 月 6 日。

52. 潘琪昌:《欧洲国际关系》,经济科学出版社 2000 年版。

53. 彭漪涟:《化理论为方法 化理论为德性》,上海世纪出版集团 2008 年版。

54. 秦亚青、王燕:《建构共同体的东亚模式》,载《外交学院学报》2004 年第 4 期。

55. 秦亚青:《译者前言:国际关系理论的争鸣、融合与创新》,载[美]彼得·卡赞斯坦、罗伯特·基欧汉等:《世界政治理论的探索与争鸣》,秦亚青等译,上海人民出版社 2006 年版。

56. 秦亚青:《观念、制度与政策:欧盟软权力研究》,世界知识出版社2008年版。

57. 秋风:《立宪的技艺》,北京大学出版社2005年版。

58. 裘元伦:《推动欧洲政治联合的欧盟宪法草案》,载《当代世界》2003年第8期。

59. 裘元伦:《欧洲前途并不黯淡》,载《欧洲研究》2009年第5期。

60. 邵峰:《东亚共同体的可行性分析与中国的战略》,载《世界经济与政治》2008年第10期。

61. [美]塞缪尔·亨廷顿:《第三波——20世纪后期民主化浪潮》,刘军宁译,上海三联书店1998年版。

62. [美]沈大伟:《后冷战国际体系变动与中欧关系》,载《欧洲研究》2005年第5期。

63. 时殷弘:《美欧接近、中欧疏离与中国的战略需要》,载《现代国际关系》2008年第5期。

64. 史世伟:《欧洲经济一体化与欧盟经济宪法》,载《欧洲研究》2007年第1期。

65. 舒旻:《欧洲一体化进程中的全民公决》,载《欧洲研究》2007年第4期。

66. [英]苏珊·马克斯:《宪政之谜:国际法、民主和意识形态批判》,上海世纪出版集团2005年版。

67. 田德文:《欧盟社会政策与欧洲一体化》,社会科学文献出版社2005年版。

68. 童世骏:《政治文化和集体认同》,载曹卫东主编:《欧洲为何需要一部宪法》,中国人民大学出版社2004年版。

69. [美]托马斯·库恩:《科学革命的结构》,金吾伦、胡新和译,北京大学出版社2003年版。

70. 王明进:《合法性与欧洲议会的创立与发展》,载《国际关系学院学报》2004年第6期。

71. 王义桅:《欧盟模式的局限性》,载《联合早报》2007 年 4 月 16 日。

72. 王逸舟:《当代国际政治析论》,上海人民出版社 1995 年版。

73. 王逸舟:《西方国际政治学:历史与理论》,上海人民出版社 1998 年版。

74. 王展鹏:《欧洲政治一体化理论与欧盟决策的合法性之争》,载《欧洲》2001 年第 1 期。

75. 王展鹏:《欧盟条约宪法化与国际组织法律化》,载《欧洲》2002 年第 5 期。

76. 王展鹏:《建构主义与欧洲一体化》,载《国际论坛》2003 年第 6 期。

77. 王展鹏:《宪法爱国主义与欧洲认同:欧盟宪法的启示》,载《欧洲研究》2005 年第 5 期。

78. 王展鹏:《战略、制度与伦理——欧洲经验的意义与启示》,载《教学与研究》2006 年第 8 期。

79. 王展鹏:《自由政府间主义及其挑战:爱尔兰与欧盟制宪进程的个案研究》,载《欧洲研究》2008 年第 6 期。

80. 王展鹏:《欧洲宪法条约危机对欧洲认同的影响———一种研究议程》,载梅仁毅、孙有中主编:《北外英语学刊》2007 年卷,外语教学与研究出版社 2008 年版。

81. 王展鹏:《理性选择还是社会建构?:欧洲一体化理论范式之争评析》,载《世界经济与政治论坛》2009 年第 2 期。

82. [德]乌·贝克、埃·格兰德:《世界主义的欧洲:第二次现代性的社会与政治》,章国锋译,华东师范大学出版社 2008 年版。

83. 伍慧萍:《政治公共领域与欧盟民主治理》,载《德国研究》2007 年第 2 期。

84. 伍贻康、裘元伦等:《欧盟宪法危机与欧洲一体化》,载《欧洲研究》2005 年第 5 期。

85. 伍贻康:《欧盟软实力探析》,载《世界经济与政治》2008 年第 7 期。

86. 肖欢容:《地区主义:理论的历史演进》,北京广播学院出版社 2002

年版。

87. ［古希腊］修昔底德:《伯罗奔尼撒战争史》,谢德风译,商务印书馆1983 年版。

88. 许纪霖:《全球正义与文明对话》,江苏人民出版社 2004 年版。

89. ［美］亚历山大·温特:《国际政治的社会理论》,秦亚青译,上海世纪出版集团 2000 年版。

90. 杨解朴:《欧盟治理下社会伙伴的角色变化》,载《欧洲研究》2007年第 5 期。

91. 姚勤华:《欧盟范式的国家间关系:主权、民主与认同》,载《世界经济研究》2003 年第 9 期。

92. 姚勤华、戴轶尘、朱雯霞:《从"魏玛三角"到"波兰现象"》,载《现代国际关系》2004 年第 5 期。

93. 叶江、王一:《浅谈英国在欧盟制宪中的地位与作用》,载《欧洲研究》2008 年第 2 期。

94. ［德］伊曼努尔·康德:《永久和平论》,何兆武译,上海世纪出版集团 2005 年版。

95. 殷桐生:《欧盟是否还会扩大?》,载《欧洲研究》2008 年第 6 期。

96. 殷叙彝:《法比尤斯谈欧盟宪法公决和欧洲左翼政策》,载《国外理论动态》2005 年第 8 期。

97. ［德］尤尔根·哈贝马斯:《后民族结构》,曹卫东译,上海人民出版社 2002 年版。

98. 余潇枫、许丽萍:《国际组织的伦理透视和政治影响》,载《福特基金会资助课题工作论文系列》,http://old. iwep. org. cn/chinese/workingpaper/zgygjzz/8. pdf.

99. 俞可平:《全球化:全球治理》,社会科学出版社 2003 年版。

100. 俞可平:《增量民主与善治》,社会科学文献出版社 2005 年版。

101. 俞可平:《总序》,载［澳］约翰·S. 德雷泽克:《协商民主及其超越:自由与批判的视角》,丁开杰等译,中央编译出版社 2006 年版。

102. 俞可平:《民主是个好东西》,载《学习时报》2006 年 12 月 28 日。

103. [美]约翰·伊肯伯里:《大战胜利之后:制度、战略约束与战后秩序重建》,门洪华译,北京大学出版社 2008 年版。

104. [美]约翰·罗尔斯:《正义论》,何怀宏等译,中国社会科学出版社 1988 年版。

105. [美]约翰·维诺克:《明日欧洲:未必有影响力》,转引自《参考消息》2008 年 12 月 8 日。

106. [美]约瑟夫·威勒:《欧洲宪政》,程卫东等译,中国社会科学出版社 2004 年版。

107. [美]约瑟夫·格里科、约翰·伊肯伯里:《国家权力与世界市场:国际政治经济学》,王展鹏译,北京大学出版社 2008 年版。

108. 岳天明:《政治合法性问题研究》,中国社会科学出版社 2006 年版。

109. [美]詹姆斯·博曼:《公共协商:多元主义、复杂性与民主》,黄相怀译,北京中央编译出版社 2006 年版。

110. 张健:《欧洲一体化的问题、前景与欧盟国际地位》,载《现代国际关系》2008 年第 7 期。

111. 张康之:《合法性的思维历程:从韦伯到哈贝马斯》,载《教学与研究》2002 年第 3 期。

112. 张茗:《"规范性力量欧洲":理论、现实或"欧托邦"》,载《欧洲研究》2008 年第 5 期。

113. 张烨、杨汉唐:《欧盟新成员国行为模式比较:以捷克和波兰为例》,载伍贻康主编:《欧洲一体化的走向和中欧关系》,时事出版社 2008 年版。

114. 张迎红:《试论欧盟多重结构中的民主机制》,载《德国研究》2006 年第 2 期。

115. 赵晨:《协商还是博弈? ——对'欧洲制宪会议'的考察》,载《欧洲研究》2007 年第 5 期。

116. 赵光锐:《论欧盟制宪过程对欧洲公民身份建设的积极影响》,载《欧洲研究》2007 年第 3 期。

117. 赵海峰主编:《〈欧盟宪法条约〉与欧洲法的新发展》,哈尔滨工业大学出版社 2008 年版。

118. 郑必坚:《中国共产党在 21 世纪的走向》,载《人民日报海外版》2005 年 11 月 22 日。

119. 郑秉文主编:《欧洲发展报告:2002—2003》,社会科学文献出版社 2003 年版。

120. 郑春荣:《欧盟轮值主席国德国与欧盟制宪危机:敢问路在何方?》,载《德国研究》2007 年第 1 期。

121. 郑春荣:《规范分析视角下的欧盟新型治理模式:"社会对话"》,载《欧洲研究》2008 年第 2 期。

122. 中评社:《欧盟峰会老冤家怒骂对峙,各国首脑目瞪口呆》,http://www. chinareviewnews. com/doc/1003/9/4/1/100394138. html? coluid = 7&kindid = 0&docid = 100394138.

123. [美]兹比格纽·布热津斯基:《大棋局:美国的首要地位及其地缘战略》,中国国际问题研究所译,上海世纪出版集团 2007 年版。

124. 周弘:《论中欧伙伴关系中的对称与不对称性》,载《欧洲研究》2004 年第 2 期。

125. 周弘主编:《共性与差异:中欧伙伴关系评析》,中国社会科学出版社 2004 年版。

126. 周弘主编:《2003—2004 欧洲发展报告:欧洲模式与欧美关系》,中国社会科学出版社 2004 年版。

127. 周弘主编:《欧盟宪法的命运:2005—2006 欧洲发展报告》,中国社会科学出版社 2006 年版。

128. 周弘主编:《欧盟是怎样的力量——兼论欧洲一体化对世界多极化的影响》,社会科学文献出版社 2008 年版。

129. 周弘:《中国与欧洲外交关系 60 年》,载《欧洲研究》2009 年第

5 期。

130. 周丕启、张晓明：《国际关系中的国家权力》，载《国际论坛》2004年第 1 期。

131. 朱景文主编：《全球化条件下的法治国家》，中国人民大学出版社2006 年版。

132. 朱立群：《欧盟是个什么样的力量》，载《世界经济与政治》2008 年第 4 期。

133. 朱立群主编：《国际体系和中欧关系》，世界知识出版社 2008年版。

英文文献：

1. Adler, E. , "Constructivism and International Relations", in W. Carlsnaes, T. Risse and B. A. Simmons, eds. , *Simmons Handbook of International Relations*, London: Sage Publications, 2002.

2. Alber, Jens, "The European Social Model and the United States", *European Union Politics*, Vol. 7, Issue 3, 2006.

3. Albi, Anneli and Jacques Ziller, eds. , *The European Constitution and National Constitutions: Ratification and Beyond*, The Netherlands: Kluwer Law International, 2007.

4. Algieri, F. , "A Weakened EU's Prospects for Global Leadership", in A. Lennon and A. Kozlowski, eds. , *Global Powers in the 21ˢᵗ Century*, Cambridge, MA: MIT Press, 2008.

5. Amato, G. , "Preface", in S. Griller and J. Ziller, eds. , *The Lisbon Treaty: EU Constitutionalism Without a Constitutional Treaty?*, New York: Springer Wien, 2008.

6. Antona, M. D. , "Diritto dellavoro di fine secolo: una crisi d'identità?", *Rivista Giuridica del Lavoro e della Previdenza Sociale* 1998, vol. I.

7. Archer, Clive and Neill Nugent, "Introduction: Does the Size of Member

States Matter in the European Union?", *Journal of European Integration*, Vol. 28, No. 1, 2006.

8. Arnold, Rainer, "Germany and the EU Constitutional Treaty", in Anneli Albi and Jacques Ziller, eds. , *The European Constitution and National Constitutions: Ratification and Beyond*, The Netherlands: Kluwer Law International, 2007.

9. Atler, K. , "The European Union's Legal System and Domestic Policy: Spillover or Backlash", *International Organization*, Vol. 54, No. 3, 2000.

10. Attina, F. , "Transatlantic Relations in Post-Iraq War Global Politics", *Jean Monnet Working Paper*, No. 50, 2003, http://www. fscpo. unict. it/EuroMed/jmwp50. htm.

11. Auberger, T. and K. Iszkowski, "Democratic Theory and the European Union: Focusing on 'Interest' or 'Reason'?", *Journal of European Integration*, Vol. 29, No. 3, 2007.

12. Auel, K. and A. Benz, "Expanding National Parliamentary Control: Does it Enhance European Democracy?", in Beate Kohler and Berthold Rittberger, eds. , *Debating the Democratic Legitimacy of the European Union*, Lanham: Rowman & Littlefield Publishers, Inc. , 2007.

13. Badinter, Robert, *Nouvel Observateur*, 19 June 2003.

14. Bainers, Paul and Mark Gill, "The EU Constitution and the British Public: What the Polls Tell us About the Campaign that Never was", *International Journal of Public Opinion Research*, Vol. 18, No. 4, 2006.

15. Barnard, C. , "Social Policy Revisited in the Light of the Constitutional Debate", in Catherine Barnard, ed. , *The Fundamentals of EU Law Revisited: Assessing the Impact of the Constitutional Debate*, Oxford: Oxford University Press, 2007.

16. Barnard, C. , "The 'Opt-Out for the UK and Poland from the Charter of Fundamental Rights: Triumph of Rhetoric over Reality?", in S. Griller and J. Ziller, eds. , *The Lisbon Treaty: EU Constitutionalism Without a Constitutional*

Treaty ?, New York: Springer Wien, 2008.

17. Barnett, Michael and Martha Finnemore, *Rules for the World: International Organizations in Global Politics*, Ithaca and London: Cornell University Press, 2004.

18. Bartnik, Fr. , "A Euro-constitution Deprived us of our Freedom", Nasz Dziennik, quoted in Aleksandra Wyrozumska, "Who is to Die for the Constitution? The National Debate on the Constitutional Treaty in Poland", Bremen: *ConstEPS Working Paper*, No. 2006/3.

19. Bauböck, Rainer, "Three Conceptions of a European Political Identity", http://www. jeanmonnetprogram. org/papers/97/97 − 04 − 4. html.

20. Bausili, Anna Verges, "Ireland and the Convention on the Future of Europe", in Michael Holmes, ed. , *Ireland and the European Union: Nice, Enlargement and the Future of Europe*, Manchester, New York: Manchester University Press, 2005.

21. Beach, Derek and Colette Mazzucelli, eds. , *Leadership in the Big Bangs of European Integration*, London: Palgrave Macmillan, 2007.

22. Beach, Derek, Chapter 15, "A New Pragmatism: The Role and Impact of the European Parliament in the Constitutional Treaty Negotiations", in Finn Laursen, ed. , *The Rise and Fall of the EU's Constitutional Treaty*, Leiden: Martinus Nijhoff Publishers, 2008.

23. Beetham, David and Christopher Lord, *Legitimacy and the European Union*, Harlow: Longman, 1998.

24. Berger, Stefan, "Democracy and Social Democracy", *European Historical Quarterly*, Vol. 32, No. 1, 2002.

25. Blair, T. , "Speech by the British Prime Minister, Tony Blair, to the Polish Stock Exchange", 6 October 2000, http://www. ena. lu.

26. Bodin, Jean, *On Sovereignty*, Cambridge: Cambridge University Press, 1992.

27. Bohman, J. , "The Coming of Age of Deliberative Democracy", *Journal of Political Philosophy*, Vol. 6, 1998.

28. Breslin, Shaun and Richard Higgott, "Studying Regions: Assessing the New, Learning from the Old", *New Political Economy*, Vol. 5, Issue 3, 2000.

29. Brunkhorst, H. , "Taking Democracy Seriously: Europe After the Failure of its Constitution", in E. Eriksen, C. Joerges and F. Rödl, eds. , *Law, Democracy and Solidarity in a Post-National Union*, London: Routledge, 2008,

30. Brussels, "EU, Euro Saved Ireland from Iceland Fate - Irish PM", http://www. javno. com/en/economy/clanak. php? id = 193186.

31. Brzezinski, Z. , " A Geostrategy for Eurasia", *Foreign Affairs*, Vol. 76, No. 5, 1997.

32. Bugajski, Janusz and Ilona Teleki, *Atlantic Bridges: America's New European Allies*, Lanham: Rowman & Littlefield Publishers Inc, 2007.

33. Búrca, G. , " Preparing the European Union for the Challenges of the Third Millenium: From the TECE to the Lisbon Treaty", in H. Koeck and M. Karollus, eds. , *Preparing the European Union for the Future? : Necessary Revisions of Primary Law After the Non-ratification of the Treaty Establishing a Constitution for Europe*, Nomos, Wien : Facultas. wuv, 2008.

34. Callahan, W. , "Comparative Regionalism: The Logic of Governance in Europe and East Asia", in D. Kerr and Liu Fei, eds. , *The International Politics of EU-China Relations*, London: The British Academy, 2007.

35. "Cameron Promised Lisbon Referendum", http://www. ireland. com/home/Cameron_promises_Lisbon_referendum/maxi/fast/news/irnews/239801.

36. Case 26/62, [1963] E. C. R 1.

37. CBOS, "Poles on the European Constitution", Warsaw, April 2005.

38. CBOS, "Opinions on the Ratification of the EU Constitution", Warsaw, June 2005.

39. Chambers, S. , "Talking Versus Voting: Democratic Trade-Offs and Ten-

sions", Boulder, Co. : University of Colorado, Mimeo, 1997.

40. Checkel, J. T. , "Social Constructivism in Global and European Politics: a Review Essay", *Review of International Studies*, Vol. 30, Issue 2, 2004.

41. Checkel, Jeffrey T. and Andrew Moravcsik, "A Constructivist Research Program in EU Studies", *European Union Politics*, Vol. 2, Issue 2, 2001.

42. Clarisse, Yves, "Chirac Hits Back at Blair", *Reuters*, 17: 24 ET, 29 April 2003, quoated in Charles Kovacs, "US-European Relations from the Twentieth to the Twenty-first Century", *European Foreign Affairs Review*, Vol. 8, 2003.

43. Dahl, Robert A. , "Can International Organizations be Democratic? A Skeptic's View", in Ian Shapiro and Casiano Hacker-Cordón, eds. , *Democracy's Edges*, Cambridge: Cambridge University Press, 1999.

44. Gros, Daniel and Sebastian Kurpas, "What Next? How to Save the Treaty of Lisbon", http://www. euractiv. com/29/images/what% 20next% 20pdf_ tcm29 - 173704. pdf.

45. Davidson, Paul J. , "The ASEAN Way and Role of Law in ASEAN Economic Cooperation", *Singapore Journal of International and Comparative Law*, Vol. 8, No. 1, 2004.

46. Davignon, V. E. , "Those Pesky Poles", *The Economist*, 27 November 2003.

47. d' Estaing, V. Giscard, "Introductory Speech", http://european-convention. eu. int/docs/speeches/1. pdf.

48. de Vreese, Claes H. , "Why European Citizens will Reject the EU Constitution", *Center for European Studies Working Paper*, No. 116, http://www. people. fas. harvard. edu/ ~ ces/publications/deVreese. pdf.

49. Delanty, G. and C. Rumford, *Rethinking Europe: Social Theory and the Implications of Europeanization*, London: Routledge, 2005.

50. Dimitrakopoulos, Dionyssis G. and Hussein Kassim, "Deciding the Future of the European Union Preference Formation and Treaty Reform", *Comparative European Politics*, Vol 2, Issue 3, 2004.

51. Dinan, Desmond, "Governance and Institutions: The Convention and the IGC", *Journal of Common Market Studies*, Vol. 42, Annual Review, 2004.

52. Downs, A., *An Economic Theory of Democracy*, New York: Harper, 1957.

53. Duffy, J., "Time for EU to Slowdown and Listen when the People Say 'No'", *The Irish Times*, 18 June 2005.

54. EAVG, "Towards an East Asian Community", http://www. kiep. go. kr/eng/e_ sub02/sub01 _1. asp? sort = &hdate = 2001 - 11 - 20&seq = 20011120830647&p = 7&class = 01.

55. Eriksen, Erik O. and Jarle Weigard, *Understanding Habermas: Communicative Action and Deliberative Democracy*, New York, NJ: Continuum, 2003.

56. EU, "Consolidated Versions of the Treaty on European Union and the Treaty on the Functioning of the European Union", *Official Journal of the European Union*, 2008/C 115/10.

57. EU, "Treaty of Lisbon", *Official Journal of the European Union*, 2007/C 306/01, Vol. 50, 2007.

58. EurActiv, "EU Treaty Deal Meets Praise and Criticism", http://www. euractiv. com/en/future-eu/eu-treaty-deal-meets-praise-criticism/article-164921.

59. EurActiv, "Nine Member States Call for Social EU Constitution", http://www. euractiv. com/en/constitution/member-states-call-social-eu-constitution/article-161773.

60. EurActiv, "Irish MEP Attacks French Plans Ahead of Referendum", http://www. euractiv. com/en/future-eu/irish-mep-attacks-french-defence-plans-ahead-referendum/article-173190.

61. EurActiv, "Presidency Stresses 'Social Face' in Berlin Declaration", http://www. euractiv. com/en/future-eu/presidency-stresses-social-face-berlin-declaration/article-162480.

62. EurActiv: "Tories 'Won't Give up' on EU Treaty Referendum", ht-

tp://www. euractiv. com/en/future-eu/tories-won-give-eu-treaty-referendum/ article-175836? Ref = RSS.

63. EurActiv,"Sarkozy Vows to Put Politics Back into Europe" ,http://www. euractiv. com/en/future-eu/sarkozy-vows-put-politics-back-europe/article-170218.

64. EurActiv,"Brussels Plays Down EU Competition Fears" ,http://www. euractiv. com/en/competition/brussels-plays-eu-treaty-competition-fears/article-164974.

65. EurActiv,"Eyes Turn on Czechs at ' Crisis' Council' ",http://www. euractiv. com/en/future-eu/eyes-turn-czechs-crisis-council/article-173356.

66. EurActiv,"Prague Criticized for Moving to Send Home Foreign Workers ", http://www. euractiv. com/en/socialeurope/prague-criticised-moving-send-home-foreign-workers/article-179339.

67. European Commission, *Standard Eurobarometer* 57&59, http://ec. europa. eu/public_opinion/archives/eb/eb57/eb57_en. pdf, http://ec. europa. eu/public_opinion/archives/eb/eb59/eb59_rapport_final_en. pdf.

68. European Commission, *Candidate Countries Eurobarometer April* 2003, http://ec. europa. eu/public_opinion/archives/cceb/2003/cceb2003. 4_full_report. pdf.

69. European Commission, *Eurobarometer: The Future European Constitution*,Flash EB No. 159, http://ec. europa. eu/public_opinion/flash/fl159_fut_const. pdf.

70. European Commission,*Eurobarometer*, *Spring* 2004,http://ec. europa. eu/public_opinion/archives/eb/eb61/eb61_en. pdf.

71. European Commission, *Eurobarometer: The European Constitution: Post-referendum Survey in France*, Brussels: Directorate-General Press,2005, http:// ec. europa. eu/public_opinion/flash/fl171_en. pdf.

72. European Commission,*Eurobarometer: The European Constitution: Post-referendum Survey in Netherlands*,June 2005.

73. European Commission, *Standard Eurobarometer* 67, Spring 2007.

74. European Commission, *Eurobarometer* 69, June 2008, http://ec. europa. eu/public_opinion/archives/eb/eb69/eb_69_first_en. pdf.

75. European Commission, *Post-referendum Survey in Ireland Preliminary Results*, June 2008, http://ec. europa. eu/public_opinion/flash/fl_245_en. pdf.

76. European Commission, *Eurobarometer* 70, http://ec. europa. eu/public _opinion/archives/eb/eb70/eb70_first_en. pdf.

77. European Council, *Presidency Conclusions: Copenhagen European Council*, Brussels: Council of the European Union, 1993.

78. European Council, *Presidency Conclusion*, *Cologne*, 3 – 4 June 1999, http://ue. eu. int/uedocs/cmsUpload/Cologne% 20European% 20Council-Presidency% 20conclusions. pdf.

79. European Council, *Presidency Conclusions: Lisbon European Council*, 23 and 24 March 2000, http://www. bolognaberlin2003. de/pdf/PRESIDENCY_ CONCLUSIONS_Lissabon. pdf.

80. European Council, *Presidency Conclusions: Nice European Council Meeting*, 7, 8 and 9 December 2000, http://europa. eu. int/council/off/conclu/ dec2000/dec2000_en. htm.

81. European Council, *Laeken Declaration on the Future of the European Union*, http://european-convention. eu. int/pdf/LKNEN. pdf, 2001.

82. European Council, *European Security Strategy: A Secure Europe in a Better World*, December, 2003, http://www. iss. europa. eu/uploads/media/solanae. pdf.

83. European Council, *Declaration by the Heads of State or Government of the Member States of the European Union on the Ratification of the Treaty Establishing a Constitution for Europe*, 18 June 2005, SN 117/05.

84. European Council, *Presidency Conclusions: Brussels European Council*, 18/19 June 2009, http://www. consilium. europa. eu/uedocs/cms_data/docs/

pressdata/en/ec/108622. pdf.

85. European Parliament,*Resolution on the Treaty of Nice and the Future of the European Union*,Doc. No. A5 - 0168/2001.

86. Falkner, Gerda, "Introduction: EU Treaty Reform as a Three-Level Process" ,*Journal of European Public Policy*,Vol. 9 ,No. 1 ,2002.

87. Farrell,Mary,Bjorn Hettne and Luk Van Langenhore,eds. ,*Global Politics of Regionalism: Theory and Practice*,London: Pluto Press,2005.

88. Fassbender,B. ,"The Meaning of International Constitutional Law", in N. Tsgourias, ed. , *Transnational Constitutionalism: International and European Models*,Cambridge: Cambridge University Press,2007.

89. Feng Zhongping, "Promoting the Deeper Development of China-EU Relations", in D. Kerr and Liu Fei, eds. , *The International Politics of EU-China Relations* ,London: The British Academy,2007.

90. *Financial Times* ,8 June 2000.

91. Fischler,F. ,"Ten Ingredients to Make Cancun Success" ,*Press Conference Before WTO Ministerial in Cancún*,Brussels,4 September 2003-speech/03/384. http://europa. eu. int/rapid/start/cgi/guesten. ksh? p_action.

92. FitzGerald,Garret,*Reflections on the Irish State*,Dublin, Portland, OR: Irish Academic Press,2003.

93. FN National Convention,9 April 2005 ,quoted in Gilles Ivaldi, "Beyond France's 2005 Referendum on the European Constitutional Treaty", *West European Politics*,Vol. 29 ,No. 1 ,2006.

94. Fontaine,Pascal,*A New Idea for Europe*,Luxemburg: Office for Official Publications of the European Communities,2000.

95. Fort,Bertrand and Douglas Webber,eds. ,*Regional Integration in East Asia and Europe: Convergence or Divergence*,London: Routledge,2006.

96. Fossum,John Erik and Philip Schlesinger,eds. ,*The European Union and the Public Sphere*,London: Routledge,2007.

97. "France's Hyperactive President, Nicolas Sarkozy in Brussels", *The Economist*, 28 June 2007.

98. Franceschet, A. , "Justice and International Organization: Two Models of Global Governance", *Global Governance*, Vol. 8, No. 1, 2002.

99. Fraser, N. , "Rethinking the Public Sphere: A Contribution to the Critique of Actually Existing Democracy", in C. Calhoun, ed. , *Habermas and the Public Sphere*, Cambridge, MA: MIT Press, 1992.

100. Gazzo, M. , ed. , *Towards European Union*, vol. 2, Brussels: Agence Europe, 1986.

101. George, Stephen, *An Awkward Partner: Britain in the European Community*, Oxford: Oxford University Press, 1998.

102. Giddens, Anthony, *Beyond Left and Right: The Future of Radical Politics*, Cambridge: Stanford University Press, 1994.

103. Giorgi, Liana, Ingmar von Homeyer and Wayne Parsons, eds. , *Democracy in the European Union: Towards the Emergence of a Public Sphere*, London: Routledge, 2006.

104. Giubboni, Stefano, *Social Rights and Market Freedom in the European Constitution: A Labour Law Perspective*, Cambridge: Cambridge University Press, 2006.

105. Goldstein, J. , M. Kahler, R. Keohane, et al. , "Introducntion: Legalization and World Politics", *International Organization*, Vol. 54, No. 3, 2000.

106. Grant, Charles, "What if the British Vote No?", *Foreign Affairs*, Vol. 84, Issue 3, 2005.

107. Grimm, Dieter, "Does Europe Need a Constitution?", *European Law Journal*, Vol. 1, No. 3, 1995.

108. Grimm, Dieter, "Integration by Constitution", *International Journal of Constitutional Law*, Vol. 3, No. 2&3, 2005.

109. Grugel, Jean and Nicola Piper, *Critical Perspectives on Global Govern-*

ance: *Rights and Regulation in Governing Regimes*, London: Routledge, 2007.

110. Guardian/ICM, *Guardian*, 8 June 1999.

111. Gwiazda, Anna, "Poland: The Struggle for Nice", in Thomas König and Simon Hug, eds. , *Policy Processes and European Constitution: A Comparative Study of Member States and Accession Countries*, London: Routledge, 2006.

112. Haas, E. B. , *The Uniting of Europe*, Stanford: Stanford University Press, 1968.

113. Haas, E. B. , "The Study of Regional Integration: Reflections on the Joy and Anguish of Pretheorizing", in L. Lindberg, and S. Scheingold, eds. , *Regional Integration: Theory and Research*, Cambridge, MA: Harvard Uni. Press, 1971.

114. Haas, E. B. , "Does Constructivism Subsume Neo-functionalism?", in Thomas Christiansen, et al. , eds. , *The Social Construction of Europe*, London: SAGE Publications, 2001.

115. Haas, Peter M. and Ernst B. Haas, "Pragmatic Constructivism and the Study of International Institutions", *Millennium: Journal of International Studies*, Vol. 31, No. 3, 2002.

116. Habermas, J. , "Why Europe Needs a Constitution", *New Left Review*, Vol. 11, Sep-Oct 2001.

117. Habermas, J. , *The Postnational Constellation: Political Essays*, Cambridge: Polity Press, 2001.

118. Habermas, J. , et al. , "Europe Demands Courage", *Le Monde*, 2 May 2005.

119. Habermas, J. and J. Derrida, "February 15, or, What Binds Europeans Together: Plea for a Common Foreign Policy, Beginning in Core Europe", in Naniel Levy, Max Pensky and John Torpey, eds. , *Old Europe, New Europe, Core Europe*, London: Verso, 2005.

120. Habermas, J. , "And the Wheels Stopped Turning", http://haberma-

sians. blogspot. com/2008/06/and-wheels-stopped-turning. html.

121. Habermas, J. , "The Illusionary Leftish No", http://print. signandsight. com/features/163. html.

122. Hainsworth, Paul, "France Says No: The 29 May 2005 Referendum on the European Constitution", *Parliamentary Affairs*, Vol. 59, No. 1, 2006.

123. Hallstein, W. , *Europe in the Making*, London: Allen and Unwin, 1972.

124. Hayek, F. A. , *The Road to Serfdom*, Chicago: University of Chicago Press, 1944.

125. Hayward, Jack , "France and the United Kingdom: The Dilemma of Integration and National Democracy", in Jeffrey J. Anderson, ed. , *Regional Integration and Democracy*, Lanham: Rowman & Littlefield Publishers, 1999.

126. Held, D. , et al. , *Global Transformations: Politics, Economics and Culture*, Oxford: Polity Press, 1999.

127. Higgott, Richard, "The Theory and Practice of Region", in Betrand Fort and Douglas Webber, eds. , *Regional Integration in East Asia and Europe: Convergence or Divergence*, London: Routledge, 2006.

128. Hix, S. , "Britain, the EU and the Euro", in P. Dunleavy, ed. , *Developments in British Politics* 6, London: Macmillan, 2000.

129. Hobolt, S. and P. Riseborough, "How to Win the UK Referendum on the European Constitution", *The Political Quarterly*, Vol. 76, 2005.

130. Hobolt, S. , "Direct Democracy and European Integration", *Journal of European Public Policy*, Vol. 13, Issue 1, 2006.

131. Hoffmann, S. , "Obstinate or Obsolete? The Fate of the Nation-State and the Case of Western Europe", *Daedalus*, Vol. 95, 1996.

132. Hogan, Gerard, "Ratification of the European Constitution—Implication for Ireland", in Anneli Albi and Jacques Ziller, eds. , *The European Constitution and National Constitutions*, The Netherlands: Kluwer Law International, 2007.

133. Holmes, Michael, "The Development of Opposition to European Inte-

gration in Ireland", in Michael Holmes, ed., *Ireland and the European Union*: *Nice*, *Enlargement and the Future of Europe*, Manchester, New York: Manchester University Press, 2005.

134. House of Commons, "White Paper on the Treaty for a European Constitution", http://www. fco. gov. uk/Files/kfile/White%20Paper_Treaty.

135. House of Lords EU Select Committee, *The Treaty of Lisbon*: *An Impact Assessment*, 10th *Report*, 2007 – 2008, HLPaper 62, para. 5. 86, http://www. publications. parliament. uk/pa/ld200708/ldselect/ldeucom/62/62. pdf.

136. Hug, S., *Voices of Europe*: *Citizens*, *Referendums and European Integration*, Boulder, CO: Rowman & Littlefield, 2002.

137. Hug, S., "Occurrence and Policy Consequences of Referendums", *Journal of Theoretical Politics*, Vol. 16, No. 3, 2004.

138. Hurrell, A., "One World? Many Worlds? The Palce of Regions in the Study of International Society", *International Affairs*, Vol. 83, No. 1, 2007.

139. ILC, *Report of the Study Group on Fragmentation of International Law*, A/CN. 4/L. 628, August 1, 2002.

140. Janning, Josef, "Leadership Coalitions and Change: The Role of States in the European Union", *International Affairs*, Vol. 81, No. 4, 2005.

141. Jarukaitis, Irmantas, "Ratification of the European Constitution in Lithuania and its Impact on the National Constitutional System", in Anneli Albi and Jacques Ziller, eds., *The European Constitution and National Constitutions*: *Ratification and Beyond*, The Netherlands: Kluwer Law International, 2007.

142. Judt, T., *Postwar*: *A History of Europe Since* 1945, New York: Penguin, 2005.

143. Jupille, Joseph, James A. Caporaso and Jeffrey T. Checkel, "Integrating Institutions: Rationalism, Constructivism, and the Study of the European Union", *Comparative Political Studies*, Vol. 36, No. 7, 2003.

144. Kant, Immanuel, "Idea for a Universal History with a Cosmopolitan

Purpose", in I. Kant, *Political Wrtings*, H. S. Reiss ed. , Cambridge: Cambridge University Press, 1991.

145. Kassim, H. , "The United Kingdom and the Future of Europe: Winning the Battle, Losing the War", *Comparative European Politics*, Vol. 2, Issue 2, 2004.

146. Kenner, Jeff, "The Constitution that Never was: Is There Anything Worth Salvaging from the Wreckage?", *Industrial Relations Journal*, Vol. 36, No. 6, 2005.

147. Keohane, Robert, *Power and Governance in a Partially Globalized World*, London: Routledge, 2002.

148. Klaus, Václav, "stavou EU vzniká páinejmenším federace", [The EU Constitution Establishes at least Federation], *Lidové noviny*, http://www. klaus. cz, 27 April 2005.

149. Klaus, Václav, Foreword to "ekneme své ano nebo ne Evropské ústavě", [Shall We Say Our Yes or No to the European Constitution], Prague: CEP, 2005.

150. Kohler-Koch, Beate, and Berthold Rittberger, *Debating the Democratic Legitimacy of the European Union*, Lanham: Rowman & Littlefield Publishers, Inc. , 2007

151. Krasner, S. , *Sovereignty: Organized Hypocrisy*, Princeton: Princeton University Press, 1999.

152. Krasner, S. , "Sovereignty", *Foreign Policy*, Issue 121, January/February 2001.

153. Kritzinger, S. , "The Influence of the Nation State on Individual Support for the European Union", *European Union Politics*, Vol. 4, No. 2, 2003.

154. Kühn, Zdeněk, "Ratification Without Debate and Debate Without Ratification: the European Constitution in Slovakia and the Czech Republic", in Anneli Albi and Jacques Ziller, eds. , *The European Constitution and National Con-*

stitutions: *Ratification and Beyond*, The Netherlands: Kluwer Law International, 2007.

155. LeDuc, L. , "Opinion Formation and Change in Referendum Campaigns", in C. de Vreese, ed. , *The Dynamics of Referendum Campaigns*, Basingstoke: Palgrave Macmillan, 2007.

156. Leibfried, S. , "Towards a European Welfare State?", in Z. Ferge and J. E. Kolberg, eds. , *Social Policy in a Changing Europe*, Frankfurt am Main-Bouler, 1992.

157. Lindberg, L. N. , and S. A. Scheingold, *Europe's Would-be Polity*: *Patterns of Change in the European Community*, Englewood Cliffs, NJ: Prentice-Hall, 1970.

158. Louis, Jean-Victor, "Economic Policy Under the Lisbon Treaty", in S. Griller and J. Ziller, eds. , *The Lisbon Treaty*: *EU Constitutionalism Without a Constitutional Treaty?*, New York: Springer Wien, 2008 .

159. Madison, J. , *The Federalist Papers*, No. 51, C. Rossiter, ed. , New York: New American Library, 1961.

160. Magnette, Paul, "Deliberation or Bargaining: Coping with Constitutional Conflicts in the Convention on the Future of Europe", in Erik Oddvar Eriksen, John Erik Fossum and Agustin Jose Menendez, eds. , *Developing a Constitution for Europe*, London: Routledge, 2004.

161. Magnette, Paul and Kalypso Nicolaïdis, "Coping with the Lilliput Syndrome: Large vs. Small Member States in the European Convention", *European Public Law*, Vol. 11, Issue 1, 2005.

162. Mahncke, Dieter, "The United States, Germany and France: Balancing Transatlantic Relations", *The British Journal of Politics and International Relations*, Vol. 11, Issue 1, 2009.

163. Majone, Giandomenico, "From the Positive to the Regulatory State: Causes and Consequences of Change in the Mode of Government", *Journal of*

Public Policy, Vol. 17, No. 2, 1997.

164. March, J. G. and J. P. Olsen, *Rediscovering Institutions: The Organizational Basis of Politics*, New York: Free Press, 1989.

165. Marcussen, Martin, et al., "Constructing Europe? The Evolution of French, British and German Nation State Identities", *Journal of European Public Policy*, Vol. 6, No. 4, Special Issue, 1999.

166. Mather, Janet, *Legitimating the European Union: Aspirations, Inputs and Performance*, Basingstoke: Palgrave Macmillan, 2006.

167. Matteucci, N., "Costituzionalismo", in N. Bobbio, et al., *Dizionario di politica*, Turin: UTET, 1983, p. 249.

168. Mayer, Franz C. and J. Palmowski, "European Identities and the EU", *Journal of Common Market Studies*, Vol. 42, No. 3, 2004.

169. Mayer, H., "The Long Legacy of Dorian Gray: Why the European Union Needs to Redefine its Role in Global Affairs", *Journal of European Integration*, Vol. 30, No. 1, 2008.

170. McGrew, Anthony, "Transnational Democracy", in April Carter and Geoffrey Stokes, eds., *Democratic Theory Today*, Cambridge: Polity Press, 2002.

171. McMahon, E. and S. Barker, *Piecing a Democratic Quilt? Regional Organizations and Universal Norms*, Bloomfield: Kumarian Press, Inc., 2006.

172. Menon, Anand, "Britain and the Convention on the Future of Europe", *International Affairs*, Vol. 79, Issue 5, 2003.

173. Meunier, S. and K. Nicolaïdis, "The European Union as a Trade Power", in C. Hill and M. Smith, eds., *International Relations and the European Union*, Oxford: Oxford University Press, 2005.

174. Meyer, Thomas, *Die Transformation der Soziakemokratie: Eine Partei auf dem Weg ins 21. Jahrhundert*, Bonn: J. H. W. Dietz, 1998.

175. Miller, D., "Deliberative Democracy and Social Choice", in D. Held, ed., *Prospect for Democracy*, Cambridge: Polity Press, 1993.

176. Milton, Guy and Jacques Keller-Noëllet, *The European Constitution: Its Origins, Negotiations and Meaning*, London: John Harper Publishing, 2005.

177. Milward, A. S., "L' Europa in formazione", in P. Anderson, ed., *Storia d' Europa*, vol. I, Torino: Einaudi, 1993.

178. Milward, A. S., *The European Rescue of the Nation-State*, 2nd edition, London: Routledge, 2000.

179. Modelski, G., "Long Cycles in World Leadership", in W. Thompson ed., *Contending Approaches to World System Analysis*, London: Sage, 1983.

180. Moller, A., Chapter 7, "From Idealism to Pragmatism: Germany and the Constitutional Treaty", in F. Laursen, ed., *The Rise and Fall of the EU's Constitutional Treaty*.

181. Moravcsik, A., "Taking Preferences Seriously: a Liberal Theory of International Politics", *International Organization*, Vol. 51, No. 4, 1997.

182. Moravcsik, A., "Constructivism and European Integration: A Critique", in T. Christiansen, et al., eds., *The Social Construction of Europe*, London: SAGE Publications, 2001.

183. Moravcsik, A., "Is there a 'Democratic Deficit' in World Politics? A Framework for Analysis", *Government and Opposition*, Vol. 39, Issue 2, 2004.

184. Moravcsik, A., "Europe Without Illusions: a Category Error", *Prospect*, Issue 112, July 2005.

185. Moravcsik, A, "The European Constitutional Compromise and the Neofunctionalist Legacy", *Journal of European Public Policy*, Vol. 12, No 2, 2005.

186. Moxon-Browne, Edward, Chapter 16, "The European Commission as a Strategic Agenda Setter", in Finn Laursen, ed., *The Rise and Fall of the EU's Constitutional Treaty*, Leiden: Martinus Nijhoff Publishers, 2008.

187. Munakata, N., *Transforming East Asia: The Evolution of Regional Economic Integration*, Washington: Brookings Institution Press, 2006.

188. Murphy, C., "Global Governance: Poorly Done and Poorly Under-

stood" , *International Affairs* , Vol. 76 , No. 4 ,2000.

189. Murphy , Mark , "Between Facts , Norms and a Post-National Constella-tion : Habermas , Law and European Social Policy" , *Journal of European Public Policy* , Vol. 12 , No. 1 ,2005.

190. Neumann , Iver and Sieglinde Gstöhl , "Introduction" , in Christine Ingerbritsen and Iver Neumann , eds. , *Small States in International Relations* , Seattle : University of Washington Press ,2006.

191. Newman , M. , "Allegiance , Legitimation , Democracy and the European Union" , *European University Institute Working Papers* , HEC No. 2001/5.

192. Neyer , J. Gen , "The Deliberative Turn in Integration Theory" , *Journal of European Public Policy* , Vol. 13 , No. 5 ,2006.

193. NIC , *Global Trends* 2005 , http://www. acus. org/files/publication_pdfs/3/Global-Trends-2025. pdf , pp. 32 – 33.

194. Nugent , N. , *The Government and Politics of the European Union* , New York : Palgrave Macmillan ,2006.

195. Nye , Joseph , *Soft Power : The Means to Success in World Politics* , New York : Public Affairs ,2004.

196. Open Europe , *Lisbon Treaty Survey* , http://www. openeurope. org. uk/ research/redc. pdf.

197. Packham , Kathrin , "From the Contentious Constitution to the Awkward Other ⋯ Social Model" , *Perspectives on European Politics and Society* , Vol. 8 , No. 3 ,2007.

198. Panke , D. , "More Arguing Than Bargaining? The Institutional Designs of the European Convention and Intergovernmental Conferences Compared" , *Journal of European Integration* , Vol. 28 , No. 4 ,2006.

199. Pincione , G. F. and R. Tesón , *Rational Choice and Democratic Delibera-tion : A Theory of Discourse Failure* , Cambridge : Cambridge University Press ,2006.

200. Pollack , Mark A. , "Rational Choice and EU Politics" , ARENA Work-

ing Paper Series:12/2006,http://www. arena. uio. no/publications/working-papers2006/papers/wp06_12. pdf.

201. Pontusson, Jonas, *Inequality and Prosperity: Social Europe vs. Liberal America*, Ithaca: Cornell University Press, 2005.

202. Presidency, "Speech of the Chancellor to the European Parliament", http://www. bundeskanzlerin. de/Content/DE/Pressemitteilungen/BPA/2007/01/2007 − 01 − 17-rede-bkin-strassburg-eu-parlament. html.

203. *PROTOCOL(No. 7) on the Application of the Charter of Fundamental Rights to Poland and to the United Kingdom*, http://consilium. europa. eu/uedocs/cmsUpload/cg00002re01en. pdf.

204. Q&A, *Sunday Express*, 24 June 2007.

205. Queval, Axel, "The Yes Men and the No Vote", *Inroads*, Vol. 18, Winter 2006.

206. Rawls, J. , *Political Liberalism*, New York: Columbia University Press, 1993.

207. Referendum pro, "There is Collective Remorse in Ireland" (Interview), http://www. euractiv. com/en/future-eu/referendum-pro-collective-remorse-ireland/article-174092.

208. Reh, Christine, "The Convention on the Future of Europe and the Development of Integration Theory", *Journal of European Public Policy*, Vol. 15, Issue 5, 2008.

209. Rittberger, Berthold and Frank Schimmelfennig, "Explaining the Constitutionalization of the European Union", *Journal of European Public Policy*, Vol. 13, Issue 8, 2006.

210. Robinson, P. , "Historical Lessons for Europe's Future in the Wake of the EU Convention", *Economic Affairs*, Vol. 24, No. 1, 2004.

211. Roche, D. , et al. , Contribution "Reforming the Institutions: Principles and Premises ", http://register. consilium. eu. int/pdf/en/03/cv00/

cv00646en03. pdf 2003.

212. Rostowski, Jacek, "The Sweet Revenge of the French", *Rzeczpospolita*.

213. Rousseau, Jean-Jacques, *The Social Contract*, Middlesex : Penguin Ltd. ,1968.

214. Ruggie, John Gerard, et al. , "Transformations in World Politics: The Intellectual Contributions of Ernst B. Haas", *Annual Review of Political Science*, Vol. 8 ,2005.

215. Rumsfeld, D. , "News Transcript: Secretary Rumsfeld Brief at the Foreign Press Center", 22 January 2003, http://www. defenselink. mil/news/Jan2003/t01232003_t0122sdfpc. html.

216. Scharpf, F. W. , *Governing Europe: Effective and Democratic*, Oxford: Oxford University Press, 1999.

217. Schmitter, P. and S. Kim, "Comparing Processes of Regional Integration: European 'Lessons' and Northeast Asian Reflections", *Current Politics and Economics of Asia*, Vol. 17 ,Issue 1 ,2008.

218. Schuman, Robert, "Declaration of 9 May1950", in Pascal Fontaine, *A New Idea for Europe*, Luxemburg: Office for Official Publications of the European Communities, 2000.

219. Scientists for a Democratic Europe, "Letter to the Governments of the EU Member States", http://chaos. if. uj. edu. pl/ ~ karol/pdf/OpenLetter. pdf.

220. Seidelmann, R. , "The EU's Neighbourhood Policies", in M. Telö, ed. , *The European Union and Global Governance*, London: Routledge, 2009.

221. Sejm, "Resolution of 2 October 2003 on the Treaty Establishing the Constitution for Europe", Sejm Rzeczpospolitej Polskiej, *Monitor Polski*, No. 47.

222. Sharpener, "Another Europe is Possible: Jurgen Habermas and the EU Constitution", http://www. thesharpener. net/? p = 61.

223. Shaw, Jo, "Process, Responsibility and Inclusion in EU Constitutionalism", *European Law Journal*, Vol. 9 , No. 1 ,2003.

224. Sherrington, Philippa, "Confronting Europe: UK Political Parties and the EU 2000 – 2005", *British Journal of Politics and International Relations*, Vol. 8, No. 1, 2006.

225. Shu, Min, "Referendums and the Political Constitutionalisation of the EU", *European Law Journal*, Vol. 14, No. 4, 2008.

226. Sieberson, S., *Dividing Lines Between the European Union and its Member States: The Impact of the Treaty of Lisbon*, The Hague: T. M. C. Asser, 2008.

227. Sinn Fein, "There is Always a Plan B", http://www. euractiv. com/en/future-eu/sinn-fein-plan/article-173043.

228. Sinnott, R., Attitudes and Behaviour of the Irish Electorate in the Referendum on the Treaty of Nice, quoted in Karin Gilland, "Ireland's (First) Referendum on the Treaty of Nice", *Journal of Common Market Studies*, Vol. 40, No. 3, 2002.

229. Smismans, Stijn, "The Constitutional Labelling of 'The Democratic Life of the EU'", in Lynn Dobson and Andreas Føllesdal, eds., *Political Theory and the European Constitution*, London: Routledge, 2004.

230. Smith, Anthony D., *Nations and Nationalism in a Global Era*, Cambridge: Polity, 1995.

231. Smith, B., *Constitution Building in the European Union: The Process of Treaty Reforms*, The Hague: Kluwer Law International, 2002.

232. Sola, N., "How Transatlantic Relations can Reinforce the EU's Role as an International Actor", in N. Sola and M. Smith, eds., *Perceptions and Policy in Transatlantic Relations: Prospective Visions from the US and Europe*, New York: Routledge, 2009.

233. Strange, Susan, "The Westfailure System", *Review of International Studies*, Vol. 2, No. 3, 1999.

234. Streeck, Wolfgang, "From Market Making to State Building? Reflec-

tions on the Political Economy of European Social Policy", in S. Leibfried and P. Pierson, eds. , *European Social Policy: Between Fragmentation and Integration*, Washington, DC: The Brookings Institute, 1995.

235. Taggart, Paul, "Keynote Article: Questions of Europe—The Domestic Politics of the 2005 French and Dutch Referendums and Their Challenge for the Study of European Integration", *Journal of Common Market Studies*, Vol. 44 Annual Review, 2006.

236. Tayler, Geoffrey, *The Emerald Isle*, London: Evans Brothers, 1952.

237. Telö, M. , "Introduction: The EU as a Model, a Global Actor and an Unprecedented Power", in M. Telö, ed. , *The European Union and Global Governance*, London: Routledge, 2009.

238. Telö, M. , *Europe: A Civilian Power?*, London: Palgrave, 2006.

239. Thakur, Rameshand and Luk Van Langenhove, "Enhancing Global Governance Through Regional Integration", in Andrew Cooper, ed. , *Regionalisation and Global Governance*, London: Routledge, 2008.

240. The Brookings Institutions, *Economic Crisis, Political Rebound, the State of the European Union in* 2009, http://www. brookings. edu/events/2009/0611_european_union. aspx.

241. "The Final Report of Working Group for Social Europe", http://register. consilium. eu. int/pdf/en/03/cv00/cv00516-re01en03. pdf.

242. Threfall, Monica, "The Social Dimension of the European Union: Innovative Methods for Advancing Integration", *Global Social Policy*, Vol. 7, Issue 3, 2007.

243. Toje, Asle, "The 2003 European Union Security Strategy: A Critical Appraisal", *European Foreign Affairs Review*, Vol. 1, Issue 1, 2005.

244. Trenz, H-J. , "Die mediale Ordnung des politischen Europas: Formen und Dynamiken der Europäiserung politischer Kommunikation in der Qualitetspresse", *Zeitschrift für Soziologie*, Jahrgang 34, Heft 3, 2005.

245. Tu, Weiming, "Cultural China: The Periphery as the Center", in W. Tu, ed., *The Living Tree: The Changing Meaning of Being Chinese Today*, Stanford: Stanford University Press, 1994.

246. UK House of Commons, *Third Report of the Select Committee on Foreign Affairs*, January 2008, http://www. publications. parliament. uk/pa/cm200708/cmselect/cmfaff/120/12002. htm.

247. van Apeldoorn, B., et al., *Contradictions and Limits of Neoliberal European Governance: From Lisbon to Lisbon*, New York: Palgrave, 2008, pp. 28 – 41.

248. Vike-Freiberga, Vaira, "European Integration: New Opportunities and Challenges", http://europa. eu. int/futurum/documents/speech/sp040602 _en. htm.

249. Wallace, H. and W. Wallace, eds., *Policy-Making in the EU*, Oxford: Oxford University Press, 1996.

250. Wallace, William, "Europe, the Necessary Partner", *Foreign Affairs*, Vol. 80, No. 3, 2001.

251. Wallace, William, "The Sharing of Sovereignty: the European Paradox", *Political Studies*, Vol. 47, No. 2, 1999.

252. Wang, Zhanpeng, "Public Participation, Deliberation, and Regional Identification: European Constitutional Process in Comparative Perspectives", *Current Politics and Economics of Asia*, Vol. 17, No. 1, 2008.

253. Warleigh, A., *Flexible Integration: Which Model for the European Union*, London: Continuum, 2002.

254. Weiler, J. H. H., et al., "European Democracy and its Critics—Five Uneasy Pieces", *Harvard Jean Monnet Working Paper*, 1/95, Cambridge, MA: Harvard Law School, 1995.

255. Weiler, J. H. H., Ulrich R. Haltern and Franz C. Mayer, "European Democracy and its Critique", in Jack Hayward ed., *The Crisis of Representation in Europe*, London: Frank Cass, 1995.

256. Weiler, J. H. H. , "Federalism Without Constitutionalism: Europe's Sonderweg", in K. Nicolaidis and R. Howse, eds. , *The Federal Vision: Legitimacy and Levels of Governance in the US and the EU*, Oxford: Oxford University Press, 2001.

257. Weiler, J. H. H. , "A Constitution for Europe? Some Hard Choices", *Journal of Common Market Studies*, Vol. 40, No. 4, 2002.

258. Weiler, J. H. H. , "On the Power of the Word: Europe's Constitutional Iconography", in D. Curin, et al. , eds. , *The EU Constitution: The Best Way Forward?*, Cambridge: Cambridge University Press, 2006.

259. Wendt, A. , "Anarchy is what States Make of it: The Social Construction of Power Politics", *International Organization*, Vol. 46, No. 2, 1992.

260. Whitman, Richard, "No and After: Options for Europe", *International Affairs*, Vol. 81, Issue 4, 2005.

261. Wiener, Antje and Thomas Diez, *European Integration Theory*, Oxford: Oxford University Press, 2004.

262. Wiener, A, "Analysing Democratic Legitimacy Collaboratively", *Journal of European Integration*, Vol. 29, No. 3, 2007.

263. Wilga, Maciej, "Poland and the Constitutional Treaty: A Short Story About a 'Square Root'", in Finn Laursen, ed. , *The Rise and Fall of the EU's Constitutional Treaty*, Leiden: Martinus Nijhoff, 2008.

264. Windlesham, Lord, "Britain and the European Constitution", *Parliamentary Affairs*, Vol. 60, No. 1, 2007.

265. Wizimirska, Barbara, "Foreign Policy in Public Debate", in Barbara Wizimirska, ed. , *Yearbook of Polish Foreign Policy* 2005, Warsaw: Polish Ministry of Foreign Affairs, 2005.

266. Wolinetz, S. , Chapter 9, "Trimming the Sails: The Dutch and the EU Constitution After the Referendum", in Finn Laursen, ed. , *The Rise and Fall of the EU's Constitutional Treaty*, Leiden: Martinus Nijhoff Publishers, 2008.

267. Wyrozumska, Aleksandra, "Who is to Die for the Constitution? The National Debate on the Constitutional Treaty in Poland", Bremen: *ConstEPS Working Paper*, No. 2006/3.

268. Zielonka, Jan, "The Quality of Democracy After Joining the European Union", *East European Politics and Societies*, Vol. 21, No. 1, 2007.

269. Ziller, Jacques, "French Reactions to the Treaty Establishing a Constitution for Europe: from Constitutional Welcome to Popular Rejection", in Anneli Albi and Jacques Ziller, eds., *The European Constitution and National Constitutions: Ratification and Beyond*, The Netherlands: Kluwer Law International, 2007.

270. Zürn, Michael and Jeffrey T. Checkel, "Getting Socialized to Build Bridges: Constructivism and Rationalism, Europe and the Nation-State", *International Organization*, Vol. 59, Issue 4, 2005.

后　记

　　2003 年春,当我开始准备为北外英语学院英国研究专业硕士生讲授"欧盟研究"课程时,曾思考过这样的问题:自己为何从一名英语语言文学教师转向欧洲一体化的教学与研究?当时,我突然觉得欧洲一体化中所蕴含的理想主义和现实主义相结合、渐进变革的欧共体方法和对既有秩序的大胆超越的矛盾统一恰恰是自己对这一领域的兴趣所在。

　　我对于个人与社会,民族、国家与世界等问题的最初的朦胧思考始于80 年代中后期。在那个变革的年代,和当时的许多青年人一样,经历了从对法国革命式的理想主义和激进主义的顶礼膜拜到对英美渐进经验主义的接受。但即便如此,在我后来开始做一点儿国际问题研究时,仍对康德—卢梭以降的理想主义传统自觉、不自觉地怀有一种亲近感,而对现实主义所描绘的霍布斯式的无政府国际社会的冷峻画面心存排斥,尽管我清楚地知道国际政治中那无处不在的有形和无形的权力与利益的算计是不容回避的。

　　欧盟制宪进程恰恰是理想与现实、民族与世界、现代/后现代与传统碰撞、融合的交汇点。种种机缘使它成为我近八年来学术生活的主要内容,经历了对这一问题的认识由浅入深的过程。2001 年我在芝加哥德堡(De-Paul)大学法学院访学,进修国际法与国际组织方面的课程,适逢欧盟莱肯峰会决定启动制宪进程,使我有机会在法律学科背景下观照欧盟条约改革的历史与现实。随着制宪进程的深入,我深深感到,在关于欧盟条约演变的研究中,法学家和政治学者往往陷入"聋子间的对话"的状态。特别是形式主义实在法学派往往强调条约的法律性,只重视条约的条文和惯例,忽视其政治、社会层面的研究。欧盟制宪作为跨国政治、法律、社会进程无法回避成员国政府间博弈的理性选择过程和地区规范社会化与地区身份的建构过程,需要国际政治与国际法理论工具的有机结合。

2006 年 9 月我有幸重回校园,师从中共中央党校国际战略研究所所长宫力教授攻读国际政治专业博士学位。宫老师的渊博学识和长者风范使我受益良多。特别是在论文选题过程中,宫老师以敏锐的学术眼光,鼓励我将自己的研究兴趣与国家发展需要结合起来,在研究欧洲问题的同时积极思考其对中国的意义,拓宽了我的视野。我最终选择从跨国民主的角度研究欧盟制宪进程,这一研究课题也获得了教育部 2008 年人文社科项目青年基金的资助。在论文写作过程中,大到论文的框架结构,小到文字的润色、注释的规范都倾注了宫老师的大量心血。本书就是结合我的博士论文和项目研究成果撰写而成。

从 2001 年算起,关注欧盟制宪已有 8 年,自 2007 年正式动笔写作也有近 3 年时间,其间我既充分领略了学术探索的巨大乐趣,也切身感到自己由于能力的限制而产生的种种困惑。我从人文学科的基本训练起步,虽逐渐开始涉猎国际关系和国际法等学科的理论工具,但面对欧盟制宪中思想的碰撞和纷繁的现实常有力不从心之感。我常常羡慕哈贝马斯等哲学家可以将欧洲一体化超越民族国家差异的理想状态推向极致,尽情勾勒世界大同的欧洲宪法蓝图。但作为一个国际关系研究者,又不能不直面欧盟制宪背景下跨国民主发展面临的巨大现实制约,发出"一万年太久"的慨叹,认真思考欧盟这一大胆试验在未来十年、二十年间的走向和影响。"天下情怀"的理想和"经世致用"的现实之间的冲突与和解贯穿于这一写作过程之中:我一方面努力发掘欧盟制宪的制度创新对未来国际体系积极进化的启示意义,又从欧盟制宪的挫折中深感民族国家非但"远未过时,而是具有顽强的生命力"①。在这样的平衡取舍之间,努力避免自己的研究失之于大而无当的虚理和好高骛远的空谈,或者为附会于眼前的需要而流于浅尝辄止的肤浅。这一方法论上的中间道路并非追求面面俱到的多因框架,而是欧盟制宪现实的复杂性使然。

　　无论我们是否将欧盟制宪界定为一个后现代进程,对于现代化进程中的中国而言,欧盟制宪的超前性是显而易见的,但同时,欧洲作为人类文明的发源地之一和塑造 21 世纪国际体系的重要力量,其关于全球治理模式的探索的借鉴意义是不容忽视的。陈乐民先生曾经说过,在欧洲研究中对"中国的历史、发展和前途"的关照,是他"须臾不能摆脱的情结"。在本书写作过程中我苦苦思索的一个问题是,如何能够避免使自己的欧盟制宪研究成为西方学者研究的复制品,又不流于简单的"追踪现实"的东西,也就是说,需要一个中国视角或"中国情结"。欧盟制宪对欧洲一体化的走向、全球治理的发展的影响无疑是一个中国国际关系学者无法回避的问题,同时,正如陈乐民先生所说,欧洲研究对于中国的启示可能不止于欧洲与中国的"机械比照",而是可以从人类整个历史发展的轨迹中探寻其意义。②这种似与不似之间的境界可能正是欧盟制宪研究的魅力所在,也将是我未来学术研究的思考与追求。

　　在自己从事欧洲问题、英国/爱尔兰问题研究过程中得到了许多前辈学者和师友的鼓励和帮助。在本课题研究过程中,我有幸专程或在有关研讨会上求教于社科院欧洲所所长周弘教授和复旦大学欧洲问题研究中心名誉主任戴炳然教授。在中央党校求学期间,得到了姜长斌教授、王缉思教授、李忠杰教授、康绍邦教授、亓成章教授、张琏瑰教授、郭建平教授、刘建飞教授、马小军教授、刘德喜教授、左凤荣教授、张明教授、门洪华教授等师长在课程学习、博士论文开题与答辩过程中的悉心指导与教诲。现代国际关系

---

① S. Hoffmann, "Obstinate or Obsolete? The Fate of the Nation-State and the Case of Western Europe".

② 参见陈乐民先生访谈,载《中华读书报》2003 年 8 月 8 日。

研究院欧洲所所长冯仲平研究员和美国所所长袁鹏研究员在百忙之中参加了我的论文评阅和答辩工作,并就我的研究课题提出了中肯的意见和建议。我与门洪华教授相识于 2001 年前后的中欧合作项目"GATT 法律理论和实务文献翻译",此后在我就自己学术发展方向面临困惑时得到了洪华兄诸多指点,在本课题研究和出版方面也得到了他的热情帮助。2007 年 9 月至12 月我受亚联董与浸会大学合办的中国内地访问学人计划资助在浸大政治与国际关系系讲授"欧洲政治专题"课程并进行欧盟宪法方面的课题研究,得到了该系高敬文(Jean-Pierre Cabestan)教授和丁伟教授的支持与帮助。

人民出版社作为国家人文社会科学的出版重镇能够容忍我的学术浅陋,将本书纳入出版计划令我既十分荣幸,又感惶恐。人民出版社的崔继新先生在本书的选题、编辑等环节做了大量工作。作为学者型的编辑,他在专业上眼光敏锐,文字上精益求精,令本书增色不少。

我还要感谢我任教的北京外国语大学英语学院的领导和同事为我创造条件使我能够利用较多时间从事本书的写作。英语学院梅仁毅教授、孙有中教授和国际关系学院李永辉教授多年来在我从一名英语教师逐步将研究兴趣转移到国际问题研究的过程中给了我许多无私的帮助。在相关课题申报过程中,与法学院万猛教授、王文华副教授、姚艳霞副教授、姚金菊副教授就有关欧盟的法律问题的探讨,使我受益匪浅。

自 2000 年以来,《欧洲研究》、《国际论坛》、《教学与研究》、《世界经济与政治论坛》等学术期刊多次刊发我一个年轻研究者的文章,不仅增强了我将欧洲研究作为自己长期学术追求的信心,也使我有机会将本课题研究中的一些思考、心得及时与国内外同行交流。此外,我在中央党校战略所求学期间的诸同学,特别是孙东方博士、宣兴章博士、陈世阳先生等同门师兄弟在求学和论文写作过程中给了我许多思想上的灵感和具体的帮助。北外英语学院的硕士生罗来明先生承担了部分资料检索和书稿格式整理工作,在此一并致谢。感谢所有在论文写作和课题研究中给与我帮助和启发的师友与同行。

最后,我要感谢我的父母、岳父母和妻子。他们在我求学期间承担了大部分家务和照顾孩子的责任,默默地给与我无尽的支持与鼓励。

责任编辑：崔继新
封扉设计：王芳芳
版式设计：陈　岩

图书在版编目（CIP）数据

跨国民主及其限度——欧盟制宪进程研究/王展鹏 著.
　-北京：人民出版社，2010.3
ISBN 978－7－01－008766－5

Ⅰ.跨… 　Ⅱ.王… 　Ⅲ.欧洲联盟-宪法-研究 　Ⅳ.D950.1

中国版本图书馆 CIP 数据核字（2010）第 039471 号

跨国民主及其限度
KUAGUO MINZHU JIQI XIANDU
——欧盟制宪进程研究

王展鹏　著

人民出版社 出版发行
（100706　北京朝阳门内大街 166 号）

北京龙之冉印务有限公司印刷　新华书店经销

2010 年 3 月第 1 版　2010 年 3 月北京第 1 次印刷
开本：710 毫米×1000 毫米 1/16　印张：19
字数：280 千字　印数：0,001－3,000 册

ISBN 978－7－01－008766－5　定价：38.00 元

邮购地址 100706　北京朝阳门内大街 166 号
人民东方图书销售中心　电话（010）65250042　65289539